读客中国史入门文库

顺着文库编号读历史，中国史来龙去脉无比清晰！

成大事者慢半拍

南朝 著

江苏凤凰文艺出版社

图书在版编目（CIP）数据

成大事者慢半拍 / 南朝著. -- 南京：江苏凤凰文艺出版社, 2025. 5. -- ISBN 978-7-5594-9413-9

Ⅰ. K237.209

中国国家版本馆 CIP 数据核字第 2025HN5997 号

成大事者慢半拍

南朝 著

责任编辑	丁小卉
特约编辑	乔佳晨　代盈盈
封面设计	温海英
封面插画	王若愚
责任印制	杨　丹
出版发行	江苏凤凰文艺出版社
	南京市中央路 165 号，邮编：210009
网　　址	http://www.jswenyi.com
印　　刷	三河市中晟雅豪印务有限公司
开　　本	710 毫米 ×1000 毫米 1/16
印　　张	19.5
字　　数	268 千字
版　　次	2025 年 5 月第 1 版
印　　次	2025 年 5 月第 1 次印刷
标准书号	ISBN 978-7-5594-9413-9
定　　价	59.90 元

江苏凤凰文艺版图书凡印刷、装订错误，可向出版社调换，联系电话：010-87681002。

目　录

序　章　王羲之的生死考验　　001

第一章　王与马，共天下　　007
　　　　大祸将至：挣扎得越厉害，陷得越深　　007
　　　　强人王敦与白板天子　　010
　　　　王导：自我吞咽的能力　　018

第二章　一个权臣的内心世界　　025
　　　　天生的"贼子"　　025
　　　　王羲之的岳父　　032
　　　　清谈与杀机　　036
　　　　周处除三害　　042

第三章　战争的前夜　　048
　　　　妖　道　　048
　　　　"闻鸡起舞"的结局　　054
　　　　诛　心　　063

第四章　夫唯不争，故天下莫能与之争　　067
　　　　将自己的意志变成群体的愿景　　067
　　　　王阳明的一个梦　　070
　　　　侵掠如火，不动如山　　074

第 五 章　王导的通敌嫌疑　　　　　　　　　**080**
　　祖逖：强盗还是英雄？　　　　　　　　080
　　认知不是智力问题，而是情绪问题　　　085
　　王敦之死　　　　　　　　　　　　　　093

第 六 章　皇帝的反击　　　　　　　　　　　**099**
　　门阀开创者：王导　　　　　　　　　　099
　　善处兴废　　　　　　　　　　　　　　108
　　皇帝为何偏爱儒家　　　　　　　　　　119
　　亲信与宠臣　　　　　　　　　　　　　122

第 七 章　颍川庾氏　　　　　　　　　　　　**125**
　　一场针对王导的"异谋"　　　　　　　125
　　每个人都在时代中飘荡　　　　　　　　133
　　颍川庾氏的崛起　　　　　　　　　　　137

第 八 章　知常为明　　　　　　　　　　　　**142**
　　流民帅与部曲　　　　　　　　　　　　142
　　不知常则妄，妄则凶　　　　　　　　　146
　　卓越的领导，要接纳他人的毛病　　　　154

第 九 章　苏峻之乱　　　　　　　　　　　　**162**
　　自己有口饭，就要给别人留口汤　　　　162
　　越是不自信的人，越不敢相信他人　　　167
　　秦淮河上的哭声　　　　　　　　　　　173

第 十 章　寒门与豪门　　　　　　　　　　　**176**
　　寒门陶侃　　　　　　　　　　　　　　176
　　王导的东方布局　　　　　　　　　　　181
　　豪门名士　　　　　　　　　　　　　　184

第十一章　围　城　　　　　　　　　　　189
　　石头城　　　　　　　　　　　　　　189
　　诛杀王导　　　　　　　　　　　　　195
　　战后新格局　　　　　　　　　　　　203

第十二章　"东床快婿"的真相　　　　213
　　江州之争　　　　　　　　　　　　　213
　　剑指王导　　　　　　　　　　　　　226
　　王导的局　　　　　　　　　　　　　234

第十三章　王导的无为而治　　　　　　241
　　《老子》其实是帝王术　　　　　　　241
　　知足不辱，知止不殆　　　　　　　　248
　　王羲之：做间谍的日子　　　　　　　252

第十四章　反者道之动，弱者道之用　　261
　　螳螂捕蝉，黄雀在后　　　　　　　　261
　　一场不存在的战争　　　　　　　　　265
　　积财以遗子孙，其害无穷　　　　　　270
　　王导之死　　　　　　　　　　　　　286

第十五章　治大国若烹小鲜　　　　　　291
　　王导的功业　　　　　　　　　　　　291
　　桓温、谢安，以及刘裕　　　　　　　296

后　　记　聪明人，往低处走　　　　　299

　　　　　　参考书目　　　　　　　　　305

序 章
王羲之的生死考验

根据《世说新语》的记载，书圣王羲之曾经差点被人杀死，嫌疑人是东晋大将军王敦，他的伯父。

事情具体是这样的。

东晋太宁元年（公元323年）十月的一个黎明，王羲之从睡梦中醒来，他听到了一阵断断续续的声音，这声音忽高忽低，若隐若现，像是被风吹动的灯火。

他昨日晚宴上喝了太多酒，头重得抬不起来，直到清晨的风从窗户吹来，才稍微清醒一点。他睁开眼睛，环顾四周，意识到自己正在伯父王敦的大营中。

窗外是长江边上的军事重镇于湖（今安徽当涂），他能清晰地听到浩瀚的水波撞击江岸的钝响。已经十月份了，天气入秋，晨风凉飕飕的，挟着江水的潮湿。

耳边的声音逐渐清晰，他意识到刚才听到的声音正来自隔壁房间。

他先是听到了伯父王敦的声音。王敦如今是大将军，带兵五万屯驻于湖，距离京都建康（今江苏南京）不到一百公里。

他似乎有意压低了声音，以致王羲之听不清楚具体在说什么。再仔细听，有人在回应，音量更低，隐隐有点诡秘的意味，似乎是王敦的参军钱凤。

王羲之的心脏"怦怦"地跳了起来。

钱凤出身义兴钱氏，狡诈凶暴，善于揣测人主心思，被伯父王敦引为心腹。他知道王敦有不臣之心，屡次劝王敦谋逆。去年王敦第一次发兵建康，就有他的策划。王羲之的族人谈到他时，多龂夷切齿。

王羲之现在与他们只隔着一道帘子，两人的声音越来越清楚。他的心脏也越跳越快，以至于最后像是鼓声大作，他甚至担心被帘子后面的两人听到。他发现一个惊人的事实：伯父王敦准备再次挥兵建康！

《世说新语》记载了这个惊心动魄的场景，说当时的王敦、钱凤两人**"都忘右军在帐中，便言逆节之谋"**。

两人都忘了王羲之在隔壁，于是开始筹划再次谋逆的细节。

就在去年初，王敦从武昌（今湖北鄂州）第一次举兵，攻向京都建康，控制了朝廷。他原本有意取代司马氏的统治，但遭到了王导的坚决反对。王敦选择了妥协，在将皇帝司马睿身边的支持者大多杀掉后，带兵退回了武昌。

今年四月，王敦又带兵离开武昌，向东进发。不过他没有直接进军建康，而是在两地之间的于湖暂时停了下来，而且一停就是半年之久。

没人知道王敦在想些什么。

既然已经发兵，为何不直击京都？朝野上下都在惴惴不安中揣测：或许他是在等新登基的皇帝主动退位？或许他还没有下定以武力逼宫的最后决心？

但大军孤悬在外，日久生变，王敦要么继续东下，要么退回武昌，不可能一直保持不动。

大家都在等待这只鞋子最后落下的那一声脆响。

王羲之没有想到的是，竟然是他最先听到了这声响动。

如今看来，伯父王敦下定了决心，准备继续东下。王羲之甚至应该还听到了他们谋划的细节，比如粮草的筹备，进军的路线，或者是进入建康后，对皇帝以及朝中大臣的人事安排。

但此时的王羲之没时间为整个东晋王朝的未来担忧，他首先得为自己的性命着想。

《世说新语》说：**右军觉，既闻所论，知无活理。**

王羲之知道自己听到这番话，就再没机会活下去了。

根据历史记载，王敦很喜欢堂侄王羲之，"甚爱之，恒置帐中眠"，非常喜欢他，晚上也让他睡在自己帐中。正因如此，王羲之才有机会听到他的谋逆计划。

但事关造反，王羲之再为王敦所喜，王敦也会想要杀掉他。

这在他们琅邪王氏是有传统的。

去年第一次造反成功后，王羲之的亲叔叔王彬曾当面斥责王敦，说他"杀戮忠良，图为不轨，祸及门户"。

王敦大怒，厉声道：不要以为咱们是一家人，我就不能杀你！

伯父王导当时也在场，不敢劝阻王敦，只好让王彬下跪道歉。

王彬不服，说：我脚痛，跪不得。

王敦更怒，威胁说：**脚痛孰若颈痛？**

脚痛和脖子痛哪个更厉害呢？

王彬终究没有道歉。

王敦暂时放过了他，将其发配到江州的豫章做太守。

但另一个叔叔王棱就没那么幸运了。

王敦第一次叛乱前，王棱就曾苦苦劝谏，王敦怒，安排人将其刺死。这件事在家族中没人敢提，但朝堂和民间都有风声。据说因为王棱坚决反对王敦造反，王敦就离间王棱和一个叫作王如的悍将。

王如本是叛贼，桀骜残忍，受到王敦暗示后，在一次酒宴中假意舞剑，将王棱刺死。王敦听到这个消息后,假装大惊,将王如抓住,杀死灭口。

这就是伯父王敦的为人。

曾有人评价他说:**若不噬人,亦当为人所噬。**

不是他杀人,就是他被人所杀。

就王羲之所知,伯父王敦还杀过家族中的另一个人,远房伯父王澄。

他所在的,是一个充斥着杀戮和阴谋的家族。

《世说新语》记载说,当王羲之从梦中醒来,意识到自己陷入杀身之祸的时候,与他只有一帐之隔的王敦和钱凤也很快意识到了这个问题。

敦论事造半,方意右军未起,相语大惊曰:不得不除之。

王敦与钱凤两人正讨论得热火朝天,突然意识到隔壁还睡着一个王羲之。在这种情况下,王敦不会是一个顾念亲情、犹豫不决的人。

他抽出刀,轻轻地拨开帐子:但凡侄子醒着,就一定要将其斩杀。

但眼前的一幕让他停住了。

王羲之四仰八叉地睡在床上,鼾声大作。更主要的是,枕头上都是呕吐物。

看来他昨晚确实喝得太多,吐成这个样子都还没醒来。

那他应该没有听到我们的对话。

王羲之由此"得全",躲过一劫。

王敦不知道的是,当王羲之意识到自己祸到临头时,绝境之中生出一计:将手指伸入喉咙,进行催吐,搞得蓬头垢面,满脸污秽,再装作沉睡不醒的样子。

王敦退出后,王羲之应该继续假睡了一会儿,然后起床,找了一个理由向伯父辞行。伯父既然已经决定再次发兵,他继续留在营中,就是为虎作伥,成了谋逆之徒。更重要的是,伯父的谋逆会将他们的家族再次推上风口浪尖,有家破人亡、毁宗灭族的危险。

他必须赶回京都,向家中长辈,尤其是官居司徒的伯父王导报告此事。

此时此刻，也只有王导能够拯救这个家族，甚至是整个王朝。

不过历史的记载到了此处发生了分岔。根据《世说新语》的说法，经历这一段凶险的是王羲之。而在更为严肃的《晋书》和《晋中兴书》中，发现王敦谋逆的主人公却是王羲之的堂兄王允之，琅邪王氏家族中的另一个杰出子弟。

琅邪王氏家族鼎盛，枝叶繁茂，为了不在他们庞大的家族网络中迷路，我们先画一个简单的家族谱系图。

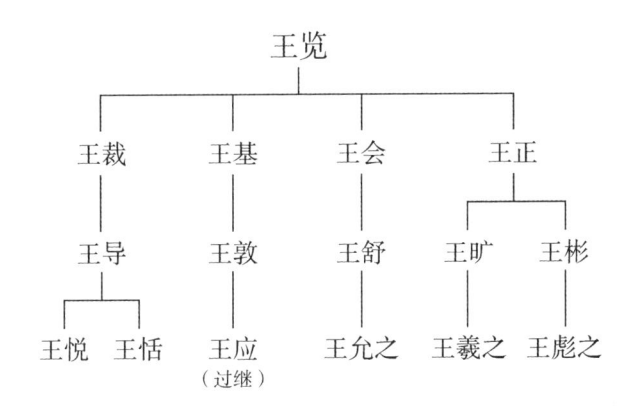

```
                    王览
        ┌───────┬───────┬───────┐
       王裁     王基     王会     王正
        │       │       │     ┌──┴──┐
       王导     王敦     王舒   王旷   王彬
      ┌─┴─┐     │       │     │     │
     王悦 王恬  王应    王允之  王羲之  王彪之
              （过继）
```

根据这张图，我们知道王允之是王羲之的堂兄弟。两人年龄相当，都在公元303年出生，在撞破伯父的密谋时，刚刚二十岁。两兄弟都以机警著称，都得到了伯父王敦的喜爱。

或许正是因此，后代史家在记载此事时，出现了张冠李戴的误会。

根据官修史书《晋书》记载，王允之也像王羲之一样，通过催吐自污，骗过了伯父王敦。而且《晋书》还记载了他向王敦辞行的细节：**时父舒始拜廷尉，允之求还定省。**

王允之告诉伯父王敦，因为父亲王舒刚刚被授予廷尉的要职，他要回到京都省亲。

这是一个合理的要求，王敦没有怀疑，故放他回都。

序章　王羲之的生死考验　005

学者余嘉锡先生在考证此事时，也认为主人公当是王允之。《晋书》的记载细节更多，且与当时王舒受职相互印证，所以我们也选择此说。

得到王敦许可后，王允之一刻也不敢耽误，朝着京都奔去。

他需要尽快见到伯父王导，越快越好。

第一章
王与马，共天下

◎ **大祸将至：挣扎得越厉害，陷得越深**

当王允之出现在王导府上的时候，王导应该会有些吃惊。随他一起来的还有王允之的父亲王舒，看来事情有些严重。

今年以来，王导大多时候都深居简出，不轻易见客。琅邪王氏其他族人，当也是如此，闭门谢客，以免惹人注意。去年他的堂兄王敦第一次兵变后，整个家族一直处在风口浪尖，一举一动都受朝野关注。

家族的人虽然都居住在秦淮河沿岸，但应当很少，甚至没有聚在一起宴饮、谈笑过。

现在王舒父子突然登门，要是被皇帝或者其他大族知道，他们很可能怀疑琅邪王氏又有什么密谋。毕竟王导宅院就在宫城的西南角，当时叫冶城，也就是今日的南京市朝天宫一带。从这里出门，沿着秦淮河向东步行一公里左右，就是宫墙的正南门宣阳门。

王导命人关上院门，带着王舒父子一直往里走，直到宅院深处。这或许会让他想起当年家族密谋南渡的场景，距今也只有十多年，但转眼已经发生了那么多事情。

王允之父子的脸上神色紧绷，几乎有灭顶之灾的预感。但王导向来处事不惊，脚步不疾不徐，一边走，一边揣摩两人来意。

堂弟王舒前几日刚刚升廷尉，掌管司法、刑狱，他一直在京都为官，应该没有什么异常。倒是侄子王允之，之前在王敦大营，现在回来，很可能是带回了有关王敦的什么消息。

一想到堂兄王敦，王导只能轻声叹气。

三人进入起居室，坐下，王导把目光转向王允之。

憋了好久的王允之，将几日前的经历和盘托出：那个让整个家族都头疼的王敦又将起兵作乱，家族老小的性命又被推上了风口浪尖。

说完后他们父子一起看向王导，因为他们知道，这个时候，也只有王导才能给他们指明方向。

去年王敦作乱，王导、王舒等家族几十口人都在京都，成为皇帝的人质，甚至有人劝皇帝"尽诛王氏"。危急关头，是王导救了大家一命。

《世说新语》注引《晋中兴书》说，**导率子弟二十余人旦旦到公车，泥首庙罪。**

"泥首"最早指在脸上涂满泥巴，以示自辱负罪；后来代指请罪磕头时，以脸触地，极尽谦卑。

王导褪去官服，带着家族二十多人，每日一大早，就来到宫门口跪下，磕头，以脸触地，高高地撅起屁股。其他家族的高官从他们身边走过，看都不看他们一眼，默默嘲讽：没想到你们琅邪王氏也有这么一天。

其实以他们的家族势力，完全可以与皇帝分庭抗礼，但王导说，不要动，只要跪着，这么简单的事情，为什么就不能忍受一下呢？

深宫里皇帝没有回应，他们就一直跪着，直至黄昏。

那时的他们狼狈、战战兢兢，随时可能被逐一砍头。但最终一如王导所料，他们活了下来。

如今大祸又至，他们第一时间想到的，就是来王导这里寻求破解之道。

人在遇到困境的时候总是急于想办法、讨主意，认为越早跳出泥潭越好。这样做不是因为从理性上讲是对的，而只是因为忍受不了焦灼和不安。殊不知，在看不清局面的情况下，挣扎得越厉害，陷得也就越深。

王导向来深藏不露，即使堂兄弟急切想要答案，他也不会马上表态，做出任何评论。他们虽然出自同一个家族，但其中各门因为仕宦经历不同，所在位置各异，以及每人价值取舍的不同，对族兄王敦的再次谋反可能看法也不尽相同。

就以堂弟王舒来说，以他的条件，原本可以直接去报告司马绍，这样更有助于保全他这一支的安全。

在琅邪王氏几个兄弟中，王舒与当今皇帝司马绍的关系最为密切。司马绍登基前，曾带兵镇守广陵（今扬州市）多年，而王舒就是在那个时候进入他的军府，任职司马。这像极了当年司马睿和王导在下邳时候的情景。

广陵矗立在长江北岸，是河北、山东、江苏等地流亡军队的渡江要地，司马绍镇守此地，肩负阻止他们南下的重任。这个工作并不容易，北方的流亡军队鱼龙混杂，多骄兵悍将，不受朝廷节制。双方之间很可能会短兵相接，那时作为司马的王舒就主要负责带兵作战。

《晋书·元帝纪》记载说，司马绍从313年北上，一直坚持到317年，在长达四年的时间里，王舒都紧随左右。在司马绍以太子身份回到京都后，王舒继续镇守广陵，可见他的工作得到了司马绍的信赖。《晋书·王舒传》说他"频领望府，咸称明练"。夸他敏锐干练的人中，应该就有司马绍。

因为这层同袍情谊，司马绍在登基后不久，就升王舒为廷尉，为王朝最高司法官员，位高权重。

如果说与皇帝没有旧谊，贸然投诚，很可能会遭到怀疑。但王舒没有这层顾虑，他在此时去告发王敦，会进一步加深两人情谊，在即将到来的大乱中，保全自己家门。

但他却选择来找王导。

这让王导不得不去揣摩这个堂弟的真实想法。

根据王导对他的了解，这个堂弟不仅长于军阵，还有敏锐的政治眼光。当年八王之乱时，家族中的王衍、王澄等兄弟都高居要职，但王舒却选择闭门读书，以避战祸。这个举动得到了王敦、王导的一致认可。

他们父子来找自己前，一定有过一番筹划，不可能在完全没有方向的情况下就冒冒失失地来找自己。

仔细推敲，王舒可能会有两种打算：

一、报告皇帝。但事关整个家族，他希望得到王导的支持，或者直接由王导带头来做这件事。在家族那么多兄弟中，就以王导最长于谋略，声望最著。他不能在没有王导的支持下就擅自报告朝廷，引发家族的分裂。

二、对王敦的兵变保持默许。在家族中，王舒和王敦的关系相当亲近，当年永嘉南渡时，王舒没有随王导南下，而是跟着王敦一起去了青州（今山东潍坊淄博一带）。但王舒如果选择支持王敦，必然要试探王导的态度。王敦第一次叛乱时，王导选择了默许。王舒想知道王导这次是否还会采取同样的态度。

两个打算不同，但有一个共同点：他们希望知道王导的想法，并愿意跟随他的选择。

◎ 强人王敦与白板天子

其实，在王导揣摩堂弟心思的时候，王舒父子应该也在猜测王导的打算。因为虽然是一家人，相处如此之久，但他们还是猜不透面前这个人的真实想法。

年初，王敦与皇帝司马绍的矛盾已经越来越尖锐，他们就希望从王导这里得到一些建议，或者至少是暗示。但王导始终不露声色，安静得出奇，好像一切都与他浑然无关。他似乎就静静地看着一切发生，即使两人的冲突不断波及他的利益。

三月，远在武昌的王敦派使者入京，率先向皇帝发难。

《资治通鉴》说：**王敦谋篡位，讽朝廷征己。**

这里的"讽"不是讽刺，而是"暗示"的意思。

王敦将要篡位，暗示朝廷征召自己入朝。

至于他具体是如何暗示皇帝的，使者跟皇帝说了什么话，史书没有记载，恐怕话不太好听，不是一般人该听该问的，所以史官也不方便记载。但是《晋书》中还是留下了一点线索，说王敦派使者入朝的时候，还给新皇帝献上了一份礼物：信玺一纽。

也就是一枚玉玺。

一般改朝换代之际，会有一个百官给新皇帝献上传国玉玺的仪式，这是对他合法性的承认。但东晋的情况有些特殊，永嘉大乱后，自秦传下来的传国玉玺丢失。《南齐书》说"没胡"，也就是落入胡人手中。

直到永和八年（公元352年），也就是王羲之举办兰亭集会的前一年，传国玉玺才回到东晋皇帝手中。

因此《太平御览》说：**元帝东渡，历数帝无玉玺，北人皆曰司马家是白板天子。**

从司马睿开始，好几代皇帝都没有传国玉玺，手中用的是金子打造的金玺。北方胡人政权就嘲讽东晋皇帝是白板天子，是不具有合法性的。

或许因为这个缘故，初代皇帝司马睿登基后，鲜卑慕容部、鲜卑段部的首领都曾给司马睿献玺，虽然不是传国玉玺，但也是一种安慰，表达了来自少数民族的认可和臣服。

王敦这次给司马睿的儿子司马绍献玺，和鲜卑首领的举动有些类似，似乎表达了对新皇帝的认可和尊重。当然，稍微熟悉王敦骄悍个性的人都会知道，这次献玺的示好成分应该相当有限，更多的，恐怕还是对年轻皇帝的嘲讽。

你们父子连传国玉玺都没有，怎么配得上这大好的天下？不要忘了，东晋的江山，都是出自我王敦的征伐。

这才是王敦的暗示。

他希望司马绍能知难而退，下诏让他进京和平交接权力。

去年他在军事上取得了对司马睿的胜利，控制了建康，但不论是王导，还是其他家族，都不接受他取司马氏而代之。他只好退兵武昌，遥控朝政。不久司马睿在愤懑中孤独死去，其子司马绍登基。

开国皇帝司马睿王敦都不放在眼中，又何况是年轻的新皇帝。

王敦希望直接跟皇帝对话，逼他"禅让"。

在王敦生活的魏晋时代，曹魏曾以禅让逼迫汉天子让位，司马氏又故技重施，逼曹家禅让。现在再令司马家禅让，又有何不可？

听懂王敦暗示的司马绍似乎做出了让步，亲手给王敦写了诏令，邀请他进京。

王敦没有客气，四月就带兵从武昌出发，顺长江东下。但他没有直接进京，而是停在了中途的于湖。这是东晋设在长江南岸的军事重镇，基础设施齐全，便于屯驻大军。

这次的王敦不像第一次谋逆时那样直击朝廷，而是选择了稳步推进。他首先对朝廷的人事安排做了一个重要的调整，首当其冲的就是王导：

以司空导为司徒。

司空、司徒都位列三公，官居一品，在西汉为宰相。但魏晋以来，三公已经没有多少实权，成为荣誉性职位，多用来安置执政者希望束之高阁的威望之臣。

司徒还有一定的人事权，比如监管九品中正制度的执行。如此看来，堂兄王敦似乎还是相当尊重王导这个堂弟的，在掌握权柄后，第一时间给了他莫大的尊崇。

但当另一个命令接踵而至时，王导才明白堂兄的真正用意。

敦自领扬州牧。

王敦自领扬州牧，接管了包括京都在内的扬州军政大权。

魏晋时期，刺史掌管一州行政，而都督掌管设置在本州的军区，可以理解为掌握了本州的军事大权。而州牧则是兼领行政、军事。

王导自建武元年（公元317年）司马睿登晋王位后，就一直担任扬州刺史，负责整个扬州地区的政务。现在王敦自领州牧，相当于夺了王导的刺史权力。

原来前面的升司徒只是一个可有可无的安抚。

关于王导被夺刺史一事，《晋书》的记载与《资治通鉴》有较大差异。《晋书·明帝纪》说：**及明帝即位，导受遗诏辅政，解扬州，迁司徒。一依陈群辅魏故事。**

因为明帝司马绍即位，王导需要入朝辅佐新帝，于是解除扬州刺史职位，升司徒。

根据这个记载，一切都是司马绍的安排。

为了让这个说法更有力，史家还说是参照当年陈群辅佐曹叡的故事。曹魏时期，陈群深受文帝曹丕信赖，曾随他东征孙权，在寿春都督水军。后曹丕病危，陈群解除外地军职，回朝辅佐新帝曹叡。

但这个解释有些牵强。扬州刺史的办公地就在京都，王导继续兼任扬州刺史，不影响他在京辅政，与当年陈群驻军外地是不一样的。更重要的是，王敦自从去年第一次兵变后，已经控制了朝政，官员的升迁贬黜都是出自他的授意，司马绍已近乎傀儡。

《晋书》如此记载，可能是为了顾全皇帝司马绍的脸面，毕竟这件事记载在司马绍的本纪中，不方便露出他作为傀儡的事实。

《资治通鉴》就没有这个顾虑，秉笔直书，是为了揭示王敦僭越擅权的本质，这也是司马光等人写史时最着力的地方。

所以，真正夺走王导在扬州的权力的，是他的堂兄王敦。

从这里我们也可以发现，在第一次兵变后，王敦、王导两兄弟的关系开始变得微妙而不可捉摸。

当年南渡之初，兄弟二人合作无间。王导在内掌握机要，王敦在外手控强兵，内外相济，文武兼备，在帮助司马睿建立东晋的同时，将整个琅邪王氏的权势带至顶峰。王敦常常目空一切，但对自己这个堂弟相当信赖，甚至是仰仗。

《世说新语》《晋书》记载说，当王敦对外人提到王导时，口气相当骄傲。司马睿登基后打压王导时，也是王敦第一个站出来为堂弟申冤叫屈，口口声声都是王导之前的功劳，像极了一个护犊情深的兄长。

但第一次兵变后，事情逐渐发生变化，两人有了原则性的分歧：王敦有意取皇帝司马睿而代之，但王导坚决不同意。

王导跟司马睿长久相处，君臣一度风雨同舟，对司马睿有深厚的个人感情。这是他反对的一个理由，但更重要的则是政治上的考量。王敦第一次兵变的成功，很大程度来自其他大家族的默许，他们需要王敦敲打皇帝，不让他有振兴皇权的可能。

但如果王敦越出这个范围，自己成为皇帝，不只是他个人，甚至整个琅邪王氏都会遭到其他家族的反对。等他们群起而攻之，就是万劫不复了。

王敦能理解王导的用意，但他毕竟是一个骄傲的、野心勃勃的人，理智上的理解并不会抚平他在情感和欲望上受到的伤害。

而且很可能也是从那时起，他开始意识到，阻碍自己走向最高权力的，不是皇室和其他家族，而是自己的这个堂弟。他开始担心，甚至忌惮王导在整个朝野的威望。

所以此番进京，他已经不放心让王导继续掌握扬州。

那王导怎么看待这件事呢?

没人知道。

根据现有的历史记载,我们只知道他没有做出任何反抗,平静地接受了堂兄王敦的安排,交出扬州刺史的实权,接受"司徒"这样一个荣誉性的职位。

但这还只是一个开始。

很快,王敦的不臣之举遭到了皇帝的反击,而王导再度牵扯其中。

《资治通鉴》载:(太宁元年)六月,立妃庾氏为皇后,以后兄中领军亮为中书监。

六月,司马绍立庾亮的妹妹为皇后,庾亮升中书监,参谋机密。

当司马绍在三月邀请王敦入朝时,很多人会误以为这个年轻的皇帝缺乏直面王敦的经验和胆魄,但他们都错了。这个二十四岁的新皇帝敏锐且意志笃定,雄武之处,尤胜其父司马睿。

在《晋书·明帝纪》中,对司马绍的评价是"神武明略",即少年英武,富于谋略。

史书曾记载了一个动人的细节:王敦第一次攻入建康时,司马睿的中央军一溃千里,甚至有人开门投降。在所有人都接受了失败时,作为太子的司马绍却带着两三千东宫卫队,朝着王敦在西边石头城的大营开进,誓决生死。

在那一刻,他血管内奔涌的好战的胡人血统被唤醒。

根据记载,司马绍很可能有鲜卑血统。他的母亲荀氏出身燕代之地,也就是今天的北京、大同一带,这里原来是鲜卑族的领地。而司马绍"状类外氏,须黄",长得不像汉人,须发皆黄。

根据这些线索推测,司马绍的生母很可能有鲜卑血统。当年八王之乱时,司马睿隶属的阵营曾跟鲜卑人结盟,也许那时司马睿的府上就有鲜卑血统的女子,后为司马睿所宠,生下司马绍。

王敦就曾称呼司马绍为"黄须鲜卑奴"。

司马绍的进军虽然被他当时的属官温峤拦住，但他的大胆还是刺激到了王敦，以致他试图废掉太子，摘除司马绍这个风险，最终因为朝野阻拦才作罢。

当王敦在三月份露出明显的谋逆迹象时，司马绍刚刚登基。他的父亲司马睿在愤懑中死去，留给他一个风雨飘摇的乱局。这没有吓倒司马绍。

他一边以亲笔征召的方式安抚王敦，一边开始筹划自己的反击方案。他最先想到的援手，就是庾亮，他妻子的兄长。

司马绍这个大他十岁的大舅哥是一个方正、严肃，甚至总是一本正经的人。他与当时那些纵酒放诞、啸歌山林的名士大不相同，以致在他隐居会稽（今浙江绍兴）的时候，一般士人不敢轻易登门拜访。

这让他得到司马绍父子的信赖和敬重。南渡不久，司马睿就征辟身在会稽的庾亮父子为官，并为司马绍迎娶了庾亮的妹妹庾氏。后来司马睿着手打压王导和琅邪王氏的时候，还令庾亮为"东宫侍讲"，也就是作为太子司马绍的老师，教授儒家经义。

现在面对王敦的威胁，司马绍将庾亮调到了中书监这个异常敏感的位置。中书监是皇帝秘书机构中书省的首席长官，最早由曹魏文帝曹丕设置。

根据《通典》记载，这个职位看似只是皇帝的首席秘书，负责草拟诏书、下传诏令等文书工作，但在实际操作中，因为近在皇帝身边，他往往是皇帝在做重大决策时的主要顾问，比外廷的尚书等国务大臣更有机会参与机密谋划。《历代职官表》甚至直接将其称为宰相。

为了让这次升迁显得名正言顺，司马绍先将庾氏立为皇后，抬升庾亮的身份和威望。但这个安排，再次波及王导，因为当时担任中书监的是王导本人。

通过细查《资治通鉴》和《晋书》的记载，我们可以知道王导在王敦第一次叛乱后担任的职务有：司空、录尚书事、中书监、扬州刺史、尚书令。

年初王敦夺走了他的扬州刺史，现在又被司马绍拿走了中书监。其中中书监的被剥夺，影响可能还超过了扬州刺史。因为中书省与其他部门不同，办公位置就在皇帝起居的皇宫内廷，又叫禁中。

失去中书监的职位后，王导也就失去了每日出入内廷面见皇帝的机会，这在某种程度上可以理解为他被皇帝排斥了。

这在司马绍看来是可以理解的，毕竟王敦第一次作乱时，王导有默许甚至是协助的嫌疑。当时王敦发兵前曾给皇帝上书一封，表达对皇帝打压他们王家的不满。在正式投递给皇帝之前，王敦先把它寄给了王导，想要看看他的态度。

根据《晋书》记载，王导看后将其封起来原样退回，似乎有不让他投递的意思。但这个暧昧的举动同样可以理解为他对这件事的默许，因为他原本可以写信劝阻王敦，但他没有这样做。王敦收到回件后没有退缩，直接上奏朝廷。

而且这次应该是王导亲自递上去的，或者至少他知道这件事并同意上奏，因为他当时不只是监管全国政务的录尚书事，还是中书监。如此重大的奏表从地方来到朝廷后，一定会经过王导之手。

王导在整个过程中暧昧不明的运作，让司马绍意识到这个长辈并不像他表现得那么忠贞和诚恳。他心机之深，手段之灵活多变带给司马绍的恐惧，应该不弱于霸道的王敦。

现在王敦兵乱再起，他必须建立自己的圈子，像王导这样的人，虽然不敢大幅削弱他的权力，但至少应该是要敬而远之的。

那王导怎么想呢？

《晋书》和《资治通鉴》都无一字记载，他似乎又一次平静地、沉默地接受了年轻皇帝的安排。

在王敦和皇帝针锋相对的过程中，他身处夹缝之中，但又不动如山。如同大江大河中的黑色巨石，不同的水流在它身边交汇、碰撞，激起白色的浪涛，甚至击打在它的身上，它都一动不动。

事情并没有就此结束。

到了七月，司马绍又令名将郗鉴出镇合肥，从长江北面遥制长江南岸的王敦。王敦则上书皇帝，让郗鉴重回朝廷，担任主管政务的尚书令。而尚书令，也是王导的职务。

在不到半年的时间内，王导的扬州刺史、中书监、尚书令相继被夺。朝野上下，即使是琅邪王氏家族内的人，都在观望王导，看他会如何反击。但是没有，王导一次又一次沉默地接受了，没有愤怒、不满，连一句抱怨都没有。

没有人明白王导在想什么。

◎ 王导：自我吞咽的能力

《资治通鉴》对王导有这样的四字评价：善处兴废。

不管局势好坏，王导都能找到适合自己的位置。

当年，司马睿靠着王导、王敦辅佐，刚刚开创东晋王朝，但他已经意识到这两兄弟将成为皇权的掣肘，于是援引其他家族，打压王导。

他的这个举动是如此无情，以至于朝臣都看不下去，纷纷上书为王导打抱不平。但身处风暴中心的王导却平静如水：**任真推分，澹如也**。

任真者，听其自然；推分呢，则是安守本分。

王导听其自然，安守本分，平静得像是没有波纹的湖面。

不过历史记载下来的，大概率只是冰山露在水面上的那一点点痕迹。王导不是感受不到苦涩，或者狼狈，他只是善于吞咽，会管理自己的情绪。

当年南渡之初，为了让南方士族接受司马睿，他曾经觍着脸去跟陆逊的侄孙陆玩联姻，但却被生硬，或者说近乎羞辱的方式呛了回来。他没有发怒，反而继续跟陆玩等南方大族保持联系，家里有上好的奶酪，也会邀请陆玩来吃。

作为一个在乱世中生存的人，一个在朝堂上历经风雨的人，他真正仰仗的是一个敏锐的头脑，一颗强大的心脏。他很少做意气之争，或者像堂兄王敦那样霸王一怒。这种自我吞咽的能力，让他面对危局时能像一个旁观者一样抽离出来，不动声色地观察局面的趋势演变，以及其他角色的内心世界。

事实上，自堂兄王敦三月发难以来，他就一直在静观局势变化。对他来说，堂兄王敦的这次逼宫，与第一次作乱不同，其实是没有必要的、令人遗憾的。

站在一般意义上来说，王敦这次是不得不反，因为造反从来是没有回头路的。当他第一次举兵攻打建康，并逼死皇帝司马睿后，他就已经背负上逆臣贼子的声名，即使他后来退回武昌也不能改变这个事实。上自皇室，下至朝野，恐惧于他的兵威或许会暂且隐忍，但在他势弱，露出破绽的时候，一定会报复回来。

那么对王敦这种强人来说，唯一的选择就是彻底取代皇室司马氏，建立自己的合法性和绝对权威。

但在魏晋这个独特的时代，事情并不是非往这个方向发展不可。东汉末期，皇权衰落，世家大族崛起。从曹魏到西晋，理想的政治模式已经演变成皇帝与世家大族的共治。进入东晋，则愈演愈烈，按照田余庆先生的说法，已经是"皇帝垂拱，士族当权"。皇帝近乎傀儡，朝政大权尽在大族手中。

司马睿登基后试图逆流而行，压制以琅邪王氏为首的大族，提振皇权。

正是在这个背景下，王敦悍然兵变，并得到了其他家族的默许。因为他们都需要王敦举兵，破坏司马睿重振皇权的努力，将政治重新拉回大家族与皇室共治的局面。

王敦回到武昌后，朝野也没有出现讨伐王敦、为死去的皇帝报仇的气氛。大家都闭上嘴，扭过头，对刚刚在京都上演的流血和谋逆不做任何评论。他们自己就是同谋者，又怎么会把王敦的这次行为定义成犯上作乱呢？

即使是新登基的司马绍也明白这一点,他在后来准备讨伐王敦时,将王敦第一次作乱的行为称作矫正当时不合理政策的"义举",将他与春秋时期骨鲠直谏的忠臣鬻拳相提并论:

刁协、刘隗立朝不允,敦抗义致讨,情希鬻拳,兵虽犯顺,犹嘉乃诚,礼秩优崇,人臣无贰。

刁协、刘隗这些人当年执政不允,王敦你举兵声讨,有鬻拳之风。虽然举兵建康是不好的,但忠心可嘉,应当奖励。

刁协、刘隗是他父亲司马睿的心腹,他们打压琅邪王氏等大族,都是出自司马睿的授意。司马绍让这两人背锅,也是迫不得已。其中苦涩,就是外人也能感受得真切。

面对这样的局势,王导若是处在王敦的位置,应该是绝不会选择二次举兵的。他根本不用担心会招来朝廷的报复。

他要做的就是在武昌稳扎稳打,装作什么都没有发生过,继续与京都朝堂的王导内外互助,文武相济,就像他们当初打造东晋江山时一样。

如果新皇帝还是准备报仇,那就让他先出手好了。其他家族不会平静地看着皇帝重翻当年的旧案,也不会接受他像他的父亲一样提振皇权,挤压豪门。那时候的王敦,或许可以再度举兵。

但遗憾的是,他偏偏选择了率先出手。

不仅时机不对,目标也不对。

王敦的这次作乱,很可能不会像第一次那样只是控制朝廷,而是会取皇帝而代之。这也错了。南渡十几年来,王导苦心孤诣所做的,就是调和南北大族与皇室的关系。他要营造的,是豪门与王室的共治。任何一头的独大,都会打破平衡,引发整个局面的崩盘。

真正的权力,是制定游戏规则,并守护游戏规则。王导正是这样做的,这也是他对权力的理解。但大多数人,比如他的堂兄王敦,追逐的都只是权力表面那令人炫目的光晕,而看不到权力的本质。

王敦本可以凭借强大的武力，帮助王导守护游戏规则，就像他第一次兵变时做的那样，但他若要破坏游戏规则，王导和其他家族则不能同意。

很多史家还分析说，王导不能接受王敦成为坐在御榻上的那个人，可能还有不方便透露的个人理由。当孱弱的司马氏为帝时，他们都离不开王导的辅佐和协调，王导就是实际上的掌权者。但王敦取司马氏而代之后，他能分享到更大的权力吗？

大概率不能。

以堂兄那强悍的个性而言，王导反而会成为那个最早被忌惮、被打压，甚至被解决掉的人。王敦在与司马绍的几番博弈中对王导权力的侵袭，已经露出了痕迹。

如此分析，局面似乎早已明朗，王导没有什么好犹豫的了，他应该坚定地阻止堂兄的这次行动。这样既保全了家族，也做了朝廷的忠臣。东晋的江山是他苦心经营出来的，他怎忍心毁于王敦的兵火？

但细翻史书，发现他们这期间依然有书信来往，但找不到他劝阻王敦的证据。从三月到现在的十月，时逾半年，他什么都没说，什么都没做，只是眼睁睁地看着王敦一步步兵逼京都，将家族和王朝都拖入深渊。

这似乎不是人臣之举。

但站在他的角度看，似乎也有无可奈何的地方。两人虽是同族兄弟，但当涉及权力的讨论时，他们都必须谨小慎微地守住自己的分寸。王敦现在是大将军、扬州牧、江州都督、宁州都督、益州都督，即使入朝面见皇帝，也可以奏事不名，入朝不趋，剑履上殿。

王导的尚书令、扬州刺史的位置，王敦也可以予取予夺。他如何劝说王敦接受自己现有的位置，不要再越雷池一步？

即使普通人之间，甚至是最亲密的关系之间，都很难说出真正的心里话。身处权力场域的人，更不可能倾心交谈。他们有不能触碰的自尊和骄傲。关于权力的敏感话语，最多只能旁敲侧击，或者微妙地暗示。但如果对方连暗示都不能接受，或者视而不见，那也就再没有说的必要了。

王导这样的人物都熟读历史，他们知道这样的例子太多了。

比如当年晋武帝司马炎执意将帝位传给太子司马衷，朝野上下都知道那是一个不能肩负天下的傻子，但没有人能直言不讳地指出这点。

《晋书·卫瓘传》记载说：太子老师、身居三公高位的卫瓘多次想要请皇帝废掉太子，但都不知如何开口。有次皇帝宴请群臣，卫瓘假托醉酒，走到皇帝面前跪下，说"臣欲有所启"。皇帝问他想说什么，卫瓘欲言又止，张开嘴又合上，合上又张开，如此有三，终究不能明言，只好摸着皇帝的御榻，悠悠叹息：**此座可惜！**

皇帝终于明白他要说什么了。

但也只是淡淡说道：**公真大醉耶？**

你真的喝醉了吧？

到底谁喝醉了呢？

不过是都在装傻。

权力场中的人，没有说服，只有筛选，因为大多不可说，或者说也无益。每个人，都独自走向早已选好的结局。

当然，王导如果不能劝阻堂兄，要做朝廷的忠臣，也不是没有其他的选择：带着家族，与王敦划清界限，早日站到皇帝这边。

但他也没有这样做，因为他清楚地知道，即使终将跟堂兄王敦分道扬镳，现在也还远不是时候。

站在皇帝，尤其是其他家族的角度，他们当然希望王导站出来质疑王敦这半年来的举动，最好旗帜鲜明地指出，王敦这次的作乱不是第一次行动的延续，而是追逐个人权力的重新出发。这样他们就能长长地松一口气，不用再担心追究王敦，会牵扯出过去默许王敦的污点。

他们会撇开过去，以王朝忠臣的面目重新出现，站在王敦的对立面。

他们还会心照不宣地推举王导作为对抗王敦的领头人，毕竟只有他才有足够的威望和凝聚力。再说了，让琅邪王氏自相残杀也很好。等到战争结束，王敦会被剿灭，琅邪王氏的势力也会被大幅削弱，甚至分崩离析，其他家族再冒上来取代琅邪王氏第一豪门的位置。

何乐而不为呢？

这是王导要竭力避免的局面。

他和自己的家族，应该扮演的，是王室和堂兄的调停者，最终乱局的收拾者，而不是对抗堂兄的先锋。

他要做的，就是像上次一样，静待局势发展，待到两方精疲力竭，都需要一个人来调和利益，制定新的游戏规则时，再施施然地走到众人面前，长袖挥舞，重整乾坤。

不过眼下，在十月的这个夜晚，他的心思还不方便向王舒父子透露。

他们还焦灼地看着王导，等他指示一个明确的方向。

自三月以来，不管是王舒父子，还是家族中的其他人，都处在不安和迷茫之中。而王导清楚，大多数人都难以承受长久的不确定性，会忍不住做出焦虑性的动作，将自己或者局面推向更大的动荡。

因此，今天他应该给出一个明确的指示。

《资治通鉴》载，在王舒父子见王导之后，"舒即与导俱启明帝"。

王舒与王导将从王允之那里听到的消息都告诉了皇帝司马绍。

这就是王导眼下的指示。

史书没有记载司马绍知道这件事后作何反应，也没说王导后面还做了其他哪些工作，只是简简单单地记录了这么一笔，好像这个动作并不重要。

事实上，这个动作确实也不值得过多书写。它并不意味着王导从此就与皇帝结盟，坚定地站在了王敦的对立面。这不是整个事件中的关键节点。

王导只是把王敦可能作乱的情报告诉了明帝，而这个情报本身也算不上秘密，朝野上下，还有谁不知道王敦可能发兵建康呢？

他这样做，是对王舒父子的一个暂时安抚，让他们知道，自己从大方向上来说是不支持王敦的，而家族未来也有可能站在皇帝和朝廷这边。

这同样也是对皇帝的一个表态，表明在王敦的这次作乱中，他和家族中的其他人没有勾结其中。将来若真的发生什么事情，还希望皇帝您念及我们通风报信的功劳和情谊。

但最多也就是这样了，他不会提出应对王敦作乱的方案，更不会主动请缨。做完这些，他就后退一步，静看皇帝的反应，继续保持一个置身事外的状态。

至于下一步该怎么走，还要看远在于湖的堂兄王敦究竟会走到哪一步。

第二章
一个权臣的内心世界

◎ 天生的"贼子"

十月的长江南岸已经冷了下来,江面上雾蒙蒙的,江水拍打着礁石,将声音送到了王敦的于湖大营。他的五万大军沿江分布,像黑压压的一条长龙,头尾都隐在十月的雾气中。

他刚来这里的时候还是四月份。初春时节,冰面初解,沿江两岸的山坡上万物萌发,继而花开,树叶繁茂,江水上涨,但似乎一转眼间,就进入了冬天。

临近岁暮,他对京都建康的渴望也就愈加强烈。

在大多数人,包括他的堂弟王导看来,他的这种野心是没有必要的,去年一战后,他已经控制了王朝疆域内的大多数领土:汉水沿线的梁州、荆州,长江沿线的湘州、江州,还有长江北岸的徐州、青州等。抑制他们家族的皇帝司马睿也死了,新皇帝刚刚登基,虽然有复仇的志向,但力量孱弱。《晋书》甚至记载说,就连宫城内外的禁军数量,每月都需向王敦汇报。

已经在事实上掌握了最高权力的人，何必在乎一个头衔和虚名呢？

但王敦不是一个能接受妥协的人。

他是一个天生的"贼子"。

《世说新语》中有条记载，很好地勾勒出了王敦的形象。

西晋首富石崇穷奢极欲，好大宴宾客。人吃多了、喝多了，就要上厕所。石崇就在厕所外面安排十多个衣着华丽的婢女服侍大家：等你从厕所出来，她们会拿上新衣服让你换上。大概是觉得如厕后衣服上沾有味道，就让宾客换上新衣。

但宾客大多扭扭捏捏，羞于当着漂亮婢女的面换衣服。唯独王敦不同，"脱故衣，着新衣，神色傲然"。

说脱就脱，说换就换，神色一如既往地漠然、傲然。

群婢相谓曰：此客必能作贼。

这人早晚做贼。

当然不是偷金窃玉的小贼，而是窃国大盗。

关于王敦，还有一个也发生在厕所的传闻。

《世说新语·纰漏》篇载：

王敦初尚主，如厕，见漆箱盛干枣，本以塞鼻，王谓厕上亦下果，食遂至尽。

王敦刚娶公主的时候，去上厕所，看见厕所的箱子里有些干枣，这些本是用来塞住鼻子，以防臭味冲入鼻腔的。王敦不清楚，就将其吃得一干二净。

王敦是晋武帝司马炎的女婿，娶了他的女儿襄城公主。或许是晋武帝赐给了他们一座新房子，房子里的陈设都是按照公主的喜好布置的，所以王敦不知干枣的用处，闹出了笑话。

王敦自己也出自西晋顶级豪门琅邪王氏，家里的陈设布置也自然奢华繁复，他不知道干枣的用处，很可能说明他的心思根本不在这些贵族的享受上。

他与同时代那些长袖阔衣、风流优雅的贵公子不同。清谈、宴饮、物质享受无法触动他的内心。他少笑，少高谈阔论。他孜孜以求的，是超越他人的功业，以及来自对手的臣服和仰望。换言之，就是纯粹的权力。

《晋书·王敦传》记载说：

（王敦）每酒后辄咏魏武帝乐府歌曰："老骥伏枥，志在千里。烈士暮年，壮心不已。"以如意打唾壶为节，壶边尽缺。

其他贵公子酒酣之际，聊的是庄子、《易经》，但王敦想到的是曹操。他闭着眼，吟咏曹操的名句：老骥伏枥，志在千里。烈士暮年，壮心不已。

一边吟唱，一边用如意轻轻敲打唾壶伴奏。时间久了，壶边都是缺口。

一个曹操式的奸雄，一个闯入贵族世界的野蛮人。这就是王敦在当时人眼中的形象。

他的同僚第一次见到他时，就评价说：（王敦）若不噬人，亦当为人所噬。

他不杀人，终究也会被他人所杀。

去年起兵后，王敦掌握了实质上的最高权力，但终究没能实现取皇帝而代之的目标。换作其他人，或许会满足现状，或者积蓄力量，等待更好的时机，但王敦不能再等了。

一个可能的原因是他病了，而且病得很重。他想在死亡降临之前把该做的事情都做了。

关于王敦的病，历史上留下的材料不多，但他留下的书法作品《蜡节帖》给了一点线索。

魏晋习俗，年底十二月有蜡节，也叫腊节。贵族之家，要给亲朋写帖问候，是谓蜡节帖。王敦在某年蜡节这天写道：

敦顿首顿首。蜡节忽过，岁暮感悼伤悲。今邑邑，想自如常。比苦腰痛，愦愦。得示，知意，反，不以悉。王敦顿首，顿首。

王敦叩首。蜡节过去，岁末有无尽的伤感。最近我总是郁郁寡欢，想来你还像往日一样好吧？这几天腰又痛起来了，深受其苦，很忧愁。已经收到了你的来信，回信已经寄出去了，不多说了。王敦叩头。

琅邪王氏一族中，不止王羲之长于书法，他的伯父王导、王敦都是书法名家。王敦留下的这幅字是草书，雄健流畅，一度被误认为是王献之的作品，可见王敦的书法造诣极高。

根据这幅字帖，可以知道王敦有腰痛。可能是他常年戎马生涯留下的痼疾，当然也可能只是暂时的伤痛。他最终是否因此而死，难以定论。不过这个材料更值得注意的是，王敦在其中流露出的苦涩情绪。

虽然不能确定帖子具体写于哪一年，但帖子中流露出如此强烈的时间易逝的感伤，很可能是此时的王敦已历经岁月蹉跎。王羲之的《兰亭集序》中也流露出同样的伤感，当时他五十岁。

王敦生于公元266年，到他二次起兵时（公元323年），已经五十七岁了。上了年纪，身体有疾，转眼一年又过，想要追逐的事业却依然可望而不可即。我们从《蜡节帖》流露出的情绪，去揣摩王敦当时的心境，应该不会相差太远。

但这又会带来一个疑问，那就是他四月暂驻于湖，一停就是大半年，至今已经十月，他还是没有向建康推进。如果是身体上的病痛耽误了继续行军，那他要么退回武昌，要么趁尚存一口气，一举拿下京都。无论如何，都不该悬军半途，三军惴惴，长达半年多。

是什么绊住了王敦的脚步和野心？

兵力不是他会担心的问题，根据后面战场交锋的具体情况来看，他的兵力在朝廷之上，而且多是经历过去年作乱的老兵、悍兵。司马绍目前没有太多军事储备，就连宫廷内外的禁军数量，每月也都要上报给王敦。

仔细深究，应该是"借口"。

他缺一个进军建康的借口。

在去年的兵变中,他以"清君侧"为借口是十分正当的。那时候的司马睿用刘隗、刁协抑制门阀大族,激起了南北豪门的共同愤怒。

但在司马睿死后,这个任务已然完成。新皇帝司马绍登基后,既没有重新捡起父亲往昔政策的痕迹,也没有追究他的作乱。

其他家族也很满意这种状态,他们希望王敦也能满意。在这个门阀与王室共治的时代,强悍霸道的王敦不是皇帝的理想人选。

他若再次起兵,那就只是他追逐个人野心的旅途,将不再得到其他家族的支持,连默许都不会有。

他必须自己想办法,这大半年来,他一直在努力解决这个问题。

年初三月,他表面上请求入朝,实际上却通过献玺的方式嘲讽新皇帝司马绍为白板天子,其目的就是故意激怒皇帝,让他拒绝自己入朝的请求。同时根据他的判断,新皇帝也没有让他入朝的勇气。

如此,新皇帝不仅会示人以弱,还会在朝臣面前露出对王敦的怨恨:他放不下父亲的仇恨,还记挂着王敦去年的兵变。

那去年默许甚至支持王敦的其他家族会怎么想呢?

这样的皇帝不要也罢。

这就是王敦的陷阱。

他需要一个再度作乱的借口。

谁承想,皇帝虽然年轻,但没有他想的那么稚嫩。

他充满感恩地接受了玉玺,邀请王敦入朝,甚至亲自写信:"爱卿你好!去年一别,甚是想念,欢迎入朝,以解相思之苦。"

或许觉得这样还不足以表达对王敦的敬重,到了下个月,司马绍又追加了更为隆重的礼遇:奏事不名,入朝不趋,剑履上殿。

皇权时代,大臣上殿奏事需要先等皇帝传召,继而礼仪太监高呼大臣官职、姓名,这叫作"名"。大臣得令后,低头弯腰,小步快走,不能让皇帝久等,所以叫"趋"。当然,不管文武,见皇帝都不得佩带刀剑。

但现在王敦入朝,礼仪太监不再直呼他的名字,也不用他小步快跑。如果想剑履上殿,那也悉听尊便。历史上能享受到这个待遇的臣子少之又少。皇帝没有被激怒,也没有害怕,还充分表达了对王敦的尊重。

这下回旋镖就飞了回来,轮到王敦难做了。

他若不奉诏入京,就是他示人以弱,以后也不好再提入朝的事情。但若进京,就得脱离自己的部队和经营了多年的武昌根基。因为皇帝只是让他入朝,没有允许他带兵东下。如此王敦相当于自断臂膀,不说取皇帝而代之了,甚至会成为皇帝的俎上鱼肉。

设局之人,反被自己的棋局困住。这或许是王敦没有想到的局面。想要摆脱这样的困境,一个办法就是不顾规则,砸了这局棋,重新来过。一般人顾及体面和舆论压力,做不到这点,但王敦不是一个有太重道德包袱的人。他想出了一个折中的办法。

他带上五万大军从武昌出发,顺江东下六百多公里,到达于湖,然后停了下来。这里距离京都建康还有一百多公里水路。既往前进了一步,又没有直接冒犯京都。更重要的是,他可以借这个喘息之机,观察京都各大家族和新皇帝的反应。

在内心深处,他隐隐地期待京都方面迫于兵威,或许会提出一个让双方都体面的方案:禅让!毕竟在他们那个时代,新皇帝禅让帝位给权臣,不是什么过于匪夷所思的事情。你们司马家的皇位,不就是曹魏禅让过来的吗?再早之前,曹魏的皇权,不也是来自汉室的禅让吗?

如果司马绍足够软弱,他就能不战而屈人之兵。

即使实现不了这个目标,能够激怒皇帝,刺激他举兵平叛,或者是强令自己退兵也可以。反正他需要的就是一个开战的借口。皇帝如果能先发兵,他的目的也就达到了。

但遗憾的是,新皇帝既不软弱,也不像他想象的那么莽撞。

《晋书·王敦传》载,当看到王敦当真带兵东下后,司马绍做出了一个令人吃惊的举动：**帝使侍中阮孚赍牛酒犒劳。**

司马绍让侍中阮孚带着牛肉、美酒来王敦大营犒劳三军。

以牛酒劳军，本是凯旋功臣才能享有的礼遇。王敦擅自带兵逼近京城，没想到也得到了皇帝的热情招待。劳军的阮孚是竹林七贤之一阮咸的儿子，阮籍的侄孙，本身也是当时名士。永嘉之乱渡江后，他先在司马绍的东宫任职，继而在司马绍登基后为侍中，算是皇帝的心腹之臣。

皇帝让他劳军，规格是很高的，为的就是招待好王敦一行人：既然来了，就要吃好喝好。

皇帝的这种假装糊涂，不软不硬，一下子让王敦穷于应对，就像一拳打在了棉花上。所以《晋书·王敦传》说，当阮孚到达军营后，他"称疾不见，使主簿受诏"。

假托有病，只派了一个地位低下的主簿来接受皇帝的大礼。

他的计划又一次落空。

或许到了这个时候，他终于明白年轻的司马绍并不是那么容易屈服的，不战而屈人之兵恐怕是痴人说梦。想要坐上建康的御榻，他终将不得不以逆贼身份，挥师京都。

在这之后，他跟司马绍各自开始储备力量，进入暗战状态。他夺了王导的扬州刺史位，将扬州划到自己的管辖范围。而司马绍则试图升庾亮为中书监，组建自己的核心圈子。当皇帝在七月外放郗鉴都督扬州江西[1]诸军事，镇守合肥的时候，两人的交锋已经有了剑拔弩张的态势。

因为郗鉴与庾亮不同，他有令人忌惮的军事实力。

---

1 这里的江西，不是今日的江西省，而是长江以北的苏南、徽南等地，诸如合肥、历阳、广陵等地。因与江东等地隔江相望，又称江西。

◎ 王羲之的岳父

郗鉴一般为人所知的身份，是王羲之的岳父。

《世说新语·雅量》篇载：*郗太傅在京口，遣门生与王丞相书，求女婿。……门生归，白郗曰："王家诸郎，亦皆可嘉，闻来觅婿，咸自矜持，唯有一郎在东床上坦腹卧，如不闻。"*

郗太傅在京口（今江苏镇江）的时候，派门人跟王导求亲。门人回来后告诉郗太傅，王家的年轻公子都不错，但听说是您来求女婿，都矜持起来，有些装模作样。只有一个人像是没事一样，在东边坐榻上露着肚皮躺着。

这就是著名的"东床快婿"的故事，其中"郗太傅"就是郗鉴，那个露着肚皮的人就是王羲之。

但纵观郗鉴一生功绩，这个岳父的身份并不值得大肆渲染。

郗鉴只比王敦小三岁，同王敦、王导一样成长于八王之乱的时代。那时不论是世家大族的子侄，还是寒门少进，都蜂拥而出，试图在乱世中谋取权力与富贵。

根据《晋书·郗鉴传》的说法，在郗鉴所在的高平（今山东金乡县），郗氏是当地望族，他的一个堂哥郗旭，就在青州刺史苟晞府上担任别驾，相当于省长首席助理。

但郗鉴却与众人不同，他"博览经籍，躬耕陇亩，吟咏不倦"。郗鉴没有汲汲于富贵，反而是避乱耕地，白日劳作，夜间读书，虽生活清贫，也自得其乐。

不过讽刺的是，他全身避乱的举动反而引起了执政高层的注意。在他们看来，这或许是待价而沽的姿态。本州刺史率先向他发出了当官的邀请。郗鉴拒绝了，"不应州命"。接下去篡位的赵王司马伦、大权在握的东海王司马越，还有青州刺史苟晞，都纷纷延揽，但他都一一拒绝。

堂兄郗旭曾劝说他：你就是为了不让我得罪苟晞，也应到刺史府效力。

这说明郗鉴越是拒绝，越是让苟晞等人以为他奇货可居，以至于不惜逼迫他的堂兄，也要将其招来。

但郗鉴没有屈服。

他对参与野心家的角逐没有兴趣。

他索性逃到泰山隐居。

《晋书·郗鉴传》记载说，郗鉴不仅自己逃了，还带着家族老小、亲戚，以及乡党一同隐入茫茫大山。郗鉴在这些人中也享有名声，他们相信他的选择，仰仗他的能力。郗鉴虽然拒绝了争权夺利的野心家们，但没有拒绝保护这些普通的百姓。

根据记载，最早跟他一同进山的有"千余家"，大体有五千人口。郗鉴带着他们在深山营造房屋，开垦荒地，用石头和木材建立防御壁垒。收成不好的时候，他们就挖野鼠、掏鸟窝而食，"终无叛者"，没有人逃跑。如此过了三年，队伍不仅没有因为饥饿和穷困减少，反而越来越壮大，不断有新的流亡人口加入进来，以至于"众至数万"。

这并不是一件容易的事情。当时他所在的兖州，各方势力盘根错节，光朝廷任命的兖州刺史就有三人，羯人石勒的部队、流贼等还不时侵扰，但郗鉴带领的这支流民队伍不仅活了下来，还能抵御北方各族的铁蹄南下。

他的事迹穿过兵火蹂躏的北境，流传到遥远的江南。名士纪瞻盛赞道：**郗鉴孤悬江北荒残之地，内无强旅，外无救援，但依靠仅有的流民、宗族势力，就抵御胡族凶寇数年，使其不得南下。**

这就是郗鉴的能力。

与郗鉴同时代的名将刘琨，也曾渴望建立这样的事业。不过他"善能招延，而拙于抚御"。投奔他的人很多，但他没有安抚和驾驭的能力，以致每日有数千人投靠，也有数千人逃散，"所以卒无所建"。

在那个朝不保夕的大乱之世，唯有郗鉴这样的人，才能给人足够的信心和安全感。

所以王敦和朝廷也很快就注意到了他。

司马睿在江东重建王业时，就曾任郗鉴为兖州刺史，试图用他手中的流民力量抵挡江北胡人的铁骑。

去年（公元322年）七月，王敦兵变成功后，就"自加兖州刺史郗鉴为安北将军"。"自加"一词，意味着王敦是在不经过当时的皇帝司马睿允许的情况下，就擅自给郗鉴封了官。王敦当时擅自封官的，多是琅邪王氏族人，以及与他们家族站在同一个阵线的人。

郗鉴不属于琅邪王氏阵营，但王敦需要他好好待在江北，不要插手江东事宜，所以给他加官"安北将军"，告诉他：你的任务就是稳定北方。

司马睿针锋相对，"征拜尚书"，征召郗鉴入朝，为尚书，将他留在自己身边，参与江东事务。或许当时王敦和司马睿之间的争夺还未尘埃落定，郗鉴不想卷入其中，托疾拒绝了尚书的职务，但还是暂时留在了京都。

直到今年七月，新皇帝司马绍与王敦的冲突越来越激烈，就令郗鉴以都督扬州江西诸军事的身份出镇合肥，以为外援。

我们都还记得，在此之前，王敦曾自任扬州牧，独揽扬州的行政、军事大权。司马绍现在将扬州江北的部分兵权夺了过来，授予郗鉴。如果他带着部队从合肥出发，南下巢湖，在历阳渡过长江，就能直逼王敦大营。

这是王敦不能接受的事情。

但皇帝任命郗鉴是他法定的权力，王敦不能以此悍然开战。于是他只能设法拔掉这个钉子。

《资治通鉴》载：**王敦忌之，表鉴为尚书令。**

王敦上书说郗鉴这种人才，应该留在京都，以尚书令的身份辅佐皇帝。尚书令主管政务，位高权重。王敦以一种相对体面的方式，将郗鉴重新撵回京都。司马绍也接受了这个安排，因为还不到决裂的时候。

郗鉴此时的处境近乎王导，在夹缝之中挣扎。他冷静地接受了这样的命运。他从合肥出发，沿巢湖南下，在濡须口进入长江。但有意思的是，他没有直接回京，而是横渡长江，造访对岸的王敦大营。

这个举动相当冒险，在王敦将叛之际，他很可能会被关押起来，甚至被杀掉。但他还是去了，名义上可能是为了表示对王敦的感谢。毕竟从兖州刺史、都督扬州江西诸军事而升为主管朝政的尚书令，是明确的提拔。

但更多的，恐怕还是想借此机会试探王敦的心意以及虚实。

王敦自然也清楚郗鉴的打算，但以他的自负，应该不介意在郗鉴面前展示自己的实力。第一次兵变时，王室宗亲司马承受命去湘州牵制王敦的时候，也曾拜访王敦。王敦大大方方地设宴招待，并在席间出言嘲讽。

这一次，王敦也设宴招待了郗鉴。

宴会一开始应该还是相对热闹、盛情的，随着气氛的深入，两人聊了起来。

不过这里的聊天，不是今日的闲聊，而是盛行于魏晋之际的"清谈"：三五名士，围坐一起，谈经论道，这是独属魏晋的风雅。有些人还会手持象牙柄或者玉柄的麈（zhǔ）尾，随着交谈的手势挥舞，有点类似宋人作诗时摇动折扇。王家的王导、王澄都是清谈名家，王敦的族兄王衍还是清谈名士之首。

清谈论及的主题，多围绕《周易》《老子》《庄子》中的议题展开，要求参与者观点独到，论述言简意赅，甚至论述时的仪态、声韵也在考量之列。

不过根据历史记载，王敦和郗鉴两人都不是清谈好手。

《世说新语》曾记载说，当初王敦族兄王澄和谢安的伯父谢鲲清谈，王敦只能眼巴巴地坐在一边，连话都插不上一句。

郗鉴也好不到哪里去，《晋书》甚至记载说，他清谈时曾经闹出笑话。

两人都是金戈铁马式的人物，长于运筹帷幄，杀伐决断，但偏偏又好文人雅士的清谈，有点附庸风雅的意味。

不过他们没有谈论哲学话题，而是点评古今人物长短。这也是清谈中常见的一个题材，准入门槛较低。根据《资治通鉴》的记载，他们谈论的是一个叫乐彦辅的人。

◎ 清谈与杀机

王敦率先发言：**乐彦辅短才耳。后生流宕，言违名检，考之以实，岂胜满武秋邪？**

乐彦辅也就是乐广，是西晋清谈领袖，跟琅邪王氏渊源深厚。王敦的族兄、竹林七贤之一的王戎最早发现乐广的才华，举荐他为秀才。王敦另一族兄王衍，一向在清谈上极为自负，但也推崇乐广，说他言简意赅。

但王敦对他很不以为意：乐广才短，在各个职位上辗转游荡，言行有违名教。看看他的实际才能，怎么比得上满奋呢？

满奋，字武秋，也是西晋人物，出身高贵，祖父是曹魏太尉满宠，深得曹操信任。满奋自己也官至司隶校尉，主百官监察，位高权重。

乐广虽然曾经做到尚书令，职位还要高过满奋，但从政四平八稳，没有大的作为，以致《晋书》评价他说"所在为政，无当时功誉"，为官之时，老百姓没有什么积极的评价。

王敦是个看重事功的人，好干才、强人，对乐广这种仅靠清谈而名声大振的清流没有太多的好感。

不过郗鉴并不同意他的看法，反驳道：

武秋失节之士，何可同日而言！

满奋一个失节之人，怎么可以跟乐广相提并论呢？

郗鉴换了个角度，从操守方面直击要害，揭开了满奋当年助纣为虐的往事。

公元300年，皇后贾南风当政，废黜太子司马遹。在将太子押到金墉城禁锢时，贾南风还明确下令不准太子属官相送，但仍有人沿途下拜、哭泣。贾南风命人将他们都收押起来。

而具体执行任务的，就是满奋。

后赵王司马伦发动政变，诛杀贾南风，篡位，而给他奉上玺绶的，还是满奋。

这是一个在乱臣贼子间不断变节、反复游走的人。所以后世人对他没有太多好感。《太平御览》就极力渲染满奋的肥胖和不堪：

丰肥，肤肉溃裂，每至暑夏，辄膏汗流溢。有爱妾，夜取以燃照，炎灼发于屋表。

满奋长得如此膘肥体壮，以致皮肤裂开。到了夏天，油汗和油脂都溢了出来。他的一个爱妾将其收拢，做成蜡烛，晚上点燃，通屋明亮。

似乎这样还不解气，作者甚至编排说永嘉之乱时，胡人见他肥胖，将其点燃，"为胡贼所烧，皎若烛光"。

其实根据《资治通鉴》记载，满奋死于永嘉之乱前的八王之乱。但这条夸张的记载，可窥见当时人对他的看法。

而乐广就不一样了：当满奋将那些为司马遹哭泣的人抓起来送入监狱的时候，乐广却将其中一部分人放了。他当时任职河南郡太守，有一部分人关押在他的管辖区。

所以郗鉴说乐广"处倾危之朝""柔而有正"。虽然性情冲淡平和，但在关键时刻、关键原则上，却笃定坚守。

以此观之，王敦的评价就有些颠倒黑白。尤其让所有参与此次清谈的人都感到困惑的是，当年跪在路边为废太子哭泣的人中，就有王敦本人。他曾任太子舍人，执掌东宫宿卫。在他被满奋投入监狱后，也是乐广放了他。

这就有些不知好歹了。

他进一步为满奋辩解道：

愍怀废徙之际，交有危机之急，人何能以死守之乎！

第二章　一个权臣的内心世界　037

当年太子被废之际，风声鹤唳，人又何必死守名节呢？

当年拜哭太子是王敦仕途荣耀的起点，因为敢于公开违背贾南风的命令，"时论称之"，在朝野留下了很好的印象，这也几乎是王敦一生唯一的正面事迹。

他眼下为何否定了自己的过去，给满奋这样一个失节之人，一个当年给自己带来牢狱之灾的人平反？

郗鉴看着王敦那张讳莫如深的脸，突然明白过来，长江边上今夜的清谈，不是名士之间的觥筹交错，不是风雅和才情的碰撞与飞扬，而是鸿门宴，是暗藏杀机，步步惊心。

王敦与他讨论的，根本不是乐广、满奋的忠奸善恶，而是他郗鉴在当下时局的去留与选择：当此大乱之世，你又何必死守对皇帝的忠诚呢？你看人满奋就做得很好，乐广则不值一提。

王敦这番暗示还有一个他和郗鉴都熟悉的背景：郗鉴的五世祖郗虑在汉末建安年间担任御史大夫，也像满奋一样有弹劾、监察百官的权力。不仅如此，两人在品行上都有相似的污点：当曹操挟天子以令诸侯时，郗虑曾先后帮他杀死了孔融，以及汉献帝的皇后。

史书记载说，皇后被拉走时，经过皇帝面前，向他呼号。

皇帝看向郗虑，悲愤问道：

郗公，天下宁有是邪！

郗公，天下间怎么能发生这样的事情？

郗虑不答。

以此观之，郗虑的助纣为虐，尤甚满奋。王敦仰慕曹操，对这一段故事自然是很熟悉的。他现在大概是希望郗鉴能效仿祖上，为他服务。既然你祖上做得，你又有何顾及？

王敦那张霸道、傲慢的脸死死地盯着郗鉴。周围的空气逐渐凝固，烛光在摇晃，西边长江吹来的风中，似乎有血腥的味道。

郗鉴轻轻地叹了一口气。

《左传》说，匹夫无罪，怀璧其罪。不论是美貌、财富，还是才华，都会成为负累，或被人觊觎，或被人利用。郗鉴以其扶危救世的才能，终究还是被卷入了朝堂争斗。

八王之乱时，他屡次拒绝征召。后来东晋建立，他依然在北方固守，就是不想卷入王敦和王室之间的内斗。

但现在，他不想再逃避了。

他抬起头，笃定地说道：

丈夫既洁身北面，义同在三，岂可偷生屈节，腼颜天壤邪！

大丈夫行事，洁身自好，北面侍君，谨守三纲之义，岂可偷生变节，这样又有何面目居于天地之间！

如果天道衰落，皇帝败亡呢？

那就随之灭亡好了！

这就是郗鉴的选择。

《晋书》说，听完郗鉴的回答，王敦"大忿之"，很不满意。从现在开始，他又多了一个强大的、笃定的敌人。宴会不欢而散，郗鉴被抓了起来，软禁在王敦的营中。

王敦身边的谋士钱凤等人都建议直接杀掉郗鉴，以绝后患。

但王敦还没有想好，事情就这样拖着。

郗鉴倒是没有惊慌不安，被软禁的这些天中，他静静地等待着，照常吃饭、睡觉，听长江吹来的风声。他很清楚自己的选择，以及随之而来的代价。他决定接受这一切。这不能只用对当今朝廷或者皇帝的忠诚来解释，这在魏晋时代，并不是一件那么重要的事情。

真正重要的是，他已经退无可退。在拒绝各路执政者征召的日子里，郗鉴先是在泰山苦苦坚守，但羯人和匈奴的部队从山西、河北不断南下，挤压淮河以北地带。他只能退到淮河以南，继而沿着淮河往西再退，直到合肥。

他想起在泰山中的那些日子，百姓流亡，土地荒废，饥荒蔓延。夏秋之际，他和跟随他的那些流民还可以吃草根、树皮、野果。到了冬天，大地白茫茫一片，他们就只能挖地窝子里的老鼠为食。

他还会想起当初在家乡时的落魄与困顿。

《晋书·郗鉴传》说郗鉴"在乡里甚穷馁"，又穷又饿。乡亲因他有名德，常请他吃饭。但他还要养活侄子和外甥，于是就带着两个孩子一起去蹭饭。乡亲将他们挡在门外，说现在大家都在挨饿，因为您贤能，所以接济一些，但恐怕不能兼顾到这两个孩子。

郗鉴能理解，后来就独自前去，吃到最后几口时，就不吞下去，"以饭着两颊边"，将饭藏在腮帮子里，回到家后，再吐出来给两个孩子吃。他们因此活了下来。

他将饭塞在两颊中，离开时都不能向接济他的乡亲开口道谢，也无颜抬头看他们，只能埋头快走。

兵荒马乱之时，人都活得如此狼狈。

但遗憾的是，恐怕这样的日子，也难长久。中原终将彻底沦陷，北方百姓都会流离失所。对他们来说，最后的，也是最好的归宿，只能是长江以南的东晋政权。

他应该帮助守护江东政权，不只是为自己，也是为所有流离失所的人。

而王敦即将发动的叛乱，很可能会毁掉这一切。

他不能坐视不理。

郗鉴被王敦软禁的时间应该挺长，《资治通鉴》说"久留不遣"，他甚至做好了被杀的准备。

又过了一段时间，王敦还是没有出现。

但他派了人过来，将郗鉴"放还"。

走吧，回到你的皇帝身边，我们将在战场上相见。

对于放走郗鉴，王敦麾下很多人不理解。郗鉴在军中享有威望，又长于谋略，终将成为他们谋逆路上的绊脚石，后来的事实也证明了这一点。

但王敦的决定当有他的理由。

后人猜想或许是他忌惮郗鉴留在江北合肥的流民力量。他们与郗鉴在兖州时生死与共，有相当高的忠诚度。王敦若贸然处死郗鉴，流民武装可能从合肥南下，渡江攻击他的于湖大营。即使不能取胜，也会削弱王敦的实力，或者拖慢他东下建康的节奏。

但这个猜测可能高估了合肥流民武装的实力。

《资治通鉴》和《晋书》虽然说郗鉴在兖州时"众至数万"，但在与后赵石勒部队，以及其他流民武装的多年斗争中，他们不断遭到削弱。瘟疫、饥荒也会导致大量的减员。而且值得注意的是，这几万人中，并非全是能作战的青壮男丁，还有妇女老幼等家属。所以他们后来不得不退到淮河以南的合肥，靠着地理优势暂且自保。

这个判断有一个佐证：后来郗鉴与皇帝号召四方勤王之师，阻击王敦叛军时，并没有召集合肥的这支流民武装，也看不到他们从合肥南下攻击王敦后背的记载。

由此我们可以相信他们此刻实力较弱，如果郗鉴遇害，他们是没有复仇之力的。司马绍在七月份外放郗鉴镇守合肥，很可能也只是希望以他的声望募集更多淮南流民，壮大实力，最终能够在江北对王敦形成掣肘。

王敦不杀郗鉴的真正原因，可能还要从舆论方面考虑。

《晋书·郗鉴传》载，当钱凤提议处死郗鉴时，王敦道：**郗道徽儒雅之士，名位既重，何得害之！**

郗鉴儒雅之士，声望既高，官位既重，不能杀害。

王敦带兵东下，本就缺少扎实的借口，如果再杀掉已经官居尚书令的郗鉴，将在舆论上处于更加不利的地位。毕竟在魏晋之际，屠杀郗鉴这样的名士，在政治上是得不偿失的。王敦虽然暴虐，但头脑清醒，很少为泄愤而杀人。

即使分析王敦的心理，他可能也不会杀掉郗鉴，因为这样只会示人以弱。当初第一次作乱时，司马承去他的大营拜访，他也只是将其奚落一番，没有因为他可能会牵制自己而痛下杀手。

他是一个非常骄傲的人。

当然，骄傲都是有代价的。《资治通鉴》说，郗鉴回京后，立马"与帝谋讨敦"。

◎ 周处除三害

王允之听到王敦与钱凤密谋，就发生在郗鉴拜访王敦后不久。由此我们可以知道，郗鉴事件很可能是王敦与司马绍暗斗的分界点。

王敦与钱凤讨论的具体内容已不可知，这样的密会可能也开了很多次，但应该都围绕着一个关键点：是时候加快筹备，坚定挥兵建康的决心了。若还只是想通过屯驻于湖的兵威逼迫皇帝退位，恐怕就有些过于天真了。

根据《资治通鉴》记载，王敦此后的步伐加快了许多。

冬，十一月，徙王含为征东将军、都督扬州江西诸军事，王舒为荆州刺史、监荆州沔南诸军事，王彬为江州刺史。

王含是王敦胞兄，王舒、王彬是其堂弟。上阵父子兵，打虎亲兄弟。想要造反，核心还是得依托家族琅邪王氏，这在魏晋时代是很常见的事情。但若细看，三人情况又有所不同。其中的王彬，一向反对王敦谋逆。

王彬是王羲之亲叔叔，在王敦、王导这一辈中最为正直。

当王敦在四月带兵东进，露出谋逆迹象时，王彬就曾当众苦劝。也许他话说得太直，刺伤了堂兄。王敦变色，看向身边将士，似乎要将王彬抓起来。

王彬神色不变，慨然道：**君昔岁杀兄，今又杀弟邪？**

你往年杀死兄长，今日又准备杀死弟弟吗？

这个兄长指的是他们共同的族兄王澄，西晋名士，王衍的亲弟弟，当年在江州拜访王敦，被杀。

这句话戳到了王敦的痛处，他不忍下手，就将王彬打发回江州，任豫章太守。豫章也就是今日江西南昌，在于湖上游。这说明王敦相信，即使王彬不支持他谋逆，但也不至于从身后发兵，攻击自己后背，所以现在又敢于将其提拔为江州刺史。

事后证明，王敦的判断没错。

另一个被他放到自己后背处的兄弟是堂弟王舒，为荆州刺史，都督汉水以南军事，也就是今日湖北一带。荆州为长江沿线最为关键的军事重镇，在王敦东下建康时，能掩护他的后背。之前的荆州刺史是王廙，同样是琅邪王氏，是王羲之的另一个亲叔叔。今日我们总以王羲之为书圣，其实在东晋时，他叔叔王廙的书画名声，还在他之上，人称东晋书画第一。王敦第一次作乱时，就得到了他的支持。他死于今年初。

王舒对待王敦谋逆的态度比较暧昧，他在十月份刚刚获得了廷尉的职务，为朝廷重臣。王敦现在将他从建康调出来，放到自己后背处，或许跟王舒、王导告发他与钱凤的密谋有关。他在第一次作乱后控制了京都，就连皇宫禁军数量，都要每月上报给他。当王导、王舒在十月份的某个深夜，走进司马绍的寝殿时，他很可能得到了消息。

如果继续让王舒待在建康，他最终将不得不倒向皇帝。但调出来放在自己身后就不一样了，就像王彬一样，即使王舒不支持他谋逆，但也不至于从后背处威胁堂兄。

毕竟在他们那个时代，出身豪门的子弟，总是不得不将家族的利益摆在国家之前。因为他们的仕途升迁、个人荣耀，主要依托的是家族的门第、先祖的功勋，而非皇帝的选拔、信赖。

王敦最放心的，是自己的亲哥哥王含，所以令他都督扬州江西诸军事，也就是获得了郗鉴之前的职位。这里的江西指的是江北沿岸，管辖范围从今天的安徽合肥，一直东至扬州。这里更靠近建康，方便王含更好地配合王敦的东进。他"征东将军"的军号也说明了这点。

一个有意思的地方是，王含在此之前担任的是荆州刺史，以填补王廙死后的空缺。但是王敦却将他调出来放到前线，而将王舒放到身后。

从军事角度看，这是不明智的。因为王含从来没有在战场上证明过自己的能力，而且为人凶暴，不得军心。但王舒就不一样了，他曾出镇扬州，抵挡北方胡族，有干练之名。只从军事上考虑，令他都督江西军事是再好不过的。

但是，无能的亲兄弟毕竟比向皇帝告发自己的堂弟更令人信赖。

对于王敦的这一系列调动，《资治通鉴》看得很透彻，说他"强其宗族，陵弱帝室"。将琅邪王氏诸兄弟安置在自己身前、身后，以第一豪门之威，凌驾帝室。

不过他没有调动王导。

虽然王导也跟着王舒走进了司马绍的寝殿，但以他的身份、地位，王敦是不能将其从朝廷调出来放到地方的。皇帝和朝野上下也万万不会同意这一点。谁放心让王导、王敦合流呢？唯一可以考虑的是，将扬州刺史的位置重新还给王导。但王敦可能不敢将这么重要的位置，交到这个自己也看不透的堂弟手上。

以当下局面来看，王导只要不公开反对自己，就是最好的支持。

十二月，王敦开始杀人。

首先被送上断头台的，是一个叫周莚的小官。

周莚的官职不高，但他的每次出现都相当关键。他在我们这个系列的故事中第一次出场，是帮助王导平定了他自己的家族——江南豪强周氏针对司马睿集团的兵变。他是江南豪强子弟中，少有的坚定支持皇室的人。

得到王导征召后，他孤身一人，回到老家，以简单的几步分化拉拢，就将家族叛乱掐灭。王导评价他"卓荦（luò）有才干"。卓荦，就是超绝出众。

王敦第一次作乱时，周莚和叔父周札都得到司马睿重用，分别带兵保卫建康。当听说叔父开城门投降后，他曾咬牙切齿。王敦控制建康后，就将他强征到自己幕府任职，既是看中他的才能，也是不放心将他留在新皇帝身边。

这样一个正直、有才能的年轻人被杀，倒不是因为他犯下了什么大罪，或者是他之前对皇帝的忠诚引来王敦的嫉恨。事实上，像王敦这样的身居高位者杀人，往往不是出于私人恩怨。

他杀周莚，是醉翁之意不在酒。他真正瞄准的，是周莚背后的家族——义兴周氏。

《资治通鉴》载，义兴周氏"一门五侯，宗族强盛，吴士莫与之比，王敦忌之"。

这个根植于今天江苏省宜兴市的家族，一门五人封侯，宗族强盛，为东南第一，王敦忌之。他们的祖上相当有名，就是京剧《周处除三害》的主角周处，他的故事至今广为流传。

这个家族是魏晋时期地方豪强的典型代表。他们广有田产，能够养活一支上千人的私人队伍，称为"部曲"。在两晋之交的乱世中，每当有叛军队伍沿着长江顺流直下，争夺江东时，大家都会看到这个家族起兵平叛的身影。他们曾以手中强兵，护江东一方安定。这样的事前后共有三次，史称"三定江南"。

如今王敦想要取代皇帝，掌控江东，依然需要这些大家族的支持。比如仰仗他们提供粮草、兵源。但王敦不喜欢周氏家族现在的族长周札。

他去年第一次进军建康时，首先遇到的对手就是这个周札。他受皇帝之命镇守至关重要的石头城，阻止王敦的水军登陆。但出乎所有人的意料，周札几乎没做任何抵抗，就开门投降。速度之快，膝盖之软，就连王敦这个敌方都有些意外。

不过因为家族强盛，周札没有受到过多追究，事后被外调到会稽担任太守，家族还人人封侯。这说明建康的朝廷依然需要他这样的江东大族。

但王敦准备放弃他，如此软弱摇摆之人是难谋大事的，司马睿之前就付出了惨痛的代价。他有更好的思路：以位居义兴周氏之下的次等家族，取代义兴周氏的地位，比如钱凤、沈充的家族。

有学者在《关于王敦幕府的考察及推论》一文中统计出，王敦幕府中，江南士人占比一度超过70%，多非豪门出身。其中帮助王敦出谋划策，承担主要谋逆任务的，就是沈充与钱凤两人。

史载，沈充出身吴兴，祖籍今浙江德清。这个家族虽然不像义兴周氏一样为江东甲第豪门，但也家室豪富，以至于能够私铸货币小五铢钱，史称"沈充五铢"，或者"沈郎钱"。

这不仅说明沈家财产充足，也从侧面证明这个家族能够支配当地农业、商贸、金融。几百年后的唐朝诗人李商隐还对此念念不忘，以沈郎钱代指古代货币，写诗云"今日春光太漂荡，谢家轻絮沈郎钱"。

不过沈充的主要兴趣不在经营家产，他是个好战乐乱之辈，想要的是在乱世成就一番伟业。《晋书·王敦传·附沈充传》说他"少好兵书，颇以雄豪闻于乡里"。

司马睿南渡初期，主要的热情都投注于周玘、顾荣家族这样的豪门世家，没有足够的心思和位置给沈充家族这样的二等豪强。但没有关系，他很快注意到了王敦，此人身上散发出的强烈的枭雄气息，让沈充看到了希望。

物以类聚，人以群分，野心家最终吸引的也是野心家和阴谋家。

沈充以参军的身份，加入王敦幕府，同时还给他推荐了同样是野心家的钱凤。钱凤在史书中留下的痕迹很少，我们只知道他应该出自义兴钱氏，也是豪强出身。与沈充一样，没有机会进入司马睿集团。不过这对他来说或许是好事，他是一个长于谋略，没有太多原则的人，与王敦的气味更相投契。

他在王敦幕府的身份是铠曹参军，管理铠甲的上交和发放。我们知道，在没有军事任务以及轮休的时候，军士是需要上交武器与铠甲的。当年司马懿发动高平陵之变的时候，第一件事就是亲自夺取武库，控制兵器与铠甲。可见钱凤的这个位置相当敏感，说明他得到了王敦的信任，被视为心腹。

王敦在二次起兵时，可能已经决定用沈充、钱凤家族这样的二等豪强取代义兴周氏，控制吴郡（今江苏苏州）、会稽郡等江东的核心地带，打开第二战线，与他顺江东下的主力夹击建康。

在这种情况下，义兴周氏代表的甲第豪门就成了主要的障碍。周莚是第一个牺牲品，接下来就轮到了他的叔父周札，以及其他族人。

《资治通鉴》载，来年（公元324年）一月，王敦的一个参军秘密来到吴郡，拜见沈充。在此之前，沈充已经离开了王敦在于湖的大营，回吴郡老家为第二条战线做准备。

参军传达了王敦的部署："尽杀周札诸兄子。"

将周札的几个侄子悉数杀死。

沈充顺利地完成了这个任务，然后"进兵袭会稽"，带着自己的私兵，越过钱塘江，攻打位于会稽的周札。

这时候的周札已经没了投降的可能，他做出了抵抗，不敌，"拒战而死"。

王敦终于控制了吴郡、会稽郡等核心地带。当他进军建康时，这些地方能够提供可贵的粮草、兵源供应。

第三章
战争的前夜

◎ 妖　道

当王敦加快战争筹备的时候，京都的日子也不平静：一个叫作李脱的妖道突然出现在京都建康，以妖术惑众，引发了一场不小的慌乱。

《晋书·明帝纪》载，他能"以鬼道疗病，又署人官位，时人多信事之"。他以鬼神之术治病，还能许人官位，由此吸引了一众信徒。他甚至自称活了八百岁，历经人世浮沉，所以民间又叫他"李八百"。

《太平广记·神仙卷》也记载了这个李八百，说他是蜀人，早在汉代就已经成名，有异术，能助人成仙。当他听说陕西有个叫作唐公昉的人有志成仙时，就翻过巍峨绵延的秦岭，来到唐家。但他心思深沉，要先测试下唐的心志是否坚定，就发动异能，令自己发病，浑身长满脓疮，"周遍身体，脓血臭恶，不可忍近"。

唐心生怜悯，流泪说道：怎么才能帮助到您呢？

李就说需要有人为我舔疮，方能好转。

这对唐这种巨富之家不是难事，他令家中婢女为他舔疮，而且一次就安排了三个。

但病情并没好转，李就说看来还需要你亲自为我舔。

唐竟然接受了，就亲自上嘴。

但李又说还是不行啊，看来需要你妻子帮我舔。

唐似乎是注定能成大事的人，连这种条件也接受了，就让妻子帮李舔疮。

李终于被感动了，但又提了最后一个条件，说经过你妻子的努力，我好得差不多了，只还需要你准备美酒三十斛，为我洗浴，当能痊愈。

这有什么难的呢？

唐准备了一个大浴缸，倒入美酒三十斛。李就像一条大鱼一样"入酒中浴"，没想到当真"疮即愈，体如凝脂，亦无余痕"，简直就像新出生的美人一般。

唐等目瞪口呆。

李自得道：我是仙人，看你孺子可教，特来助你得道。

说完让唐和他的妻子也到自己泡过的浴缸里泡一泡，二人顿时年轻不少，颜色美悦。当然，李也没有忘记最开始为他舔疮的三个婢女，在唐和他的妻子泡完后，她们也幸运地享受到了这个待遇，也同样年轻不少。

不过根据《太平广记》，最后成仙的好像只有唐一人。他得到丹经一卷，进入深山按经炼药，"药成，服之仙去"。

能活八百岁，还能助人成仙，也就难怪李八百在建康这种首善之都也引起了强烈的关注。不过这个"李八百"大概率只是一个共享称号。像李脱这样自称有异能的人世世代代都自封"八百"，如此能得到其他"八百"鬼神之迹的加持，增强说服力。这个李脱到了建康，很可能会说，你们知道汉朝那个成仙的唐公昉吗？就是我渡的。京都众人当也会目瞪口呆。

我们之所以细讲这个故事，是要以之窥视当时时局、民心。在历史上，每遇大乱末世，都有异能之人出现，自称能拯救苍生。汉末的太平道张角兄弟、元末的明教子弟、清末的太平天国莫不如是。

太宁二年（公元324年）初的情况也是如此，王敦叛乱在即，风声鹤唳。北方的羯人部队也打到了徐州、下邳一带，东晋的防守力量只能退到淮河以南。内忧外患，一时并起，新皇帝司马绍刚登基一年多，就已是山雨欲来风满楼。

《晋书·明帝纪》记载说，司马绍在正月本该大庆的时候"停飨宴之礼，悬而不乐"，将乐器都悬挂起来，不准吹奏，年节酒宴也停止举办。朝野上下，忧惧不安。

李脱这种妖道正是看准了这种情况，才来京都兴风作浪。史书甚至记载说他有个弟子在安徽霍山县一带聚拢信徒，假造图谶，准备兴兵造反。李脱来京，应该也是为这个弟子制造舆论，鼓吹风声。他许人官位时，当也是说我们成功以后，封你什么什么位置。

根据《晋书·明帝纪》记载，李脱最终被司马绍抓了起来，斩首示众。但他这一闹，让本就摇摇欲坠的东晋王朝更加人心惶惶。

不过这对王敦来说倒是再好不过的事情，当京都的皇帝闷闷不乐，悬乐不奏的时候，他正加紧自己的叛乱筹备。史书甚至记载说，他在杀周𫖮时，就曾诬陷他是李脱的信徒，有谋逆之心。

除了打击义兴周氏，在三吴核心地带筹备第二战线时，他还为自己的主力部队找了一个接班人。

《资治通鉴》载：**敦无子，养王含子应为嗣。**

王敦无子，将胞兄王含的儿子王应过继来作为事业的接班人。

王敦终身无子，不知是否与他的病情有关。但他以侄子为嗣，则确实说明他的病越来越严重。根据《晋书》记载，他在灭周氏一族时，已经病得相当严重。如果没有一个合法的继承人，即将发动的叛乱就没有一个主帅，就是真的控制了建康，也可能无人继承帝位。这些都会动摇王敦集团的军心。

史籍中关于这个侄子的材料很少，不过根据《世说新语》中的一条记载，他是一个相当聪明的年轻人。

王大将军既亡，王应欲投世儒，世儒为江州；王含欲投王舒，舒为荆州。

王敦兵败身亡后，王应和父亲王含准备投奔琅邪王氏其他族人。王含想要投靠荆州刺史王舒，因为他之前没有强烈反对王敦的谋逆之举，而王应却认为应该投奔王彬。

王含笑儿子天真，问：**大将军平素与江州云何，而汝欲归之？**

你不看看你王彬叔与王敦伯的关系怎么样，就去投奔他？

王彬是一个相对正直、极有主见的人，始终反对王敦作乱。

但王应却说，正因如此，就该投奔王彬叔。

他解释道：**江州当人强盛时，能抗同异，此非常人所行。及睹衰厄，必兴愍恻。荆州守文，岂能作意表行事？**

即使当王敦伯势力处于巅峰之际，王彬叔也能坚持自己的意见，非常人所为。现在他看到我们的落魄，当会心生怜悯，不会因为惧怕朝廷法令而大义灭亲。荆州的王舒就不一样了，他当初听从王敦伯，是循规蹈矩，恐怕现在也没有为了我们对抗朝廷的勇气。

不得不说，王应的见识远远超过自己的父亲。王含只看到了具体的事情，而王应却能看到事情背后的人。很多时候，我们都恍惚以为是事情决定成败，其实是人，任何时候，重要的、起决定作用的，都是人。

《世说新语》特别将这个故事收录在"识鉴"篇，也是赞许王应目光敏锐。不过遗憾的是，王应虽然聪明，但毕竟年轻，历事较少，意志不够坚定。当父亲王含坚持要去找王舒的时候，他也勉强同意了。

结果王舒"沉含父子于江"。

而王彬呢？

他猜到王应或许会来，便偷偷准备了接应的船只。但最终，等来的只是他们父子二人沉尸江底的消息。

王敦以王应为后嗣，应该不是觉得王应已经准备好了，实在是无可奈何，时日所迫。如果他自己因病不能带领大军，他就不得不从子侄中提拔一个接班人。胞兄王含或许也曾在考虑之列，但是恐怕他并不信任胞兄的能力。

不过王敦没想到的是，他提拔自己家族的人，竟遭到了部下的非议。

《资治通鉴》说，王敦的从事中郎周嵩"尝于众中言应不宜统兵"，当众说王应不应该统兵。史书没有记载他反对的具体理由，根据王应的年纪来看，应该是说他之前没有相关经历和战功，没有统筹三军的威望。

周嵩当众拆台，自然不是出于对王敦大军的考虑，而是在借机发泄私仇，因为他的哥哥叫周顗，也就是周伯仁，历史上"我不杀伯仁，伯仁因我而死"的主角。王敦第一次作乱时，杀死了他。

历史记载说，当王敦的人牵着周顗去杀头的时候，周顗神色不改。路过太庙前时，他朗声诅咒道：**贼臣王敦，倾覆社稷，枉杀忠臣；神祇有灵，当速杀之！**

王敦的人听了，就用戟捣他的嘴。

"铛——铛——铛——"

牙齿碎了，舌头破了，"血流至踵"。血从嘴里流了出来，顺着身体一直流到脚后跟上。由此我们还可以猜测，周顗当时应该是被扒光了衣服，裸着身体，不然血怎么能一直流到脚后跟上呢？

这自然是为了羞辱他。

但周顗依旧神色不变，观者为之流涕。

周嵩一直将这份痛苦深埋心中。王敦第一次作乱成功后，将他强征到自己的幕府，应该也是为了加强监管，就像对待周莚一样。根据《晋书》记载，周嵩是一个脾气火暴、性格耿直的人，对王敦的恨意从未减少。现在找到一个报复的契机，他自然不愿放过。

但他不知道的是，无后这件事也是王敦的痛处，他好不容易找到一个继承人，还被说三道四。王敦恨透了周嵩，没有太多犹豫，就将其杀掉，并同样诬陷他与妖道李脱有染。谋逆之人，也最爱诬陷他人谋逆，这恐怕是某种程度上的心理投射效应。

周嵩就这样送掉了性命。不过他的死有些与众不同，应该会在琅邪王氏族内引起某种反应，因为他还有另一个身份：王羲之哥哥王籍之的岳父。

琅邪王氏一族与周家私交很深，不仅周嵩是王籍之的岳父，他的哥哥周顗与王导还是密友。《晋书·王羲之传》还记载说，王羲之的出名，也有赖于周顗的青眼有加。

（羲之）年十三，尝谒周顗，顗察而异之。

王羲之十三岁那年，去周顗府上拜谒。在宴席上，周顗留意到他的某些言行，觉得这个小孩与众不同，就站起来，将席上最重要的一道菜——烤牛心——送到王羲之面前，亲自用刀分割，送与他吃。

这是相当不寻常的事情，《晋书》描述说"坐客未啖，顗先割啖羲之"，其他更重要的客人还没吃上，周顗却先将牛心分给了一个小孩。

周顗出身北方豪门汝南周氏，放诞不羁，常酒后胡闹，但每临大事却有原则，有底气，是当世名士，朝廷重臣。他的这个举动一下子让大家认为王羲之定有常人不能及之处，王羲之"于是始知名"。

这里有个细节值得揣摩，那就是王羲之当年十三岁。根据记载，王羲之出生于公元303年，以虚岁来算，他十三岁那年，当是公元315年。正是在这一年，他哥哥王籍之迎娶周嵩之女。

是否因为两家正值谈婚论嫁之际，往来频繁，相互宴请，所以王羲之出现在周家的宴会上？那么他被隆重招待的那一刻，周嵩是否也在宴会上呢？

史书记载的，往往只是帝王将相在重大事件上的演出，私人交往，情感心绪，多是一笔带过，或者只字不提，我们今日也只能做些猜测与推理。

那么当伯父王敦悍然杀死周顗、周嵩兄弟时，王羲之与哥哥的心情是怎样的呢？王羲之是否会想起当年给自己分割牛心的周顗，想起他醉后的大笑？

王羲之父亲（王旷）早死，他靠哥哥嫂嫂抚养长大，当周嵩被杀时，哥哥王籍之的痛苦想必也会感染到他。

但这些苦涩，大概都难以言表，只能默默吞下，他看着远在于湖的伯父王敦不断举起屠刀，将整个家族拖向深渊。

◎ "闻鸡起舞"的结局

当王敦在于湖不断杀人的时候，京都的王导依然没有太多动静，至少史书上没有留下什么引人注目的记载。他还是按部就班地上朝，早上从冶城的住宅出门，沿着秦淮河向东，缓缓步行一公里左右就到了宫城南门宣阳门，进城，处理朝廷的公事，但对朝野都在密切关注的王敦之乱视而不见。

所有人都知道山雨欲来，大战一触即发。天空黑沉沉的，乌云不断聚集、翻滚，连接成片。气压越来越高，闷得人喘不过气。或许已经有公卿在私下议论，偷窥王导的反应，甚至就连皇帝也在等候王导说点什么，但他都好像看不见，听不着，按时下班，原路返回，几乎不参加聚会。

在王敦上表以郗鉴取代王导为尚书令后，王导的身份只剩下司徒，虽是三公之一，但更多是荣誉职衔，这个时候也没有太多实权。以此来看，他上朝的机会可能也不多，大多时间都是在自己家中静坐，约束子弟，让他们不要抛头露面。这个时候的他有时间重拾自己的爱好：书法。史料记载说，王导也是书法名家，行书、草书俱有盛名。现在看他留下来的书法名篇《省示帖》，运笔流转生动，尽显潇洒风雅。

《晋书》还说，南渡之时，他把钟繇的书法名帖《宣示表》缝入袖中，誓言"帖在人在，帖亡人亡"，可见对书法的热爱。后来他将这幅字帖赠给了侄子王羲之。

在纸上挥毫的时候，他感到心绪宁静、平和，重新获得了面对当下时局的勇气和从容。但还没到他做出反应的时候，他只是静静地观察，稳稳地等着。客观地说，他可能也不知道这种模糊的、令人不安的局面会持续到什么时候。但历经战乱与变局的他应该能预料到，这种战前的紧绷不会持续太久，早晚会有人站出来打破僵局，只要那个站出来的人不是他自己就行。

很快这个人就出现了，他叫温峤。

温峤此时三十六岁，正在王敦幕府中担任左司马。左司马掌管军事，位置相当重要，但与他出色的个人能力以及声名并不匹配。这似乎说明王敦在意这个人，但又不完全信任他。

因为对王敦阵营来说，他实在是个难以捉摸的人。

一开始他被视为皇帝司马绍的人。朝野都知道，当司马绍还是太子的时候，温峤就以老师的身份加入东宫，深受信赖。甚至传说司马绍待之以布衣之交，放下身段，平等相处。

王敦第一次作乱，攻进建康的时候，也是温峤阻止了司马绍鱼死网破的激进计划，保住了他的性命和太子身份。司马绍登基不久，就升温峤为中书令，掌管机要，参与决策。这是一个接近宰辅的位置。

正是因为担心司马绍会在温峤的辅佐下逐渐站稳脚跟，王敦才在几个月前强制性地将温峤调到了自己幕府中，给了他一个左司马的位置。

《晋书·温峤传》记载说：**峤有栋梁之任，帝亲而倚之，甚为王敦所忌，因请为左司马。**

王敦忌惮他的才能，将其调到自己身旁监视。

虽然是大幅度地降职，还有可能陷入权臣谋逆的祸乱之中，但温峤还是接受了这个安排。他从京都建康出发，逆长江而上，来到王敦的大营。

初次见面的气氛应当是凝重的。王敦向来傲慢、阴鸷，视天下为无物。他虎视眈眈地看着温峤，想从他脸上看出恐惧，或是一个忠臣对权奸的愤怒。

无论怎样，都可以惹他一笑。

但没有。

温峤既无恐惧，也不怎么愤怒。

他只是平静地、中肯地说道：**公自还辇毂，入辅朝政，阙拜觐之礼，简人臣之仪。**

辇毂，指的是天子车驾，又代指天子，或者京城。

温峤说：您本来说要回京都辅政，但现在拥兵不前，不觐见皇帝，实在有失人臣之礼。

这句话说得含蓄，避开了王敦兵逼朝廷的犯上事实，只轻描淡写地批评他不尽朝见之礼。这是在鼓励他退回到臣子的位置上。温峤是个务实的人，不会像固守儒家君臣大义的骨鲠之臣一样对王敦痛骂，那样只会惹王敦讥笑，也于事无补。

为了让自己的话更有说服力，他又列举了古代圣王的例子。

昔帝舜服事唐尧，伯禹竭身虞庭，文王虽盛，臣节不怠。

舜、禹等人在服事前王的时候都谦恭谨慎，文王强盛，但也遵守臣节。

何况你王敦呢？

温峤以舜、禹、文王等最终取前任而代之的圣王来劝谏王敦，似乎有些敏感和暧昧，像是在暗示王敦：在您真正取代皇帝之前，还是要保持谦虚低调。但实际上，他只是将王敦架上道德高位，作为约束。

他对王敦真正的期许是：**愿思舜、禹、文王服事之勤，惟公旦吐握之事，则天下幸甚。**

希望您想着舜、禹、文王等服事前朝的勤奋，像周公一样辅佐当今天子。

温峤以周公比王敦，对他既是一种道德束缚，也是一种心照不宣的暗示：您可以继续掌握实权，但不能取皇帝而代之。

何苦去做那个皇帝呢？做当代周公，不仅有助于成就您的美名，对天下人来说也是一大幸事啊！

但王敦不是周公，他没有为他人作嫁衣裳的高尚情操，实权他要，皇帝那至高无上的荣耀他也要。对于温峤的这番苦谏，他一字"不纳"。

如果温峤就此止步，或者继续苦劝，那么他不过就是一个忠于皇权的耿介之辈，历朝历代，这样的人不断涌现，不至于引起王敦、钱凤等人的疑惑，但温峤却在劝谏失败后来了一个一百八十度的转弯。

他似乎开窍了，悟已往之不谏，知来者之可追，开始积极地、主动地、大胆地融入王敦阵营。

《晋书·温峤传》说他"综其府事，干说密谋，以附其欲"，全心全意地迎合王敦的谋逆之心，出谋划策。为了表示自己的洗心革面，他还向钱凤示好，"深结钱凤，为之声誉"，自降身份，结交钱凤，处处抬高钱凤的名声；常说"钱世仪精神满腹"，大概是夸钱凤很有能力，精神百倍。

钱凤出身次等家族，在豪门当道的东晋时代，常有深切的自卑感。而温峤就不同了，出身江北豪门——太原温氏，祖辈位居三公。他又有鉴赏人物的美名，能得到他的夸赞，钱凤是受宠若惊、喜出望外的。

《晋书》说"凤闻而悦之，深结好于峤"。

其实王敦军府中，反对作乱的人不在少数，在谏言被拒后，他们大多采取了全身避祸的态度。或终日饮酒清谈，不处理军务，或是远离王敦，到一个偏远州郡为官，虽不能大有作为，但也尽力保护一地百姓周全，比如谢安的伯父谢鲲。

《晋书》记载说，王敦第一次叛乱后，谢鲲仍然试图将他拉回正途，几次进谏失败后，他失望地离开王敦大营，就任豫章太守。虽然还是在王敦的遥控下，但也无所谓了，只尽心尽力地把豫章郡治理好，给当地百姓一个安稳。

但温峤就不同了，既不饮酒自污，也不离开王敦，反而热心地加入进来，出谋划策，无所不为，简直比逆贼钱凤还要积极。这么大的转向，让钱凤等人一开始不得不怀疑他是曲意逢迎。但相处久了，他们发现温峤好像不是作假。他的个性与他们一伙实在是有些臭味相投。

比如他好赌，而且赌技极差，常常输得精光。温峤告诉他们说自己年轻时常常输掉身上所有钱财，被人扣住，脱身不得。

这个故事也被《世说新语》记载了下来，说有次他在船中与商贾赌博，输得一败涂地，不仅身上钱财输光了，还欠下债务，被人拿住不让走。幸亏此时庾亮从岸上经过，温峤隔水大呼：**卿可赎我。**

你快来救救我。

每当听到这个故事，钱凤等人都会被逗得哈哈大笑，温峤也就跟着一起笑。

他的另一个故事，就更加滑稽了，《世说新语》也做了记载。

说他的一个从姑刘氏曾委托温峤给自己女儿找一个婆家。此女"甚有姿慧"，不仅长相漂亮，还聪慧可人。但当时天下大乱，婚嫁困难，刘氏只希望给女儿找一个落脚之处。

温峤满口答应下来，说不知道您想找一个什么样的，条件跟我差不多的可以吗？

刘氏说：现在世道丧乱，能有口饭吃，有衣服穿就足矣，哪能按着你的条件去找？

温峤说那我知道了。

过了几日，他上门汇报：**已觅得婚处，门地粗可，婿身名宦尽不减峤。**

不负重托，给您找到一个佳婿，家世尚可，官职也不比我低。

说完还把男方的聘礼——一枚玉镜台献上。

刘氏大喜，许婚。

婚礼当日，新人进入闺房，新娘拿开一直遮在面前的纱扇，映入眼帘的，是温峤的一张老脸。

原来他早就有"自婚意"，拿话骗了刘氏，自己要娶这个远房表妹。

新娘倒是不介意，大笑道：**我固疑是老奴，果如所卜。**

我早猜到是你，果然如此。

那个时候的温峤应该还不老，当是三十岁左右，只是比新娘大一些。

这个故事流传很广，直到元朝，关汉卿还以此为基础写了戏剧《温太真玉镜台》。温峤，字太真。

不过余嘉锡先生在《世说新语笺疏》中质疑了这个故事的真实性，说温峤前后三娶，未见此女。但温峤在这个故事中流露出来的狡黠，甚至厚脸皮，倒是相当真实的个性写照。

他在京都时，有些同僚也不是很喜欢他，怪他说话放肆，甚至口出秽言。还有记载说他"貌丑"，这在重视男性美貌和个人风度的魏晋时代实在是个不小的短处，以致当他第一次出现在东晋朝堂的时候，把司马睿、王导等人都吓了一跳。

这样一个人跟钱凤等野心家聚在一起赌博、喝酒，觥筹交错间谈起将来谋逆成功，如何大富大贵，是不太有违和感的。何况钱凤偷偷做过调查，得到一份情报，说王敦第一次进军建康的时候，温峤和周顗私下曾有过一番密谈。

周顗当时笃定地将王敦的行为视为犯上作乱。

温峤却只模棱两可地说道：**大将军此举似有所在，当无滥邪？**

大将军这次进军，恐怕只是为了诛杀刘隗、刁协，不会滥杀无辜吧？

刘隗、刁协是皇帝司马睿的心腹，帮他打压琅邪王氏，振兴皇权。王敦进军之初，以诛杀二人为借口。这是温峤、周顗都能看明白的事情，但温峤却假作糊涂，装作看不出王敦的野心。

这虽然不能说明温峤一开始就支持王敦，但至少说明他是摇摆的、心存侥幸的、可以拉拢的。

在这种氛围下，王敦、钱凤都相信了温峤。

但他们都错了。

他们都忘记了温峤的过去。

当结束了白日间与钱凤等人的饮酒作乐后，温峤总是在暮色中一个人回到屋里，在夜深人静的时候，想起山西战场那凛冽的北风。

与江东这些挥动麈尾、谈笑晏晏的名士不同，温峤早年是在对阵匈奴的金戈铁马中度过的。

《晋书·温峤传》载：于时并土荒残，寇盗群起，石勒、刘聪跨带疆场。"并土"即并州，也就是今日山西太原一带。当匈奴、羯人等铁骑南侵时，这里是中原王朝防御的最前线。

其时天下大乱，胡人铁骑肆掠中土，原本主政中原的王公贵族要么忙于内斗，要么南渡江东，真正站出来、开赴北方前线的只有刘琨等少数几人。

刘琨，"闻鸡起舞"的另一个主角，曾和名将祖逖一起在月下闻鸡舞剑，发誓要成就一番事业。当刘琨前往太原组织防线的时候，温峤也加入了队伍，因为刘琨是他的姨夫。"琨深礼之，请为参军。"刘琨早知道温峤的才能与决心，任其为府中参军。

他们带着部队，朝着匈奴的方向上路了，满眼都是末世的景象。逃难的人群与他们相向而行，衣衫褴褛，拖家带口。有些走在半路就饿死了、病死了，没人掩埋，暴尸荒野，在雨水的冲刷下腐烂，散发出恶臭。

土地也随之荒芜，房屋跟着倒塌，成为废墟，长满杂草。兔从狗窦入，雉从梁上飞。刘琨自己的诗中也写道：**麋鹿游我前，猿猴戏我侧。资粮既乏尽，薇蕨安可食。**

人去后，野鹿、猴子成为这片土地上少有的生物。看到人影后，它们尖叫着，窜入更深的丛林。土地抛荒后，刘琨的队伍没有粮草补充，只能一路挖掘野菜。既然有鹿，可能也会通过打猎补充一些食物。

但到了太原城下，更大的绝望等待着他们：原本的坚城，北方最重要的据点也坍塌大半。望楼被炮石轰掉了，城墙被胡人挖塌了。半截土墙还孤零零在灰色的天空下戳着，像巨人的尸骸。

温峤他们没有选择，只能抓紧时间修复城墙。匈奴探到了他们的情报，骑兵正朝着太原奔袭。挖土，搬运，垒墙，温峤跟着士兵一起干。他还去周边的村落将仅剩的、逃不出去的老幼病残组织起来，站上城头放哨。很快，匈奴、羯族的部队都聚拢过来。

在夜色下，骑兵的长枪闪着森寒的光，盔甲碰撞，像是滚动过来的惊雷。《晋书》说在面对胡人的这些艰难的战役中，温峤是刘琨的谋主，最核心的支撑。

峤为之谋主，琨所凭恃焉。

他从参军升为从事中郎，继而为上党太守，又加建威将军，督护前锋军事，累有战功。

但刘琨可能很快就认识到，他们再艰苦的努力，最多只能延缓胡人铁骑南下的步伐，想要在太原扭转局势、恢复中原大概率只是妄想。他们唯一的希望，是长江以南，王导、司马睿正在组建的南渡政权。

于是他将温峤叫了过来，说：**今晋祚虽衰，天命未改，吾欲立功河朔，使卿延誉江南，子其行乎？**

去吧，到南方去，帮他们建立更有希望的政权。我会在北方为你抵抗胡人，创造时间。

这是个残酷，甚至残忍的计划。

但温峤接受了，这是有志于天下的人必须忍受的事情。

他与姨夫刘琨分别，掉头往南。

这一去，就是永别。

几年后，刘琨死于同盟、另一个少数民族鲜卑人的手中，还背上了谋逆作乱的罪名。当他在狱中孤独死去后，司马睿的朝廷既没有为他发丧，也没有给他平反。因为真正在幕后杀死，以及诬陷刘琨的，是王敦。

司马睿害怕激怒王敦，默认了刘琨的冤死。

酒后，温峤经常想起刘琨。刘琨也爱喝酒，酒后常常赋诗，慷慨悲歌：

功业未及建，夕阳忽西流。

时哉不我与，去乎若云浮。

功业未建，时间易逝，白发黯然生。英雄的悲哀，莫过于此。

现在刘琨死了，匡扶天下的使命，就落到了他温峤的肩上，这是刘琨用自己，以及千千万万北方将士的命和血换来的。

江东的政权，有再多的问题，也是中原文明，是汉人最后的寄托。温峤必须守护住这一点血脉。他不能让王敦再度作乱，如果这种局面最终不幸成为现实，他就将在战场上再度亮出自己的刀锋。

不过这里值得注意的是，温峤守护的是江东政局，而非司马氏一家的政权。温峤不是当年协助司马睿打压琅邪王氏的刁协、刘隗。他们是坚定不移的、原教旨的儒家臣子，高举君臣大义的大剑，挥向一切不向皇帝下跪的臣子。为此，他们可以牺牲自己，甚至在必要的时候也一道牺牲皇帝，最后结局也确实如此。

他们守护的是皇权，或者更直接地说，是司马睿本人。

但皇权从来只是手段，不应该成为目的本身。

温峤在王敦第一次作乱时态度暧昧，是因为司马睿振兴皇权、打压大族的措施有可能毁掉江东稳定的局面，王敦的进犯能将他重新拉回皇帝垂拱、门阀执政的轨道上来。不论是从大局的平衡出发，还是从他自己豪门大族的出身来论，他乐意看到的，恐怕都是共治，而非一方独大。

他自己与当今第一豪门琅邪王氏的牵扯也相当深。在进入东宫成为太子心腹前，他还曾担任过王导府中的长史（首席幕僚），这是一个相当重要、深受信赖的位置。还有他的第二任妻子王氏，是琅邪王氏王诩之女。

王诩早亡，个人信息不多，但在《世说新语》中曾经出现过一次：

有人诣王太尉，遇安丰、大将军、丞相在坐；往别屋，见季胤、平子。还，语人曰："今日之行，触目见琳琅珠玉。"

这里的太尉是王衍，安丰是王戎，大将军是王敦，丞相是王导。另一个屋子中的平子是王敦后来杀死的王澄，而其中的"季胤"就是王诩，他是王衍的弟弟，官至县令，在渡江前早亡。

现在不能判断温峤是在渡江前娶的琅邪王氏女，还是渡江后。如果是渡江后，在王衍、王诩已死的情况下，这宗联姻很可能就是王导主导操持的。

这个猜测还有一个旁证。

那就是在王氏女死后，温峤第三任妻子来自庐江何氏。而王导与庐江何氏有连襟关系，东晋名臣、王导后来的接班人何充就是王导的姨甥。那是否在侄女死后，王导又通过自己与庐江何氏的关系，为温峤再娶呢？

不管如何，温峤在仕途、婚姻上与琅邪王氏的牵扯都相当深。

所以他不会太介意王敦手握大权。

他不能接受的，是王敦再度作乱以取皇帝而代之。以王敦之贪婪、霸道，一旦掌权，势必打压其他大族，打破政局平衡，引发整个江东的混乱。

这是他要极力避免的悲剧。

在用周公的案例劝阻王敦失败后，他终于意识到最终的决裂已然不可避免。

他调整了自己的策略，不再反对，也不全身避祸，而是纵身一跳，跃入泥潭，只为得到王敦的信任，以便在时机真正到来的时刻，有能力做出致命一击。

他到王敦麾下，是在王敦移镇于湖之后，他看着大营西边的长江水涨了又落，落了又涨，恍惚又是一年时间。他与钱凤喝了很多酒，吹了很多牛，赔了很多笑，看王敦杀了很多人，又无数次在酒醒后想起死在北方的刘琨。

一切都是为了等待一个时机。

◎ 诛　心

太宁二年接近夏天，江水再次涨起的时候，时机终于来了。京都建康的行政长官——丹阳太守的位置空了出来。如果能得到这个位置，他就有了回到皇帝身边的可能。但如何得到这个位置，还需要一定的技巧。

《晋书·温峤传》说，他专门找了一个王敦、钱凤等人都在的场合提出了这个问题：

京尹辇毂喉舌，宜得文武兼能，公宜自选其才。若朝廷用人，或不尽理。

丹阳太守掌管京都喉舌之地，王公您最好从自己麾下挑选一个文武兼备的人担任。如果把这个位置让给朝廷，那就麻烦了。

王敦自然懂得这个道理，应该说在温峤提出之前，他已经在考虑这个问题，甚至已经有了自己的人选。

但现在他却不急于表态，反而问温峤："那你认为谁可担当此任？"

这个问题看似顺嘴一问，实际相当敏感。如果温峤自荐，很可能引起王敦怀疑。

不过温峤也早做好了准备，从容答道：**愚谓钱凤可用。**

我觉得钱凤可以。

他之前就夸赞过钱凤"精神满腹"，现在推举他做丹阳太守，不像作伪。

钱凤原本是个非常聪明的人，但聪明人往往毁在过于骄傲，一旦被人抬举，就放松了警惕。当听到温峤推荐自己时，钱凤很开心，这不是夸他文武兼备，堪当大任吗？于是也就忽视了温峤这句话的真正用意，只像一个普通人一般，虚伪地做了推辞："我不行，我不行，还是得您来。"

《晋书·温峤传》说"凤亦推峤"。

太好了。

这就是温峤想要的局面。

他推钱凤，就是以退为进，借钱凤的口来向王敦推荐自己，脱去自荐嫌疑。不过在最终达成目的前，他又连番推辞，继续在王敦面前演戏："我哪行？还是得钱凤来啊。"

王敦终于放心了，"表补丹阳尹"，给皇帝上表，推荐温峤主政丹阳。

温峤终于松了一口气，这一年来在王敦、钱凤面前的戏没有白演。不过他敢冒险推荐钱凤，也是因为他知道钱凤是王敦谋主，不可能远去京都任职。

但王敦和钱凤都是聪明人，温峤还是怕自己的心思暴露，于是在为他送行的酒宴上又演了一出戏。

是日，众人云集，酒酣耳热。温峤站起来行酒，先从王敦开始，每人都敬酒一盏，然后到了钱凤座前。他倒了一盏酒，递给钱凤，催他快喝。

史书记载说：**凤未及饮，峤因伪醉，以手版击凤帻坠。**

还没等钱凤饮酒，温峤就假装醉了一般，以手板去打钱凤的头。

手板，又叫笏板，一般是臣子上朝面君，记录发言内容，作为提醒的"小抄板"，此时温峤手中拿的当不是面君用的笏板，可能是平时见王敦等商讨事情用来记录的木板，或者作为其他用途的东西。不管如何，拿这样一块木板当众去打别人脑袋，都是相当冒犯的事情。

魏晋时代，出身豪门的贵公子个个眼高于天，骄傲甚至自负。钱凤虽不是一等豪门出身，但也算是江东大族，又深受王敦信赖，对面子看得很重。

但温峤不仅打他脑袋，还把他的头巾都打掉了，露出他光亮亮的额头，更是明显的侮辱。

似乎还嫌不够，温峤又摇摇晃晃、口齿不清地说道：**钱凤何人，温太真行酒而敢不饮！**

你钱凤是什么身份的人？我温峤给你行酒，你竟敢不喝？

是可忍孰不可忍，钱凤当场就发作起来，与温峤起了冲突。史书没有记载钱凤具体如何反应，但说"敦以为醉，两释之"，最后需要王敦出面，以温峤喝醉为由来劝解，看来当时的冲突是相当激烈的。

对于温峤在席上的这一番胡闹，王敦等人可能又是摸不着头脑，只能当温峤是真的醉了。但这出戏的真正作用在后面。

《晋书》说当温峤从大营离开的第二天，钱凤突然醒悟过来，对王敦说道：**峤与朝廷甚密，而与庾亮深交，未必可信。**

温峤跟皇帝关系亲密，与中书监庾亮也有深交，现在让他去管丹阳，未必可信。

钱凤是个心思极深的阴谋家，终究不信任温峤，但他不知道的是，现在

第三章　战争的前夜　065

不管他说什么关于温峤的坏话,在王敦眼中都是另一番味道。

果然,王敦说道:**太真昨醉,小加声色,岂得以此便相谗贰?**

温峤昨天是喝醉了才对你不敬,你怎么能因此就谗害猜疑他呢?

这就是温峤酒宴上那一场戏的真正目的:自污以污人。

他早担心钱凤会看穿计划,阻止自己回京,所以不惜扮丑,与钱凤结怨。这个时候的钱凤不管说他什么坏话,即使是有利于王敦的金玉良言,也会被视作出于私心的报复。

他污染的不是钱凤这个人,而是他做事的动机,是谓诛心。

当然,他那一晚的戏还不止于此,《晋书》记载说他与王敦分别前"涕泗横流,出阁复入,如是再三,然后即路"。

他走之前,在王敦面前流下泪来,以示不舍。走出去后,又返回来,拉着手又流泪,然后再走,又再回来,如是再三。

王敦终于相信了他的忠心,等到钱凤劝谏时,他又哪里会听呢?

《晋书·温峤传》载:**由是凤谋不行,而峤得还都,乃具奏敦之逆谋。**

温峤回都,将王敦谋逆的细节悉数上奏。

第四章
夫唯不争，故天下莫能与之争

◎ 将自己的意志变成群体的愿景

当温峤回到建康后，王导的处境就变得越来越敏感，甚至是危险起来。他虽然静坐在家，但并没有放松对情报和信息的掌控。他知道皇宫的密谋已经开始。

《资治通鉴》记载说：**峤至建康，尽以敦逆谋告帝，请先为之备，又与庾亮共画讨敦之谋。**

温峤回到建康后，将王敦谋逆的筹划告诉皇帝司马绍。为了早做准备，他将细节也告诉了庾亮，与他一起制订平叛的计划。

温峤选择庾亮参与机密，不仅是因为庾亮现在身居中书监，是帮皇帝拟定诏书、参与决策的心腹之臣，也与二人私交甚好有关。

《世说新语》记载说，当温峤与人赌博、输光钱财后，是庾亮将他赎了出来。很多年后，当庾亮执政失败、引发众怨的时候，温峤则投桃报李，帮他收拾了残局。

两人的个性大不相同，庾亮方正严肃、令人畏惧，温峤则灵活多变，甚至有些滑稽荒诞，但自温峤渡江之后，两人交集颇多，又同入司马绍府，担任太子师傅。这段经历不仅让他们两人结下厚谊，也与当年的太子、今日的皇帝绑得更加紧密。

平叛的筹划一开始由温峤主持，而真正的决策者司马绍则隐居幕后。因为在针对王敦的这次战争中，他真正的对手并非王敦，而是朝野各大家族的人心向背。他必须格外小心地试探、揣摩他们的态度，不让他们将这场战争视为他与王敦的个人恩怨。

将自己的意志变成群体的愿景，这是优秀的领导者都深谙的权术。但司马绍这样做的背景更加复杂，也更加令人心酸。

他不敢忘记的是，王敦第一次作乱时，绝大多数家族都持观望、默许，甚至是支持的态度。因为大多的家族都不希望看到皇帝的权力过于集中。他的父亲，在悲愤中死去的司马睿就是没有看到这一点，才引发了灾难性的结局。

如果在面对王敦即将爆发的第二次叛乱时，他自己孤身一人、孤注一掷地走在最前面，不仅会被其他家族看作对王敦第一次叛乱的报复，还会让他们担心皇帝会借此次平叛拨乱反正，打击豪门，重振皇权。

这是司马绍早在去年就知道王敦有不臣之心，却始终不敢强硬反击的苦衷所在。

根据历史记载，与其父司马睿相对宽厚的个性不同，司马绍更加坚毅、大胆。早在温峤从王敦大营回来之前，他就曾不断派人去问候王敦病情，刺探虚实。《晋书·明帝纪》甚至记载说，他曾单枪匹马跑到王敦大营，查看他的军事部署，并在王敦派人追击时成功逃脱出来。

但直到温峤背叛王敦，回到他的身边，他才鼓足了平叛的勇气，因为这说明像温峤这样有能力有担当的大臣是站在他这一边的。

当然，这还远远不够，在让温峤主持筹划平叛的同时，他还在不断试探其他家族和公卿的态度。

《资治通鉴》记载说：**帝将讨敦，以问光禄勋应詹。**

司马绍在讨伐王敦前，咨询光禄勋应詹的看法。

光禄勋为九卿之一，原掌宫廷宿卫，位高权重，但后来职权下降，管宫廷后勤事务。到了司马绍父子时代，更多的是一个闲职。

但司马绍咨询的这个应詹却不是一个可以等闲视之的人物。他有出色的军政能力，在西晋末的大动乱中，他曾在荆州镇压叛乱，保一境安危。他的工作成绩是如此出色，以至于他被调任其他地方时，荆州百姓沿路号哭，挡住他的车架，请他担任荆州刺史。

司马绍如果要对阵王敦，需要这样的人才协助。但他此番的咨询，不只是拉拢，更是试探。因为应詹的身份相当暧昧。

当他在荆州任职的时候，主政荆州的先是王澄，后是王敦。他的仕途升迁，与琅邪王氏牵绊颇深。更让司马绍不敢放心的是，当王敦显露出再度作乱的迹象时，应詹的态度也相当模糊。

《晋书·应詹传》载：**詹以王敦专制自树，故优游讽咏，无所标明。**

当王敦在培植党羽、壮大实力的时候，应詹既没有支持王敦，也没有明确地站在皇帝一边。他耽于游玩、清谈，远离政治，表现出一副全身避祸的姿态。

当战争爆发后，应詹这样的人会是一股最不确定，又很可能会影响政局的力量。

历史没有记载司马绍咨询应詹的具体场景，但大概率是发生在司马绍的寝宫这样极为私密的地方，以他的聪明谨慎，是不会在群臣集会于大殿时发问的。

这是一个对双方来说都非常敏感，甚至关乎各自命运的问题。幸运的是，应詹的回应正是司马绍期待的结局。他摒弃了模棱两可的态度，直接地、笃定地答道：**陛下宜奋赫斯之威，臣等当得负戈前驱，庶凭宗庙之灵，**

有征无战。如其不然，王室必危。

陛下您当振奋君王之威，我等臣子必将扛戈负戟，血战沙场。

字字铿锵，犹如箭矢。

风向开始变得对司马绍有利，应詹这样的人意识到该是做出选择的时候了。

不过还不能高兴太早，公卿的支持是他发动平叛的基础，但若想真正赢得这场战争，最终还要看一个关键人物的态度——司徒王导。

◎ 王阳明的一个梦

从理论上来说，当年轻的皇帝准备对付王敦的时候，他最早该求助的对象就是王导。他是东晋王朝的实际创造者，是东晋的政局每次出现震荡，朝野都投去求助目光的幕后掌局者，还是司马睿留给年轻皇帝的法定辅政大臣。

但他选择了避开王导。

这不仅因为王导出身琅邪王氏，与王敦血脉相连，更因为他看不透王导。他不知道这个曾经亲手帮助自己父亲缔造王朝，却又放任王敦作乱毁掉一切的人到底要的是什么。他在自己同族兄弟叛乱在即的时候依然静如湖水。他看似什么都不在意，什么都不做，但似乎什么又都绕不开他。即使尊贵如皇帝的他，也不知道该如何面对，或者说对付这样一个人。

当皇帝在暗中筹划，先后得到温峤、庾亮、应詹支持的时候，王导也只是静静地等着。虽然年轻皇帝的动作都是背着他暗中进行的，但他的每一步实际上都不可避免地朝着自己走来。

还有一个人也在朝他走来，他的堂兄王敦。现在到了他在两人之间做出一个选择的时候了。

《资治通鉴》记载说，当温峤回到建康不久，王敦就给王导写了一封信，指责温峤背叛了自己：**太真别来几日，作如此事！当募人生致之，自拔其舌。**

温峤离开我没几天竟然做出这种事，我要找人活捉了他，拔掉他的舌头。

王敦生气是有道理的。

当初温峤假意推辞丹阳太守职位的时候，王敦还跟着钱凤一起劝他接受。想想自己一生戎马，天下所惧，竟然受了这样的愚弄。《晋书·温峤传》还说，王敦放他离开前，曾叮嘱他回到京都后"觇伺朝廷"，窥视朝廷动作，汇报给自己。没想到他却是将自己的计划全盘暴露给了皇帝。

王敦一生，恐怕还没有受过这样的嘲弄。真真是可忍孰不可忍。

不过我们恐怕不能将王敦的这封信简单地视为抱怨，因为向他人——即使是亲如兄弟的王导——抱怨自己所受到的愚弄，也只会暴露自己的软弱，甚至是愚蠢。在眼下这个关键时刻，强人王敦不会轻易示弱。再说了，王敦也不是什么多愁善感的人，需要通过抱怨得到他人的认同或者抚慰。

那王敦此番写信，究竟有什么目的呢？

如果我们回忆一下王敦发动第一次叛乱时的情形，就会发现王敦写信的这个动作相当熟悉。当时的他也在叛乱前给王导写了一封信，信中装的是他给皇帝的奏表，内容是抱怨琅邪王氏遭受到的不公正打压。

王导看了那封信后没说什么，只是将信折叠起来退给王敦。这种暧昧的态度，在王敦眼中意味着默许。得到鼓舞的他，不久就发兵建康。

如今他写信指责温峤，大概率是故技重施，试探王导对他即将发动第二次叛乱的真实态度。

这个事情同时还暴露出一个事实：在王敦不断筹备谋逆，朝野侧目的这一年多来，王导与王敦之间可能一直有书信往来。那么王导就摆脱不了知情，甚至是参与谋划，助纣为虐的嫌疑。

让这个嫌疑更加明显的是，在关于王导生平事迹最权威、最完整的《晋书·王导传》中，作传者似乎是无意间"遗漏"了王敦给王导写信这个关键情节。

如果再仔细阅读《晋书·王导传》，我们还会发现王导本传中不仅缺少这个关键情节，而且但凡涉及王导在王敦第二次作乱中的行为，记载都非常少，只有区区81个字。与之形成对比的是，温峤、郗鉴等人的本传中，有关他们在此次大乱中的记载就丰富得多。

这当然不是因为王导在这次事件中的作用无关紧要，我们会发现在叛乱平定后，王导得到的赏赐最厚，被官方认定的功勋之高，也远远超过了温峤、郗鉴。

这种矛盾的出现，当是史家在撰写王导传记的时候，有意模糊了他在这次事件中扮演的角色。这不仅是出于常见的为传主讳的修史传统，更主要的是因为王导这个人在中国历史上的独特性，以及他个性的暧昧复杂。

在北方游牧民族内迁的过程中，王导辅助或者说带领司马睿在江东创立东晋，保存华夏文明的功绩是辉煌的、不可磨灭的，可为万世名臣仰望、借鉴，《晋书·王导传》最后带有总结性的史家评论就是这样盖棺定论的。但是，如果细看王导在历次大事件中的行为，尤其是王敦两次叛乱中的运作，又是暗影重重，隐隐露出深不可测的面目。他出手的次数很少，但每次都直击要害。看似什么都不争，但又笼罩着一切。

夫唯不争，故天下莫能与之争。

这种复杂的个性与不可忽视的历史地位，让史家在为他立传的时候显得踌躇，只能有所选择和遮掩。不仅《晋书》如此，《资治通鉴》也经常出现这种情况。

王敦给王导的这封信中，指责温峤的内容应该不是全部，或许还有其他更露骨、以至于让王导染上更多嫌疑的敏感信息。谨慎的司马光只挑选了其中一部分加以记载。但即使如此，还是能让敏锐的读史者看出蛛丝马迹，甚至肯定地认为王导就是王敦之乱的主谋。这个人据说还是琅邪王氏的后人——明朝的王阳明。

明朝正德年间，王阳明写了一首叫作《纪梦》的诗，诗云"王导真奸雄，千载人未议"。说王导是奸雄，但千年以来，没人看出他的真面目。而王阳明之所以能看出，是因为在写诗的前一晚做了一个梦：

正德庚辰八月廿八夕，卧小阁，忽梦晋忠臣郭景纯氏以诗示予，且极言王导之奸，谓世之人徒知王敦之逆，而不知王导实阴主之。

正德庚辰（公元1520年）八月二十八晚上，王阳明在小阁睡觉，忽然梦到郭景纯。郭景纯不是别人，正是王敦的幕僚，东晋占卜大家郭璞。郭璞给王阳明出示了一首诗，极力控诉王导的奸诈，说世人只知道王敦谋逆，但不知道王导才是背后的主谋。

王阳明梦中受到启示后，天亮就抽出《晋书》来读，果然发现了线索：正是王敦给王导写的这封信。

"寄书欲拔太真舌，不相为谋敢尔云。"

王敦写信说要拔掉温峤的舌头。如果两个人不是共谋篡逆，王敦怎么敢这么说呢？

王阳明是王氏子孙，又牵扯到占卜大师郭璞，所以这番言论影响甚大，在民间广为流传。但如果仔细分析王导的内心世界，王阳明的指控怕有过于阴谋论的嫌疑。

王导在王敦第一次作乱中的嫌疑是洗脱不掉的，他默认王敦发兵是事实。因为王敦这次发兵符合他的利益：打压皇权，将政局拉回门阀共治的轨道。

但说王导深度参与了王敦的第二次叛乱，甚至还是幕后主使就有些站不住脚了。我们在前文已经分析过，王敦第二次作乱很可能会取皇帝司马绍而代之，这不符合王导的个人利益。司马氏掌权时代，王导已然是幕后的隐形操控者，掌握着王朝的实权。王敦若坐上御榻，以他个性之强硬、贪婪，王导的权势只会被削弱。更重要的是，王敦当皇帝，会破坏王导对整个东晋政局的规则设计——门阀共治。这会引发全局性的大乱。

王导有个人权力欲望，但不能因此忽视和否认他稳住朝局的公心。

他与王敦有书信来往，最多只能说明他没有竭尽全力，或者没有不惜一切地阻止王敦发动第二次叛乱。他姑息、纵容了王敦的野心，静静地看着事态发展，没有为皇帝出谋划策。这不是一个忠贞臣子该有的样子。

他之所以采取这种态度，一是不想激怒王敦，招致报复。更深层的顾虑是，他若旗帜鲜明地反对王敦，将导致琅邪王氏的内斗，继而被皇帝和其他家族利用，引发整个家族的崩溃。

所以他采取了以不变应万变的姿态，静待事态发展。这是他一贯的风格与策略。这当然是一个危险的选择，有可能同时引来皇帝和王敦两方的忌惮和敌意。事实上，在王敦和皇帝暗斗阶段，他的官职确实也在不断遭到削弱。

但慑于他的能力和威望，王敦和皇帝对他的抑制只能是点到为止，以至于让他仍然有足够的底气，跳出二选一的囚徒困局，做一个旁观的第三方，然后在局势真正明朗的时候能够做出最合理的选择。

现在，这个时刻来了。

王敦来信，在做最后的试探。皇帝也先后得到了温峤、庾亮、应詹等人的支持。大战的前奏已然降临，该是做出选择的时候了。

◎ 侵掠如火，不动如山

《资治通鉴》载，太宁二年六月二十七日，也就是温峤回京不到一个月，司马绍"加司徒导大都督、领扬州刺史"。

王导最终做出了选择，他选了皇帝。

历史没有记载司马绍寻求王导支持的具体场景，因为这不论是对皇帝还是臣子来说，都是如此敏感，甚至尴尬，以致不能清清楚楚地记载于史籍之中。

但这一幕大概率是发生了的，如果司马绍没能当面见到王导，说服他加入自己的阵营，他绝不敢贸然给王导加上"大都督"的头衔，将他推到领兵对抗王敦的前线。这种赶鸭子上架的无礼举动很可能会激怒王导。

以王导手腕之灵活，他完全可以上疏推辞，说族人谋反，我乃一介罪臣，只能待罪家中，哪敢领兵？

这不仅会让司马绍陷入被动境地，还会引发其他大族的观望。

所以最稳妥的方式，还是在私下见到王导，寻得支持。两人并不是没有情感基础。当年司马绍的父亲司马睿在立太子的时候，最初属意的是司马绍的弟弟，是王导以"长子继承制"说服了司马睿。后司马睿又有新子诞生，再一次萌生了改立太子的念头，又是王导坚决地阻止了他。

如果没有王导，司马绍大概率无缘帝位。

司马绍完全可以把这段渊源当切入口，告诉王导，当初是您辅助父亲缔造了这个王朝，也是您保住了我的帝位。现在王朝再遇危机，我能仰仗的，也只有您了。

这样就够了，足够体面，也足以让双方明白彼此的意图。

为了向王导示好，司马绍还将"扬州刺史"的位置也归还于他，这是王敦去年从他手上夺走的。

接下去就该王导出手了。

他的"冬眠"结束了，一旦做出决定，就迅速出击。

《资治通鉴》载：**司徒导闻敦疾笃，帅子弟为敦发哀。**

王导听说王敦病重，带着家族老小，在京都为他发丧。丧礼当然是声势越浩大越好，族人的表情是越悲伤越好。要向全天下的人宣布，王敦死了，随他叛乱的要三思而行。观望形势的要振作起来，乘势出击。

王导釜底抽薪的一步棋，让各大家族都相信王敦是真的死了，"咸有奋志"。

司马绍紧跟着行动，下诏开列王敦罪行。先是数落他不经皇帝允许，擅自任命官员，尤其是任命侄子王应为丞相，作为自己的继承人，是窥伺神器的谋逆之举。然后宣布了自己举兵征讨的计划：**今遣司徒导等虎旅三万，十道并进；平西将军邃等精锐三万，水陆齐势。**

王邃是王敦、王导堂弟。他像琅邪王氏其他子弟一样，不仅长于书法，而且有丰富的领兵作战经验。王敦第一次作乱时，他站在司马家阵营，被司马睿任命为尚书仆射（副宰相）。或许因为这个缘故，王敦在赢得胜利后，将这个不可靠的堂弟发往北方的淮水一线，领兵对抗后赵。

如今司马绍将他征召回来，任命为平西将军，意味着他将从京都出发，沿着长江西上，与王敦的叛军作战。

司马绍着重强调领兵作战的是琅邪王氏的王导和王邃，是有意宣告天下，王敦的谋逆没有得到琅邪王氏的支持，这有助于分化因为慑服于这个家族的势力而参与叛变的力量。

当然，这种切割对王导和琅邪王氏更加重要，相当于宣布这次谋逆只是王敦的个人举动，与家族无关。那么王敦死后，谋反的责任应该由谁来承担呢？

钱凤！

司马绍在诏书中明确写道：**天不长奸，敦以陨毙；凤承凶宄（guǐ），弥复煽逆。**

王敦遭天谴死去，但钱凤却继续作乱，因此"朕亲统诸军，讨凤之罪。有能杀凤之首，封五千户侯"。

钱凤可能自己都没料到，自己区区谋士，却成为叛逆元凶、众矢之的。

但这就是王导想要的效果，或者说是他加入司马绍阵营的条件：罪责都推给无关紧要的钱凤，将琅邪王氏从谋反的泥淖中抽离出来。

至于王敦，就让他"死掉"好了。于是才有了王导在京都发丧这一幕。

这应该是司马绍见他时，两人早就谈好的交换条件。

根据《晋书·王敦传》，我们还可以知道，司马绍在诏书的一开始，在列举王敦的罪行之前，先出人意料地赞美了王导、王敦兄弟在缔造东晋王朝上的不可磨灭的功勋。"或内或外，夹辅之勋，与有力焉。"

就连王敦第一次作乱也得到了官方的洗白，说是因为刁协、刘隗立朝不允，"敦抗义致讨""兵虽犯顺，犹嘉乃诚"。

当然，这部分内容因为过于暴露皇帝的委曲求全，甚至是心酸无奈，不被《资治通鉴》收录。司马绍或许会感谢史家的贴心，但在当时，他却不得不接受这样的条件。因为对王敦第一次作乱的定性，对王导至关重要。他当年至少是默许，甚至是有意推动了王敦的第一次作乱。

当然，司马绍的这种大度，也有助于赢得其他大家族的支持，毕竟他们当年也是默默支持了王敦的。

王导在漫长的沉寂中有如平静的湖水，任凭风吹雨打，不见一丝波动。但在时机成熟后，他迅猛出击，手段凌厉狠辣。为了以示与王敦决裂，不惜提前宣告他的死亡，然后又迅速把战火引向了与家族无关的钱凤身上。

《孙子兵法》说疾如风，徐如林，侵掠如火，不动如山，说的恐怕就是他的这种风格。

皇帝的诏书很快也送到了于湖的大营，王敦大怒。他意识到堂弟王导终究还是抛弃了自己，也看明白了他所有的谋划。此时最好的应对措施当然是亲自领兵，攻向建康，那么他死亡的谎言将不攻自破，也能震慑观望的家族。

然而他的身体并不允许，"病转笃，不能自将"。

他没有放弃，转向占卜大师郭璞，希望从他这里得到一些上天的启示。

郭璞是风水大家，长于卜筮，每验必中。在《晋书》的记载中，他有鬼神莫测之力。上自皇帝，下到王导、庾亮等豪门公卿，都"深重之"。王导就曾经征辟他为参军，令他占卜。郭璞算出王导有"震厄"，将遭雷击。于是让他去城西数十里外找一柏树，截出与身体等长一段，放在睡觉的地方。几日后，果有雷击滚落，将柏树炸得粉碎，王导躲过一劫。

这种故事在《晋书·郭璞传》中还有很多，以今日眼光来看当不可信，但这种记载至少说明当时人多相信他的鬼神之力。

或许也是出于这个原因，王敦征辟他为记室参军。

在眼下这个关键时刻，王敦又想到了他，令他卜问发兵攻打建康，前途如何。

郭璞拿出蓍草，分成两堆，占卜，然后直截了当地告诉王敦：无成！

王敦的脸色变得难看起来。他突然想起有人告诉自己，郭璞曾经也为温峤、庾亮占卜，就疑心他是有意阻挠自己发兵。

这件事在《晋书·郭璞传》中也有记载：温峤、庾亮在决定征讨王敦前，曾经请郭璞占卜事情成功的概率。

璞对不决。

也就是说根据卦象，难以判断。

聪明的温峤猜出他可能是惧怕王敦，不敢明言，于是换了一个思路，让他占卜自己跟庾亮的吉凶祸福。

郭璞卜出一卦，大吉。

温峤会意，力劝皇帝司马绍发兵。

郭璞是王敦军府参军，当在于湖，而温峤在京都建康。这件事要么是传闻，要么是秘密进行的。郭璞偷偷前往建康，帮助温峤坚定了信心。但终究被一个姓"崇"的人知道了，透露给王敦。《晋书·郭璞传》载：初，璞每言"杀我者山宗"，至是果有姓崇者构璞于敦。

王敦怀疑郭璞，于是又问：那你算算我寿命几何。

郭璞回答：根据前面卦象，您若起事，大祸将临；但带兵退回武昌，寿不可测。

王敦终于确定郭璞是以卦象阻拦自己进军,他心中生出杀意,问郭璞:**卿寿几何?**

那你算算,自己能活到什么时候?

郭璞苦涩地笑了笑,说:**命尽今日日中。**

不用算了,就在今日中午。

王敦令人收押郭璞,斩之。

据说在被送往大营南面山岗斩首时,郭璞自己默默又算了一卦,告诉行刑者,山岗处一定长了两株柏树。到了一看,果然如此。

魏晋时,占卜还是难登大雅之堂的奇技淫巧,占卜师也常跟贩夫走卒相提并论。郭璞虽然因长于占卜而受到公卿重视,但在那个门第等级森严、看重出身的时代,他的仕途并不顺利,多是辗转各个军府,做参军之类的幕僚。

但从《晋书·郭璞传》来看,郭璞以士大夫自视,长于经学,诗也写得很好,更重要的是,有匡救时弊的责任感。既然不能进入朝堂,那就以擅长的占卜发挥一点作用,也是自己来世间一趟的证明。

他或许早已预料到了自己的结局。

据说他早年在江南游历时,路遇一人,便要将自己的一套衣服送给他。那人觉得奇怪,不收。郭璞就说,拿着吧,以后有机会再还给我。

等到行刑的时候,郭璞抬起头,看向手举屠刀的人,正是当年他送衣服的那个人。

无论是王导的背叛,还是郭璞口中的天机,都没能阻止王敦。他杀掉郭璞后,下令大军开拔。浩浩荡荡的五万大军,从水陆两道,攻向建康。

第五章
王导的通敌嫌疑

◎ 祖逖：强盗还是英雄？

在取得王导的支持，获得政治上的优势后，司马绍开始部署自己的军事防备。根据历史记载，他的布防主要沿着秦淮河一线展开。

这条蜿蜒的护城河从都城东边的高山上流淌下来，像一条巨大的臂膀，环绕都城的整个东面、南面，形成天然的防护，然后在城西的石头山脚汇入长江。

石头山上有著名的石头城，这里是司马绍第一个重点设防的军事据点。王敦第一次作乱时，就是率先在此登陆，拿下石头城，逼得整个京都的防备体系崩溃瓦解。但那次是守城的周札主动投降。如果守将坚定信心，石头城上的驻军不仅能凭借高挑的地势观察王敦大军的动向，还能居高临下地发动打击。

接下去就是秦淮河两岸的布防。大河南岸交给了应詹，在司马绍决定征讨王敦时，应詹发誓要拼死相随。现在，他带兵驻守在朱雀桥南。如果王敦大军成功拿下石头城，或者避开石头城，直接从陆路攻向建康，大概率就会从秦淮河南岸强渡朱雀桥，进攻北岸的都城。这也是司马绍令他为前锋的意义所在，他面临的压力不会小于石头城的守将。

如果王敦大军能突破应詹的防线，通过朱雀桥，接下去就会遭遇驻守秦淮河北岸的温峤的抵抗。

王导作为大都督，有总统诸军的责任和权力。但这应该只是一个名义上的头衔。司马绍不会让他亲自赶赴前线领兵作战。他也不敢放心地把军权完全交付给王导。他需要的，是王导在政治和民心上的支撑。

真正发号施令的是司马绍自己。他带着剩下的军力，守在都城的南门——宣阳门外。这应该是整个防备体系中的最后一环了。

乍看起来，这是一个层次丰富、部署周密的防守计划。但与司马绍在讨伐王敦的诏书中所宣告的"十道并进""水陆齐势"比较起来，就保守得多。

原因并不复杂：他没有足够的兵力发起主动打击。即使收缩防线，他的军力也相当单薄。这种缺兵少粮的困苦情形早在他父亲建立东晋时就相当明显。当时天下大乱，百姓或死或流亡天下，中央政府没有一个大面积征发士兵，并加以训练的环境。

造成更大困扰的是粮食的缺乏，田地大量荒芜，赋税不继。没有粮食，就不可能供养庞大的军队。《晋书·食货志》记载说，司马睿还未登基前就努力发展生产，课督农功，"其非宿卫要任，皆宜赴农，使军各自佃作，即以为廪"，将不是必要的军事力量都安排去开垦种地。这说明军饷匮乏，只能亦兵亦农，让士兵自己养活自己。

还有一个情况也加剧了中央兵力和粮食的匮乏。那就是大家族以及地方军府占用了大量兵力，这些兵士逐渐成为他们的私兵、部曲，或者直接脱离营伍，给大家族打杂服务。《晋书》就说"今之兵士或私有役使，而营阵不充"。

这也是司马睿在应对王敦第一次作乱时，不惜激怒大族，也要从他们手中征发奴隶、佃客，补充中央军力的原因。实是不得已而为之。但这种饮鸩止渴的操作，最后也导致了各大家族的袖手旁观。

司马绍的处境可能比父亲司马睿更加糟糕。毕竟王敦在第一次作乱中已经沉重打击了京都的军事力量。《晋书·王敦传》记载，第一次作乱之后，负责宫城宿卫的禁军数量每月都要向远在武昌的王敦汇报。所以我们可以相信，王敦在回到武昌之前，一定会进一步削弱京都的兵力储备，并且限制司马绍扩军。

父亲当年触怒大族的征奴计划，也让司马绍吸取了教训。在这次筹备防守时，我们没有看到他征发大家族的奴隶，或者江东豪族的部曲的计划。

在没有充分兵力的情况下就与王敦悍然开战，是相当危险和冒进的。司马绍也无可奈何，他没有其他的补救措施。这也可能与司马绍一向大胆的行事作风有关。据《晋书·明帝纪》记载，正式开战前，司马绍甚至曾单枪匹马，远赴王敦于湖大营探查虚实，然后在被察觉后巧妙逃离。这个记载有夸大司马绍勇略的嫌疑，但我们可以由此看出，司马绍相比他稳重沉默的父亲，更加激进，甚至是疯狂。

不过两军开战，关乎无数人的生死存亡，不是靠勇气和胆略就能弥补兵力上的缺口的。最早意识到这个致命问题的，是郗鉴，王羲之未来的岳父大人。

《资治通鉴》记载说，司马绍在部署防守的时候，也给了郗鉴一个"都督从驾诸军事"的头衔，让他负责指挥皇帝的护驾队伍。

郗鉴在去年八月回到京都后就坚定地站在皇帝阵营，并且有丰富的作战经验，司马绍因此才敢将身边最后一支力量交予他来指挥。但面对皇帝的信任，郗鉴却拒绝了。

郗鉴以为军号无益事实，固辞不受。

他的拒绝很干脆：不要看您任命了那么多将军，部署了那么多防线，但都无济于事。

郗鉴是一个笃定的、务实的人。他既然如此说，那他可能已经有了自己的计划。事实也确实如此。

（郗鉴）请召临淮太守苏峻、兖州刺史刘遐同讨敦。

他请皇帝下令，让驻守在淮河一线的苏峻、刘遐南下勤王，共讨王敦。

苏峻此时任临淮太守，驻扎在淮河以南，今日的盱眙一带。史载他在永嘉之乱后纠集数千家人口以自卫，势力强盛。

刘遐则任兖州刺史，同样拥有重兵。

在司马绍兵力不足的情况下，郗鉴的这个建议切实有效，打开了一个全新的思路，引入了一股全新的力量。但值得关注的是，郗鉴回到京都已有十月之久，为何直到大战在即，才提出这个方案呢？这原本应该在他坚决地支持皇帝讨伐王敦时就提出来。如此也能从容地征调苏峻、刘遐的部队，与京都的王师形成更好的配合。

郗鉴不是念不及此，而是心有顾虑。

因为苏峻、刘遐的身份非常特殊，或者说敏感。

流民帅。

这就是时人对他们的称呼。

当匈奴、鲜卑等北方铁骑涌入中原后，大量的汉族百姓或是败退的残兵在破碎的大地上辗转、流亡，是谓"流民"。为了在铁蹄下求得生存，他们自发地聚拢起来，形成一种类似军伍的组织。带领他们的，正是流民帅。流民帅多是从中央军队中败退出来的将军，或者是当地豪族的威望人物。比如著名的"闻鸡起舞"的主角祖逖，他因富有家财，任侠好义，就被河北当地人推举为流民帅。

但这些人大多不受司马睿集团青睐。流民帅多出身行伍，门第寒微，在司马王室与琅邪王氏这样的贵族眼中，无异于卑贱异类。流民帅带领的流民军团也成员复杂，三教九流都有，目无法纪，好劫掠财货，比之流寇也不遑多让。

第五章　王导的通敌嫌疑

《晋书·祖逖传》就记载说，祖逖带着流民军团南渡江东后，麾下"宾客义徒皆暴桀勇士"，在江东饥荒时，他们"多为盗窃"，公然劫掠富裕之家。祖逖有时也会参与其中，甚至怂恿部下：**比复南塘一出不？**

要不我们去富室聚集的南塘走一趟？

苏峻、刘遐麾下的流民军团，纪律不会好于祖逖之众。

更让京都执政者不安的是，苏峻等流民帅统辖的流民只知有流民帅，而不知有朝廷，更像是流民帅的私人武装，或者说部曲。放任他们南渡江东，很可能冲击到刚刚建立的政权。

在这种情况下，司马睿集团多采取羁縻政策，封流民帅一个军号、官职，让他们带着流民势力驻守淮河一线，帮江东抵御北方游牧民族南下。如果没有得到建康的允许，他们不能擅自渡江。

据《晋书》载，一个叫蔡豹的流民帅在淮水兵败后，未经司马睿许可，试图带兵撤回江东。一向宽容的司马睿竟令琅邪王氏的王舒带兵阻止，并将蔡豹带回建康，斩首。

司马睿集团对流民帅的鄙夷、忌惮就是如此之深。

郗鉴也是流民帅，而且几乎是唯一得到一定信任的流民帅，但司马睿在面对王敦第一次作乱时，也没有想到征召他的流民军团，直到败给王敦之后，才允许郗鉴独身入朝，部曲仍留在淮南。郗鉴明白自己的身份，托疾谢绝了司马睿的官职。

郗鉴有匡扶危局的责任感和雄心，但这不会让他冲动到不顾自己的敏感身份，或者忽视了对皇帝和其他家族心思的揣测。相对王导、温峤、应詹等人，他在京都终究还是一个局外人。他的这种审慎和大局观，让他日后在东晋政局中扮演了愈加重要的角色。

作为流民帅，郗鉴深知苏峻、刘遐的实力，同时也知道他们出身寒微，司马家虽然给予了他们太守、刺史的官职，但多是出于利用他们镇守淮水的目的。在没有证据能够证明司马绍改变了对流民帅的态度，或者是已经到了不得不引入流民帅这种危险力量的最后关头，郗鉴是不会冒险推荐他们的。

现在，时机终于成熟了。

郗鉴提出了苏峻、刘遐的名字。

司马绍不比父亲更加信任或者喜欢骄兵悍将，不然他在一开始就该想到援引他们的帮助。但他知道这是一个务实的解决方案。他接受了郗鉴的建议，甚至走得更远，征召了另一个流民帅一同入京勤王：祖约，祖逖的弟弟。

司马睿时代，祖逖带领一千人马横渡长江，北伐中原，转战多年，愤懑而死，留下的队伍多归胞弟祖约节制。朝廷为了稳住这股不确定的力量，接受了军事力量在他们兄弟之间的私人转移，并封祖约为豫州刺史。

有了新加入的流民军团，司马绍等人逐渐看到了胜利的希望。

史家胡三省注解《资治通鉴》，读到这一段时，盛赞郗鉴的谋略，说：

微郗鉴建请而召刘遐、苏峻，殆矣。

如果没有郗鉴的这个建议，局面恐怕将不可收拾。

不过还不能高兴得太早。毕竟这个建议提出较晚，诏令发送到苏峻军营，他们整兵备战、南下勤王都需要一些时日。而在这个过程中，王敦大军正顺着长江不断东下。

七月二日，王敦麾下"水陆五万奄至江宁南岸"。

◎ 认知不是智力问题，而是情绪问题

那是一个秋日，清晨已经有了露水。建康的守军和百姓从梦中醒来，突然发现雾色朦胧中，都城的西南方向出现了黑压压的敌军。"奄"就是突然的意思。《资治通鉴》的这个记载说明了京都人当时的吃惊和恐慌。

"江宁"也就是今日的南京市江宁区，位于防守重心石头城的西南方向。这说明敌军避开了石头城的守军，在长江上游一点的位置提前登陆，然

后趁着夜色的掩护，一直摸到了秦淮河的南岸。

最先发现他们的应该是应詹的部队，根据司马绍最开始的部署，他作为前锋，带兵驻守秦淮河南岸。但《资治通鉴》对此刻情势的记载有些不同：

温峤移屯水北，烧朱雀桁以挫其锋。

原本应该在秦淮河北岸的温峤似乎出现在河南，并避开敌军，退回河北。

根据我们对司马绍集团各人能力，以及司马绍对他们信任程度的分析，真实情况应该是：温峤是负责驻防事务的实际统帅，有权节制应詹这个前锋。当敌军突然出现，以及应詹因为猝不及防而遭遇一定程度的失败后，温峤决定将秦淮河南岸的部队全部撤回北边。

我们由此也可以注意到京都的防备并不像司马绍一开始规划得那么理想。他们没有提前探测到敌军的正确位置，他们在南岸的部队也没能挡住第一波进攻。

毕竟他们的作战经验远没有王敦大军丰富，同时又兵力短缺。

《资治通鉴》记载说，刚开始交锋就遭遇的失败，让京都"人情汹惧"。他们已经在惴惴不安，担心王敦当年攻占建康的惨状又要重新上演。

在这种情况下，温峤做出了务实的应对，将有限的兵力全部撤回秦淮河以北，集中力量，以防敌军乘势渡河。这也是他撤军后烧掉朱雀桥的原因。

但这有示敌以弱的嫌疑，激怒了血气方刚的司马绍。

《资治通鉴》记载说：**帝欲亲将兵击之，闻桥已绝，大怒。**

司马绍正准备带兵亲征，但见木桥燃烧，不得渡河，怒火猛地就燃烧起来。或许在那一刻，他想起了王敦第一次作乱时，父亲手下的王公贵族畏敌如虎，只有他带着自己东宫的军士坚决出击，要与王敦玉石俱焚。

那一次，挡住他的也是温峤。

所有人都害怕王敦。

这是最让他感到愤怒和悲哀的事情。

面对血气上涌的皇帝，温峤像上次一样没有退缩：**今宿卫寡弱，征兵未**

至，若贼豕突，危及社稷，宗庙且恐不保，何爱一桥乎？

眼下守军有限，援兵未至。若贸然交战，敌军很可能乘势冲击宫城。那时候您恐怕连父亲的宗庙和灵位都保不住，又何必爱惜区区一桥？

司马绍在乎的哪里只是一座桥呢？

温峤也知道这一点，但却故意蛮缠。

司马绍无奈，只能恨恨地瞪着河对岸的敌军。双方陷入僵持。

这个时候，就又该轮到王导出场了。

作为名义上的大都督，他虽然没有亲上战场，但也一直密切关注局势的发展。当关于敌军的第一份情报送到他手上的时候，他或许会感到苦涩和无可奈何。

因为这次负责领兵谋反的，不是他期待的钱凤，而是他们琅邪王氏的王含。

王含是他的堂兄，王敦的胞兄。

根据《晋书·王含传》记载，他是一个相当骄纵，甚至是残暴的人。他虽然曾有领兵作战的经历，但并没有深孚众望的能力。

王敦自然知道这一点，所以在自己无力亲自领兵东下的时候，他最早把这个任务交给了钱凤。但王含却毛遂自荐，自信道：**此乃家事，吾当自行。**

这是咱们自己家的事，我还是自己去吧。

王含的顾虑可能是，若钱凤领兵拿下建康，王家就有大权旁移的风险。

或许在那一刻，他笃定地相信这次的谋反会像上一次一样成功。他已经看到了他带兵进驻都城，上自皇帝，下到其他家族，向他跪拜逢迎的盛况。王敦病重，死亡在即。那时候手握强兵，控制朝政的就是他王含父子了。

王敦同意了王含出征的要求。门阀时代，他们最终相信的都是血亲。但他们唯独没有考虑失败后的结果。

王导不惜跟皇帝私下交换利益，背负背叛王敦的风险，就是要将琅邪王氏从谋反的队伍中摘出来，但王含却偏偏趋之唯恐不及。

真真是不怕对手神勇，就怕队友糊涂。

或许在大面积流血发生前，还有挽救王含和家族的机会。王导抱着这样的想法赶快给王含写了一封信。

近承大将军困笃，或云已有不讳。

我听说大将军（王敦）病得厉害，甚至有人说他已经去世。

王导的这句话应该是为自己先前的发丧行为做一个委婉解释：我听说堂兄已经亡故，才为他发丧，都是出于拳拳兄弟之情，并无其他念头。

这句话当然不足以完全抚平王含对他背叛行为的愤怒，但至少是一个姿态，能让王含稍微冷静下来，听他接下去的劝说。

寻知钱凤大严，欲肆奸逆，谓兄当抑制不逞，还藩武昌，今乃与犬羊俱下。

后来听说钱凤野心膨胀，有谋逆之心。我以为兄长您会抑制他的行为，带着部队回到武昌，没想到现在竟然跟他一道东下。

这句话就有些意味深长了。看似是在批评王含没有阻止钱凤的大逆不道，实则还是将谋逆的罪责悉数推到钱凤头上。王含和琅邪王氏的唯一过错只是没能阻止钱凤的野心。

《晋书·王敦传》中也收录了王导写给王含的这封信，内容更加完整，有"虽当逼近"之语，就是说王含此番挥兵东下，完全是出于钱凤逼迫。

王导如此颠倒黑白，一方面是为了在京都众人面前将王含和琅邪王氏从谋反大罪中摘出来，毕竟这封信事关重大，不只是兄弟之间的私信，也会被皇帝和其他公卿看到。另一方面的用心就更加深刻：暗示王含不妨将谋逆的罪都推到钱凤头上，然后带着部队退回武昌。这样一来，既摆脱了谋反的嫌疑，还保住了家族的根基和军事实力。

这个心思在《晋书·王敦传》中也更加直接地流露出来：**近有嘉诏，崇兄八命，望兄奖群贤忠义之心，抑奸细不逞之计，当还武昌，尽力藩任。**

根据王导的这句话，我们可以知道在王含发兵之前，朝廷曾向他下达诏书，让他抑制钱凤的野心，带兵退回武昌，尽到藩镇的责任。

现在王含违背了这个指令，但毕竟刚刚交战，双方还未陷入不可调解的死局。以琅邪王氏在朝廷盘根错节的关系，再加上王导居中周旋，王含若能斩杀钱凤，或者至少与钱凤分道扬镳，带兵退回武昌，为时未晚。

不过王导恐怕也知道此时的王含正被狂热的野心所迷惑，不一定能看得懂他微妙的暗示，或者即使懂了，也不一定甘心罢手。因为很多时候认知不是智力问题，而是情绪问题，在于一个人能否管理自己不切实际的欲望，不被遮住看清事实的眼睛。

所以王导在接下去的信中就开始浇冷水，戳破他的幻想：

兄之此举，谓可得如大将军昔年之事乎？

堂兄你以为这次作乱，会像大将军（王敦）上次谋反那样顺利吗？

昔者佞臣乱朝，人怀不宁，如导之徒，心思外济。

上一次因为奸佞祸乱朝廷，群臣不安，大将军挥兵东下，匡救时弊，得到了一致的支持和欢迎，就连我也是这样想的。

但这一次呢？大将军屯兵武昌后有非分之想，群臣恐惧，渐失人心，就连我也是不认同的，所以这次明目张胆地要做六军之首，讨伐叛逆。如果堂兄你坚持开战，那我们只能战场相见了。

王导的这番话说得异常坚决，甚至不惜透露自己曾经支持王敦第一次作乱的事实。这一点坐实了新皇帝司马绍和群臣之前对他的怀疑，也在史册中第一次留下了自己不那么忠贞光明的一面。

遗憾的是，王导的这番苦心没有得到王含的体谅。《资治通鉴》记载说，王含收到这份信后"不答"，即没有做出任何回应。

《资治通鉴》对这封信的记载就到这里结束了，不过在《晋书·王敦传》中，我们却看到了更多被掩盖的内容。而这部分内容让王导的形象变得更加模糊和复杂。

我们悉数抄录如下：

> **导所统六军，石头万五千人，宫内后苑二万人，护军屯金城六千人，刘遐已至，征北昨已济江万五千人。**

王导在极力劝阻王含罢兵后，却笔锋一转，详细地罗列了京都的防守方案：我所统领的大军，一万五千人驻扎在石头城，两万驻扎在宫内后苑。护军将军还带着六千人守护在石头城东北方向的金城。还有流民帅刘遐的大军也到了，咱们堂弟、征北将军王邃也带着一万五千人渡江勤王。

防守地点、军队数量，全都告诉了王含。这很难不让人怀疑王导是有意透露防守计划，帮助王含夺取京都。这也是后来很多史家的看法。所以这部分内容既没有出现在《资治通鉴》中，也不被《晋书》王导本传收录。事实上，《晋书》王导本传不仅没有收录这部分敏感内容，甚至都没有提及这封信。

面对这种令人困惑的情况，一个常见的猜测是这部分内容并不可信，是对王导的蓄意栽赃。但这个可能性极低，因为《晋书》对王导是极力推崇的。《晋书·王导传》将其描述为辅佐东晋三代皇帝的股肱之臣。所谓"提挈三世，终始一心，称为'仲父'，盖其宜矣"。甚至将其与诸葛亮相提并论。

是故《晋书》没有抹黑王导的动机，万不会擅自添加如此敏感的内容。因此这件事大概率发生过，《晋书》避无可避，就将其放在其他人的传中。这是史家为传主讳的一种春秋笔法。

那王导透露防守计划，当真是要为虎作伥？

我们在前面分析过，王导固然不是东晋纯臣，但从始至终都不支持王敦取皇帝而代之。他希望建立的，是琅邪王氏与皇权共治的门阀模式。更不用说考虑到王含的资质平庸，即使王导透露了防守计划，王含也不一定能拿下京都。

以王导之谨慎和清醒的大局观，又怎么会自陷大祸呢？仔细揣摩的话，他的这个举动或许还有一个可能的解释：透露京都防守的虚实，让王含避开与京都主力交锋,不至于损失过大。即使最终失败了,也能保留一部分琅邪王氏的实力。

这个猜测还有一个佐证:《晋书·王敦传》在介绍完这封信后,有一句"凤等至京师,屯于水南",也就是说,王导在给王含写信之前,钱凤带领的偏师还没到达京师。

我们或许可以怀疑,王导正是要借着这个时间差给王含暗授机宜:要么将谋逆的大罪全部推到钱凤头上,自己带兵退回武昌,这是上策;要么避开重点防守的据点,让钱凤做主要进攻,你暂且保留实力,此乃中策;下策自然就是全不听劝,甚至害怕钱凤抢功,自己去打主要据点。

不过这个猜测有揣摩过深的嫌疑。我们再仔细看一下王导罗列的防守数量,就会发现一个蹊跷:王导的数据有夸大的可能。

根据王导的书信,石头城、后苑、金城三处累计驻军四万一千人,再加上王邃的一万五千人,就有五万六千人。流民帅刘遐的部队没有具体数据,姑且算四到五千人,总计也有六万左右的大军。

王含有多少人呢?

《资治通鉴》的记载是五万人,而《晋书·明帝纪》的说法是三万人。矛盾的原因可能在于没有考虑到偏师钱凤的人数。上文也提到,王含先于钱凤到达京都。那么很大的可能是,叛军累计五万人,而王含主力部队三万人,钱凤带两万人殿后。

如果王导的数据可信的话,京都的防守力量远超王含,在还享有主场作战的地理优势情况下,他们完全可以主动出击。但《资治通鉴》却明确记载,郗鉴在坚决劝阻司马绍的时候,有"今以此弱力敌彼强寇"之语。司马绍身边其他人也有说"王含、钱凤众力百倍"。由此明显可以看出,京都军力不及叛军。

我们几乎可以肯定:王导有意夸大了京都的力量。一个佐证是,王导说刘遐的勤王之师也到了京师。实际情况是,刘遐是在王导写信十多日之后才赶了过来。

为了让自己的谎言变得更加可信，王导没有像惯常炫耀军力那样动辄说拥兵十万，十道并进，而是仔细罗列出每一个真实的防守地点，以及相应的兵力。毕竟有细节的谎言才有蛊惑人心的力量。

而王导如此苦心孤诣，当是为了吓退王含：你不仅出师无名，在军力上也处于劣势。兵法云：十则围之，五则攻之。你以区区三万之众，就想拿下京都，未免过于不自量力了。

不管真相如何，王导的这封信都是挽救王含和琅邪王氏的最后机会了。因为年轻的皇帝早已按捺不住对琅邪王氏的仇恨和愤怒。

但遗憾的是，王含没有理解王导的苦心，没有对自己的部署做出任何调整。

这就给了皇帝机会。

七月三日夜，也就是在王含大军到达江宁的第二天晚上，皇帝就募集了千人的队伍，在夜色的掩护下渡过秦淮河，一直摸到了王含的驻军之所——越城（今南京市秦淮区西南部）。此处面临秦淮河，背靠雨花台高山地区，是理想的驻军地点。据说早在春秋时期，越国就在此筑城，故称"越城"，又因为主持筑城的是著名的范蠡，又叫"范蠡城"。

春秋时期的城池当然早已坍塌，但背靠高地、俯视京都的地形优势还是给了王含信心。或许这是他没有理会王导劝告的一个原因。同样也是因此，他放松了警惕，让皇帝出其不意地攻了过来，"掩其未备"。

在夜色中，王含大军匆忙应战，不能充分发挥人多的优势。皇帝派出的一千多人队伍利用机动优势腾挪辗转，从黑夜一直打到黎明，终于"大破之"。

其实按照温峤更加稳妥的建议，皇帝应该等候勤王力量会聚京师后再做进攻。但皇帝是如此急不可耐，生恐王含清醒过来能够听从王导的劝说从而躲过一劫。

根据皇帝在七月三日进攻这个时间，我们也可以知道王导给王含写信应该是在七月二日，最晚七月三日白天，也就是在王含刚刚领兵到达江宁的时候，他几乎是在跟皇帝赛跑，想救王含一命。

但奈何王含一心求死！

◎ 王敦之死

王含兵败的消息很快传回武昌，病中的王敦大怒，绝望道：**我兄，老婢耳，门户衰，世事去矣。**

我这个兄长，无能得像个老妇人。门户衰微如此，世间事再无可为。

无奈之情，溢于言表。

他似乎还没有放弃，挣扎着试图从床上爬起来，说"我当自行"。

他还要亲赴战场。

"老骥伏枥，志在千里。烈士暮年，壮心不已。"这是王敦特别喜欢的诗句。作为一个野心家，他有远超常人的意志和难以满足的欲望。但大病临身，死亡在即，他终究还是争不过命运。"困乏，复卧。"挣扎了几次，又重新躺下。

事实上，即使他此时能够奔赴前线，大概率也于事无补。对于第二次作乱，他自己也顾虑重重。《晋书·王敦传》记载说，王敦病重后，钱凤曾问万一他死，谋逆大计如何执行。王敦给出上中下三策：

我死之后，莫若解众放兵，归身朝廷，保全门户，此计之上也。退还武昌，收兵自守，贡献不废，亦中计也。及吾尚存，悉众而下，万一侥幸，计之下也。

解散兵众，归心朝廷，是王敦的上计。退还武昌，以兵势自保为中计。最不济，才趁他活着，冒险一试。

这无疑说明王敦对第二次叛乱并没有足够的信心。他虽然骄悍，但头脑清醒，也像王导一样清楚地知道此时局面已经与他第一次作乱时截然不同。

但钱凤没有听从王敦的劝告，他对自己的党羽说道"公之下计，乃上策也"，坚定了众人谋逆的决心。

钱凤的选择不是因为他比王敦更有野心，或者愚蠢。而是因为他出身卑贱，从决定参与谋逆的那一刻起，他就已经没了退路。王敦、王含这些名门贵胄可以带兵退回武昌，以琅邪王氏之威，皇帝大概率不会痛下杀手。但钱凤却躲不过背负谋逆大罪的命运，成为琅邪王氏和皇室媾和的条件。这样的事情在历史上曾反复发生。

这是战争异常残酷的一面，一旦齿轮开始转动，所有参与者的性命和荣辱都被卷了进去，任谁都很难轻易刹车。

不过我们不应该把这场战争的发动归咎于钱凤的私心上，因为王敦虽然会有犹豫，虽然知道事将不成，但最终会迈出那令人万劫不复的一步，这是他的性格使然。

《晋书》记载说，当初王敦委任钱凤的时候，幕府中的参军就看出王敦有作乱之心，委婉劝说道：**开国承家，小人勿用，佞幸在位，鲜不败业。**

国家新建，奈何要用小人？早晚要因此败亡的。

王敦大怒：**小人阿谁？**

你说的小人是谁呢？

王敦当然知道参军说的是谁，参军也知道王敦知道。这番反问，不过是故作糊涂。参军于是知道王敦执迷不悟，遂辞行。

可能临行前心中仍有无限惋惜、哀叹，于是作歌道：

徂风飙起盖山陵，氛雾蔽日玉石焚。往事既去可长叹，念别惆怅复会难。

疾风骤起兮，掩盖山陵。浓雾蔽日兮，玉石皆焚。大势已去啊，唯有长叹。今此一别，恐再难相见啊。

王敦也知道他的意思，终究不纳。

王敦就是如此骄傲的一个人，以致他不能久居人下，甚至与皇帝共享权力也不在考虑之列。他将会被自己的个性强推着往前走去，知其不可为而强为之，最后将自己和所有人都带入深渊。以此观之，也唯有死亡才能让他解脱。

　　战败的消息还在不断传来，王含败了，钱凤也遭遇挫折。年轻的皇帝，那个被他叫作鲜卑奴的黄须小儿正在不断取得对他的胜利。王敦不再有反败为胜的机会，迎接他的只有苦涩的失败和难以抗拒的死亡。

　　他开始安排自己的后事：**我亡后，应便即位，先立朝廷百官，然后乃营葬事。**

　　我死之后，先不发丧。王应即位，立百官。

　　他没有投降，也没有退兵。

　　在死前的最后一刻，他还是选择做一个乱臣贼子。

　　是日王敦死，时年五十九岁。

　　王应将他的尸体用席子裹住，外面涂上蜡，既是防腐，又能避免尸臭泄露，然后埋在武昌的大营中。又不久，叛军败。皇帝派人去武昌将王敦的尸体挖了出来，砍掉脑袋，送到京都，悬挂于闹市，为众人嘲笑、羞辱。

　　不过这些王敦都看不到了，想必他也没有那么在乎。多年之后，权臣桓温仰慕王敦为人，放言道：**男子不能流芳百世，亦当遗臭万年！**

　　男子汉如果不能流芳百世，那就遗臭万年。

　　王敦对此当心有戚戚。

　　《晋书·王敦传》说，王敦年轻时好学，通《左传》，"口不言财利"。不喜欢财利的人是可怕的，因为他们追求的是更加可怕的权力。王敦很早就有了在乱世成就一番事业的雄心，不过个性使然，道路逐渐偏差，最终遗臭万年。他是那个想要主宰自己命运，但终被命运驾驭的人。

　　《老子》第三十章曰：**以道佐人主，不以兵强于天下，其事好还。师之所居，楚棘生之。**

乱世生存的人，应该以道匡君，而不是以强兵控御天下。因为物极必反，往往自招祸患。兵之所至，荆棘丛生。

所以，"**善者果而已矣，毋以取强焉。果而勿骄，果而勿矜，果而勿伐，果而毋得已居，是谓果而不强**"。

善于用兵的人达成目的就赶快罢兵，而不应该像王敦那样养兵自重，称雄，骄傲，以功自居。如此才是真强。

王敦没有做到这一点。

他太沉迷于自我。

王敦死后，他肇始的乱局依旧在不断发酵，叛军的另一股力量沈充从太湖一带出发，奔赴京都战场。不过令人困惑的是，沈充没有径直抵达京都，而是在距离京城一百多公里的陵口停了下来。

《晋书·明帝纪》载：（沈充）筑垒于陵口。

陵口即今日丹阳市陵口镇，位于京都东南一百公里处。若急行军，沈充一日一夜就能赶赴战场，但他却出人意料地停了下来，并筑造堡垒，做出了防守的姿态。

这在军中引发了极大的不安，麾下司马劝他说：谋逆大业，务在速战。现在停军不前，挫败锐气，恐怕引发大祸。

司马继而提出了进攻的上中下三策。

上策：掘开城北玄武湖大堤，以水冲灌京都。然后乘水势，纵舟师以攻之。

中策：到达战场后马上与王含、钱凤合兵，以奔雷之势冲击京都，速战速决。

如果这两点都不行，就将钱凤骗到大营，枭其首，向皇帝纳诚投降。

最后一策，已有激将的意味。但令人绝望的是，沈充三策都不用，依旧停驻不前。司马知大势已去，提前逃回吴地。

沈充的犹豫不前，应该源于王含的新败。王敦的死又更进一步地打击了他的信心，让他感到迷茫，甚至恐惧。但他跟钱凤一样，无政治威望，也没有背景，都是没有退路的。《晋书》记载说，沈充发兵前，皇帝司马绍曾派沈充族人劝阻他，并许诺司空的高位。沈充笑说：三公之位，岂是我这样的人敢期待的，不过是以此拖慢我的节奏。于是发兵建康。不过走到半路，王含兵败的消息传来，他意识到自己陷入进退维谷的境地。

但这是谋反，哪里容得你半途犹豫。每多耽误一日，皇帝的势力就多增强一分。很快，沈充就错过了最佳的战机，七月十七日，流民帅苏峻、刘遐的勤王之师抵达了建康。他们带来精兵万人。

宫城之内的皇帝大喜，连夜召见了苏峻等人，赐予礼物，以示鼓舞。

皇帝心里踏实了，沈充则陷入更大的绝望。

他知道自己再不能等下去了，带兵赶到秦淮河南岸，与王含、钱凤会合。他们还有最后一个机会：趁刘遐、苏峻大军远来疲惫，还不能充分发挥战力前，拿下建康城。《晋书·苏峻传》就明确说苏峻等"北军新到，未堪攻战"。

但渡河的朱雀桥已经被温峤烧掉。沈充等需要找到一个新的渡河点。最后他们在今日南京镇淮桥以西，一个叫竹格渚的地方搭建了新桥。

"渚"，河中的陆地，或者沙洲。借助它能减小筑桥的难度。但这项工作还是耗费了叛军不少时日。直到二十五日夜，也就是流民帅苏峻等到达八日后，沈充等人才用新桥抢渡秦淮河。

驻守在秦淮河北岸的是应詹等人，他们是皇帝的心腹。新到的刘遐、苏峻等还是没得到足够的信任，被安排驻扎在秦淮河南岸。这给沈充等提供了帮助。《资治通鉴》记载说，应詹等拒战不利，不断后退。沈充等就一直进攻到宫城的宣阳门，也就是都城的正南门。

过了宣阳门，沈充等就能长驱直入，进攻皇帝所在的宫城了。形势非常有利。东晋立国于荒乱之中，国力有限，建康城还没筑造起结实、高大的夯土城墙。如今竖立在沈充等眼前的，是用木头编排的一圈栅门。

沈充等拔掉栅栏,"将战",但在千钧一发之际,苏峻、刘遐的部队从秦淮河南岸赶了过来。功亏一篑,这对叛军的心理造成了毁灭性的打击。他们在秦淮河以北的狭长地带迎战,局势越来越不利。他们开始朝后退去,已经有部队想从原路逃回南岸,很快就发生了拥挤。落水而死者有三千多人。

战争一直持续到第二天早上,叛军大败。

沈充、王含、钱凤的部队在混战中分开。但他们三人都暂时活了下来,退到了秦淮河南岸,各自烧掉大营,分散逃跑。

皇帝没有留情,下令追击三人。

钱凤很快死在自己人手里,脑袋被砍了下来,送到了京都。王含则先逃到武昌,带上儿子王应后继续沿着长江逆流而上,投奔族兄王舒。但王舒不是一个愿意为了他们父子而将祸水引到自己头上的人。为了避嫌,王舒甚至都没有出面,只是派兵将王含父子逮捕,沉江。

沈充的结局就更令人惊心。他一路东逃,在慌乱之中迷失方向。他又走了一阵,巧遇原来的部将,一个叫吴儒的人。吴儒让他藏在自家墙壁之中。沈充大喜,以为得救。可就在他跟着指引,藏入夹缝中后,吴儒在外阴笑道:**三千户侯也**。

三千户侯的封赏,被我拿到了。

儒遂杀之。

王敦引发的第二次战乱,至此平息。

第六章
皇帝的反击

◎ 门阀开创者：王导

战争终于结束了，胜利是如此来之不易。很多人甚至不敢相信他们赢得了对王敦的胜利。年轻的皇帝对此有清楚的认识。在赢得战争后不久，甚至应该就是在当月，司马绍就给出了大方的封赏。

流民帅刘遐、苏峻赐县公，封邑一千八百户，绢五千四百匹。作为身份卑微、不被信任的流民集团首领，得封公爵是一项莫大的荣耀。在他们之前，还没有流民帅得到这样的殊荣。当然，他们完全配得上这份赏赐，没有他们的流民军，司马绍几乎不可能赢得这场战争。

温峤、庾亮、卞壸（kǔn）三人是这次平叛的谋主，虽然在防守初期不断败退，但因为始终支持皇帝，也得到了跟两位流民帅一样的封赏。

接下去就是郗鉴，赐爵县侯，封邑一千六百户，绢四千八百匹。如果不是他在关键时刻提出征召流民帅入京勤王，战争的胜利是不可想象的。但封赏不及两个流民帅和温峤等人，乍看有些不合情理，仔细揣摩，当是出于两个原因。

一方面，他的部曲都在淮南一带，没有参与勤王，以致他的军功稍有不及。另一方面，更重要的恐怕还是摆脱不了流民帅的身份，被皇帝和其他公卿视为局外人。

当然，整个封赏中最不能忘记的、最重要的还是王导。封郡公，邑三千户，赐绢九千匹。不管是封邑，还是赐绢，几乎都是其他功臣的两倍。郡公的爵位也远高于县公、县侯。

据《晋书·王导传》记载，他还被赐予"剑履上殿，入朝不趋，赞拜不名"的特权。见皇帝的时候可以佩剑上殿，不用弯腰小跑，赞礼官也不能直呼其名，而是恭敬地称呼官职。这几乎是皇帝能赐予大臣的最高礼遇。

不过我们应该没有忘记，王导在整个平乱过程中既没有亲冒矢石，也没有像温峤、郗鉴等守在皇帝身边出谋划策。他所做的只是给王敦发表，还有给王含写了一封暧昧的劝降信。云淡风轻，置身事外，好像没有看到他多么忠贞勤恳的身影。

以如此微劳，却得最丰厚的赏赐与尊崇，也不见其他功臣不平，皇帝也接受了这个事实。这不得不让我们细想王导缘何有如此的影响和威望。

其中一个解释或许是，不同位置的人，发挥作用的方式，以及产生的影响力是大不一样的。东晋一朝，恐怕没有人，甚至包括皇帝都没法否定王导的重要性。当年永嘉南渡，是他费尽心机笼络南北士族，让司马家有了在江东延续国祚的机会，以至于开国之主司马睿在登基的那一刻不得不拉着王导共升御榻，表示要共享天下。

王导虽然拒绝了这个邀请，但在随后的王朝治理中，他摸索并开创了一个全新的权力模型：世家大族与皇帝共治，又称门阀模式。在事实上让世家大族获得了与皇帝共享天下的权力。

世家大族虽崛起于东汉末期，并在曹魏、西晋逐渐获得更大的权力，但实现共享，甚至架空皇权，则始于王导时代。魏晋南北朝史大家田余庆先生就明确提到，门阀模式，这种两千年帝制史上的变态形式，只出现在东晋一朝。

大臣之任者，不在操持庶政，而是执道经邦。

正是王导，确定了东晋王朝运作的底层逻辑，即使在他死后，这套模型依然发挥作用，让后来的执政者在乱世中有了一个明确的前进方向。

以王导这样的身份和威望，即使皇帝本人都领军出征，他也不用奔赴前线。他需要做的，只是以世家大族或者说门阀代表的身份，认可皇帝对王敦的平叛，让皇帝有了出师的政治基础。毕竟谁都不会忘记，王导在王敦第一次作乱时的沉默姿态，不仅帮助王敦取得了成功，而且直到现在，上自皇帝，下到群臣都不得不将王敦的第一次作乱视为清除佞臣的忠义之举。

不过当封赏诏令下达司徒府的时候，王导还是拒绝了。《晋书·王导传》说他"固让"。不管是爵位、封邑，还是"剑履上殿，入朝不趋，赞拜不名"的殊荣，都坚决辞让，一概不受。在此番受到封赏的群臣中，他是唯一做出这个姿态的人。

这似乎容易理解，因为王导是一贯谦退的。尤其此番作乱的是自己堂兄，不受株连已是格外开恩，哪还敢奢求加官晋爵？

但若仔细分析，事实可能没有这么简单。王导之所以拒绝，可能是因为他在皇帝的封赏中读出了别样的意味，尤其是赐他"剑履上殿，入朝不趋，赞拜不名"特权的时候。

历来得到这份尊崇的多是威权迫主的权臣：火烧洛阳的董卓、挟天子以令诸侯的曹操。当王敦即将发动第二次叛乱时，司马绍也给了他这个特权。当然，他们司马家的司马懿、司马师挟持曹魏幼帝、权倾朝野时也得到了同样的尊崇。

同时，谁都知道，皇帝在赐予这份荣耀的时候是多么无奈，甚至是绝望。

司马绍刚赢得了战争的胜利，地位之稳固，应是超过了东汉和曹魏的末代皇帝，本没必要给予任何大臣这样的殊荣。但现在却给了王导，也就不得不让王导怀疑司马绍有其他意思，或许是试探，甚至是挑衅：你王导会是我们司马家的权臣吗？

此时大多数人还沉浸在平定王敦之乱的喜悦中，他们在享受赏赐、酒宴，他们以为和平在望，中兴可期。在这一派觥筹交错、嬉笑喧闹中，王导却从皇帝近乎夸张的赏赐中嗅出了危险的气味。

他年轻，但充满勇气，执政不到两年，已积攒了丰富的政治经验。他不会因为王敦之死就忘记过去的仇恨，更不会停下压制琅邪王氏的步伐。同时，相比性格宽厚的司马睿，司马绍更加敏锐激烈。他不会轻易放过琅邪王氏。这从他处理王敦尸体这件事上就看得很清楚。

《晋书·王敦传》记载说，王敦死后，皇帝就派人去武昌将他的尸体挖了出来，砍掉脑袋送到京都，高高地挂在秦淮桥头供人观赏。

那会儿正是七月的夏天，原本已经有些腐烂的头颅在炽热的天气下散发出熏人的味道。苍蝇很快聚集过来，绕着高傲的王敦的脑袋飞舞。下面的贩夫走卒、三教九流路过的时候，都仰头观看，指指点点。

这样还不够，《资治通鉴》又补充了一个更加生动的细节：跽而斩之。就是在砍掉王敦头颅的时候，先将尸体摆出跪着的、请罪的姿态。

可见皇帝对王敦之厌恶和羞辱。

《晋书·王敦传》继续补充说，皇帝将王敦的头颅高悬秦淮桥头时，"莫敢收葬"，就那样一直挂着，臭气逼人，直到郗鉴上表，认为王敦罪恶已彰，应该允许家人收葬，皇帝才勉强同意，"于是敦家收葬焉"。

王敦无后，没有直系亲属，收葬的家人大概率是王导安排的人手。当家人将王敦已经彻底腐烂的头颅带回来的时候，王导是什么感受呢？还有之前每日上朝，都能远远看到堂兄高挂着的脑袋的时候，他又是什么感受呢？

所以这个时候的王导不需要更多的荣誉来进一步增加自己的威望和权势，他需要的恰恰是相反的东西：尽快地隐身和退居幕后。

他谢绝了赏赐,做出了谦让姿态,但随后的事实证明,这不足以安慰和阻止司马绍。

不久,有司奏:"**王彬等敦之亲族,皆当除名。**"

除名,依照《晋律》,就是罢黜官职、爵位。

像王彬这样的王敦亲族,都应该免官夺爵。

秋后算账虽然会迟到,但永远不会缺席。

而朝廷之所以率先从王彬下手,可能是因为他在王敦败亡后没有落井下石。《资治通鉴》记载说:**王彬闻应当来,密具舟以待之;不至,深以为恨。**

王彬在王含兵败后,曾经派船在长江上接应王含、王应父子,试图保全他们的性命。但最终还是错过了,他深感遗憾。

实际上,在魏晋时代,这件事本不值得深究,所谓"六朝何事,只成门户私计",士人对家族的感情超过了对皇帝的忠诚,在当时是理所当然、就连皇帝本人也不得不接受的事情。王彬对王含父子的接应,更多是出于对族人的情感,而没有挑衅皇帝的意思。

何况在琅邪王氏诸人中,王彬反对王敦谋逆是最坚定,以及一以贯之的。他当初就是因为阻止王敦挥兵东下,才被打发到江州去的。

考虑到这层背景,有司对王彬的处罚就有些小题大做了。其中有两点尤其值得关注:

一、"除名"的判罚往往多用于低等士族,现在施诸第一豪门琅邪王氏头上,就有些羞辱的意味在里面。

二、有司要惩罚的不止王彬,"敦之亲族,皆当除名",那么王舒,甚至王导是否也在除名之列?这是要将琅邪王氏一网打尽的架势。

可以想象,这份奏表会在朝廷中引发多大的骚动。皇帝要对琅邪王氏下手了吗?会不会引发新的更加激烈的冲突?公卿们探寻的目光纷纷投向了皇帝和王导。

有意思的是，当这封奏表送到皇帝手里后，他没有同意"有司"的意见，反而下诏说：**司徒导以大义灭亲，犹将百世宥之，况彬等皆公之近亲乎！**

司徒王导大义灭亲，要世世代代宽宥。王彬等都是王导亲族，如何能加罪呢？

于是"悉无所问"，没有一个琅邪王氏的人受到追究。

但从皇帝的回答中，我们可以知道除名的名单中，确实包括王导，不然皇帝也不会说出要"百世宥之"这样的话。

还有一点值得分析的是，在除名这件事中，难道"有司"的立场真的与皇帝如此大相径庭，以致皇帝拒绝了他们所有的提议？

按照当时的制度，御史中丞、廷尉这些主管监察、司法的官员，或者尚书令等行政官员都可以上奏言事。对琅邪王氏诸人除名如此重大的事情，竟然没有留下主要负责的官员和部门。这实在是不可想象的。

之前司马绍下诏将王敦剖棺戮尸，也是"有司"先提出的建议。有司议曰："王敦滔天作逆，有无君之心，宜……剖棺戮尸，以彰元恶。"皇帝接受了他们的建议。

那么我们可以怀疑对王彬除名，"有司"即使没有得到皇帝明确的授意，也当是揣摩皇帝心思后做出的举动。

所以，整件事很可能是皇帝与"有司"的一场联合表演。有司负责大鸣大放，高开高打，而皇帝故作大度，轻轻放下。一黑一白，先紧后松，在灵活调整间达到敲打和震慑琅邪王氏的目的。

我们做出这个推测，是因为知道皇帝司马绍并不是一个大度的人，他对王敦和琅邪王氏的打击并没有就此结束。除名这番表演，只是为了给后续更多的打击做好铺垫。

十月，更大的动作出现了：**应詹为江州刺史。**

而之前担任江州刺史的，正是王彬。

皇帝没有将其除名，但从他这里夺走了江州的军政大权，交给了自己信任的、坚定支持他平定王敦的应詹。史书没有记载王彬离任江州后去了哪里，不过根据他后来曾经主持修复建康城的事迹看，他应该没有被免职，而是被召回京都，给予一个名义上崇高，但无多少实权的位置。

在应詹接过江州刺史一职的同时，流民帅刘遐"为徐州刺史，代王邃镇淮阴"。

王邃也是琅邪王氏族人，王导堂兄弟，曾任徐州刺史、平北将军，镇守淮河北岸。王敦二乱时，响应司马绍号召，带兵南下勤王。

王导在给王含的书信中就曾经提到"征北昨已济江万五千人"，说的就是征北将军王邃。不过值得一提的是，在整个平乱过程中，王邃就这么出现了一次。之后与沈充、钱凤大战的身影中，也不见王邃。战后封赏中，也没有提到他。

这是很值得怀疑的，王邃领兵勤王，即使没有立下刘遐、苏峻那样的大功，以他琅邪王氏的出身，以及徐州刺史的声望，也该有丰厚的赏赐。

一个可能的原因是，王邃到达建康不久就死了。而且并非死于和叛军的战斗，不然一定会被记录下来，并大肆宣扬。大概率是病死。如此推测是因为之后的历史中也再不见王邃的任何痕迹。

这对皇帝司马绍来说实在是一件非常方便的事情，正好借机将徐州从琅邪王氏手中夺走，赐给流民帅刘遐。当然，因王邃病死，就不予任何封赏，也是不符合当时的普遍做法的。但司马绍不在乎那么多了。

现在，如果我们将司马绍对王彬、王邃的处理结合起来看，一个削弱琅邪王氏的计划就隐约露出了轮廓：将地方各州的军权从琅邪王氏手中悉数夺回，以加强皇权。

我们知道，琅邪王氏过往的辉煌，就有赖于王导和王敦摸索出来的一套权力模型：一个在内执掌权柄，参与制定游戏规则；一个在外手握强兵，震慑四方。军政联动，内外相支，以致皇帝和其他家族不敢轻举妄动。

王敦发动叛乱前，通过琅邪王氏族人先后掌握了荆州、湘州、江州、徐州、扬州江北等地的军权。如此才能一声号令，四方云集。

那么司马绍在赢得战争后的第一步，自然就是卸掉琅邪王氏军权，收归己手。当年他的父亲司马睿在打压琅邪王氏时也曾这样做过。不过那时候王朝的建立全靠王导、王敦兄弟，司马睿声威有限。司马睿的动作不仅没能压制王敦，反而激起兵变。

司马绍的局面就好多了，他刚刚赢得了胜利，积攒了一定威望和信心。

接下去他把目光投向了荆州，这个地方军镇的位置尤其关键，在今湖北一带，地处长江中游，居高临下，可俯冲下游建康。王敦当年就是在荆州聚拢强兵，挥师东下。后来的庾亮、桓温等也先后复制了这个模式。可以说东晋一朝，如果不能得到荆州，建康的皇帝就辗转难眠。

而现在的荆州掌握在琅邪王氏的王舒手上。

上文提到，王敦叛乱前，为保后背无虞，以堂兄弟王舒为荆州刺史，领护南蛮校尉、监荆州沔南诸军事。叛乱平定后，王舒的位置不降反升，"进都督荆州、平西将军、假节"。在保留荆州刺史的基础上，还都督荆州军事，比之前的监诸军事高出一个级别。

这应是皇帝对他将王含父子沉江的奖励。

不过这次的晋升顶多只是虚晃一枪，不久就以悍将陶侃代替王舒。"寻以陶侃代舒，迁舒为安南将军、广州刺史。"（"寻"，就是不久、很快的意思。）

陶侃，东晋将领，他更为人熟知的身份是陶渊明的曾祖父。

不过只论这个身份，未免就太小看了陶侃。

他是东晋最有名的战将，先后转战荆州、湘州、江州，战场上功劳之高，不逊于王敦。但遗憾的是，他出身微贱，始终遭到豪门打压。

当年他在荆州平定流民叛乱，立下赫赫战功时，主持荆州大局的正是王敦。为驱使陶侃效劳，王敦曾许诺他荆州刺史的职位，但事后，王敦却将其发配到僻远的广州担任刺史，甚至出于忌惮他的实力，一度有将其杀掉的心思。

这份仇恨，陶侃始终不曾遗忘。

现如今，司马绍以陶侃代替王舒，不仅是因为陶侃的武略，更是看重了他与琅邪王氏的宿怨。

陶侃得诏，很快北上出任荆州刺史，并都督荆州、湘州、雍州、梁州军事。而王舒，却被发配到广州担任刺史。

这里的广州，是今广东一带，在魏晋时尚属于开发早期的蛮荒之地。多蛮人、瘴气。如果去这里任职，王舒需要先从荆州的江陵（今湖北荆州市江陵县）出发，顺长江东下，然后在九江一带拐入江州，再沿着赣江南下，直到江州最南端的南岭一带。

这里群峰叠起，巍峨绵延，常年雾气弥漫。但还不到停下来的时候，王舒还要先爬北坡，翻越山岭，再顺南坡下去，在气喘吁吁、口干舌燥之际，才能远远看到广州的疆界。

这自然不是出身豪门的王舒愿意去的地方。

《晋书》载：**舒疾病，不乐越岭**。

王舒托病，不去广州。

皇帝似乎不方便强迫他去，又不愿就此罢手，就付诸朝议，让公卿大臣来判断。

没想到，"朝议亦以其有功，不应远出"。

大臣们并不支持皇帝的决策。

皇帝没有坚持，最后给出了一个折中方案：**徙为湘州刺史，将军、都督、持节如故**。

从广州改任湘州，也就是今湖南一带，位置优越了许多。同时也保留了军权，都督湘州军事，相当于把原来给陶侃的湘州都督夺了回来。

这个博弈的过程被史书轻松带过，看似云淡风轻，实际上王舒先由荆州

第六章　皇帝的反击　107

刺史、都督远降广州刺史，又骤升为湘州刺史、都督，转眼间辗转腾挪，可以说是大起大落，很值得细细分析，其中有两点颇值得关注：

其一，"朝议"反对皇帝最初决策的原因是王舒有功，这功劳也就是杀王含父子，不是多么惊天动地的事情，当初杀沈充、钱凤的人也没得到多么优厚的赏赐。这看似是个理由，更像是找的一个借口，聊作敷衍。

其二，"朝议"几乎是像"有司"一样暧昧、神秘的词语，具体是谁反对呢？是谁主张王舒有功呢？没有记载。

当时在朝堂上有发言权的多是平定王敦之乱的功勋，温峤、庾亮、卞壸，这些都是司马绍的心腹之臣，当不会替王舒说话。郗鉴也有一定的话语权，不过他是一个相当方正的人，也没替王舒和琅邪王氏伸张出头的动机。

一个合理的猜测，自然是王导了。不过以王导习惯以静制动、幕后运作的风格来看，他亲自出面的可能性较小，应是以其他与琅邪王氏处于同一个利益网络的人代言。

这个分析，就将我们的目光转向了王导，当皇帝司马绍步步为营，不断从琅邪王氏手中收走军权的时候，王导是怎么应对的呢？

◎ **善处兴废**

《资治通鉴》记载说，司马绍在不断侵夺琅邪王氏权力的时候没有忘记安抚王导。曾下诏，以司徒王导为太保、领司徒、太宰。

让王导保留司徒职位的同时，又加太保、太宰的殊荣。

东汉原有三公：司徒、司空，以及太尉。后乱世频仍，建功立业者极多，三公的位置已经不够用来安排年老功高的勋贵，于是又增加五公：太宰、太傅、太保、大司马、大将军。合计八公，其中太宰、太傅、太保等位在三公之上。

琅邪王氏的奠基人，卧冰求鲤的主角王祥就曾任太保。琅邪王氏族人提到他的时候，也多以"太保"称呼，可见这份荣誉的分量。

现在司马绍一下子给王导加了太保、太宰两份头衔，加上之前的司徒，八公中独占三公。待遇之隆，可谓绝无仅有了。释放给王导的信号无外乎是：不论王家其他人如何处置，您的权力和声望都不会受到丝毫影响。

但这麻痹不了久经变局的王导。

面对赏赐，他的回应一如既往：

固辞不受。

他知道皇帝的加官晋爵，外示优崇，内实忌惮重重。实际上，两人关系的微妙在当时已经是朝野共知，以至于几十年后，还有个叫裴启的士人在自己所著《语林》中留下了这样一条记载：**明帝函封诏与庾公，信误致与王公。王公开诏，末云：勿使冶城公知。**

司马绍曾给庾亮密诏一封，因传达失误，到了王导手中。王导开启，见诏书末尾有言：不要让冶城公知道。

冶城公就是王导。

司马绍采用密诏方式，又让庾亮不得透露给王导，那么诏书内容大概率对王导或者琅邪王氏不利。或许就是与庾亮等商量对王彬、王舒等人的处置？

值得一提的是，"冶城公"这个称呼还牵扯一段他父亲司马睿和王导的旧事。

南渡之初，王导病重。司马睿四处求医问药。有方士献策，若将王导迁居都城西侧的冶城，即可转危为安。

冶城也就是今南京朝天宫一带，原本遍布冶炼作坊，司马睿为了王导也顾不得那么多了，铲平作坊，兴建住宅，广造园林，将王导迁居此处。时人就用"冶城公"称呼王导，也有纪念这段君臣情谊的意思。

司马绍在写下"冶城公"这三个字的时候，会想起这段佳话吗？他让庾亮不要把书信内容透露给王导，或许说明在与庾亮密谋针对琅邪王氏时，心中也有一丝不安甚至愧疚？

他或许不会想起，但王导看到诏书时自当会想起往事。不过世殊时异，他如今已经成了司马家猜忌，甚至是恐惧的对象。

他将诏书重新密封，退回皇帝，附言：**伏读明诏，似不在臣，臣开臣闭，无有见者。**

我拜读诏书，似乎不是写给我的，其他的什么都没有看见。

《语林》说"明帝甚愧，数日不能见王公"。

不过不管是皇帝的羞愧，还是王导的谦退，都不会阻止他们继续在暗处博弈。这是身处权力场域中人的无可奈何。

王导越来越清晰地感受到了皇帝和他的心腹们的逼近，但现在还不便做出过于激烈的反应，唯有沉默和后退。

当年司马睿称帝后也曾步步紧逼琅邪王氏，王导同样是步步后退，但当时心中底气是足的，他知道有王敦强兵在外，皇帝不至于触及底线。

但现在不同了，王敦死了，军权没了，他和家族还背上了乱臣贼子的道德包袱。从现在开始，他不得不孤零零一个人穿越迷雾，驾驭着琅邪王氏这艘巨轮驶入深水区。周遭暗礁密布，天空阴沉，没法马上看清方向。

不过，历经战乱、阴谋，甚至是死亡的王导也不至于过度不安。他留在史书中的印象是"善处兴废"。不论顺风、逆风，多是处变不惊，在不动声色中逐一应对。就像他给司马绍密诏的回应一样，看似谦恭，实则绵里藏针。

当皇帝先后从王彬、王邃手里夺回江州、徐州的时候，没有遇到什么阻拦，史书也没有记载王导的应对，我们猜测王导或许接受了这个事实。因为接手这两个州的是刚刚建立功勋的应詹、刘遐，王导找不到插手的机会和可能。

但到了王舒和陶侃互换军镇时，情况就有些不一样了。

陶侃出身寒门，往前几年都是在广州、交州（今广西一带）等远州任职，在朝廷没有根基，缺少援手。平定王敦之乱时，他也没有机缘参与。眼下骤然得到荆州、湘州、梁州、雍州等长江中上游重镇，恐怕不会那么令人服气，也不是其他家族乐于看到的局面。

在这种情况下，王导暗示相关人员提议将湘州抽出来安置王舒，就会是一个不错的调和策略。即使皇帝，应该也不会过于抵触。他与陶侃过去也无交往，将荆州四周悉数交给陶侃，也不是多么令人放心。再说了，湘州地处荆州和江州之间，王舒到了这里，就受陶侃、应詹两人监视，皇帝心里也会踏实许多。

这就是王导的处事方式，看清局中人的心思，再因势利导，如此就将交锋保持在一种相对平和的态势中。不过真到了关键时刻，王导也不惮于浮出水面，采取咄咄逼人的攻势。

太宁三年（公元325年）正月，也就是平定叛乱半年后，朝廷追封王敦在前后两次叛乱中杀掉的诸人：宗室司马承，将领甘卓，司马睿心腹戴渊、周伯仁，还有前文提到的风水大家郭璞。

这些多是司马睿父子的支持者，给他们加封官职，追赠谥号，既是沉冤昭雪，也是奖励忠贞之士，凝聚人心。但在这个过程中，皇帝似乎有意无意地漏掉了一个人：出自义兴周氏的周札。王敦在准备第二次叛乱时，曾令沈充将时任会稽太守的周札杀死，并灭其家。

周札虽死，府中故吏尚存，他们上表"讼冤"，认为不为周札追封是不合理的。周札的追赠不仅关乎他个人和家族声誉，也会影响到这些曾经追随他的故吏的前途。朝廷不做理会，他们自然不能善罢甘休。

但冤情上达后，尚书卞壸却直接驳回：**札守石头，开门延寇，不当赠谥**。

王敦第一次兵变时，周札受司马睿诏令，镇守至关重要的石头城。但他却在不做任何抵抗的情况下，开门投降，以致京都迅速沦陷。

站在朝廷角度讲，他当是失败的首要罪臣。战后他没有受到追究，还出任重要的会稽太守，应该是朝廷考虑到义兴周氏在江东的影响力，期待他能在会稽安抚民心，稳定局面。但他在这件事上也让朝廷失望了，当沈充配合王敦不断扩张势力的时候，周札不能遏制，还遭反杀。

以此观之，周札自然配不上追封。卞壸的反驳合情合理。

但在这个时候，始终沉默，甚至在王彬等家族成员遭到除名威胁时都没露面的王导出现了。他坚定地支持周札的故吏，认为应该追封周札。

往年之事，敦奸逆未彰，自臣等有识以上，皆所未悟，与札无异。

这就是他的理由。

往年王敦挥兵建康，我和其他有识之士皆认为他是清君侧，没有意识到他是犯上作乱，想必周札也是这样的想法，所以才放他入城。

当年司马绍的父亲司马睿立国不久，就提携刁协、刘隗两人抑制琅邪王氏，王敦顺势以清除奸臣、匡弼朝政的名义起兵。虽然刁协、刘隗二人的措施也曾招致其他家族的不满，但王敦起兵在事实上就是犯上作乱。

王导如今以"奸逆未彰"来定义这件事，就是故作糊涂，甚至颠倒黑白，以致郗鉴也难以忍受，径直反击道：**若敦前者之举，义同桓、文，则先帝可谓幽、厉邪？**

如果王敦第一次作乱是像齐桓公、晋文公那样匡正朝廷，那么先帝难道是周幽王、周厉王那样的昏君？

郗鉴在说这句话时想必是声色俱厉，气势汹汹。但一向长于妥协的王导却没有退让，坚持要追封周札。这不禁令人起疑。

从个人感情讲，他与周札并无私交，反而有无法磨灭的家仇。周札兄长周玘当年试图发兵驱赶刚刚南渡的司马睿和王导，后被王导挫败阴谋，愤懑而死。不管怎么说，王导都没有帮助周札的动机。

那么他在乎的，就不是周札的追封与否，而是由此事牵扯出的，一个不能摆在台面上的敏感问题：对王敦第一次兵变的定性。

王导敏锐地意识到司马绍正试图借正月的这次追封，对王敦的第一次作乱进行重新定位。

我们应该没有忘记司马绍在讨伐王敦，下达诏书的时候，曾将王敦第一次作乱视作清除佞臣的"义举"：**刁协、刘隗立朝不允，敦抗义致讨，情希霁拳，兵虽犯顺，犹嘉乃诚。**

刁协、刘隗这些人当年执政不公平，王敦你举兵声讨，有霁拳之风。虽然兵犯建康，但忠心可嘉，应当奖励。

但有意思的是，他这次追封的功臣，司马承、戴渊、周伯仁、甘卓等几乎都是王敦在第一次叛乱中杀害的人。其中甘卓在王敦第一次作乱的时候领兵从襄阳出发，试图截断王敦后路，但后见王敦势大，就坐观成败。他后来遭到王敦杀害，完全是咎由自取。司马绍将其与戴渊、周伯仁这样的忠臣并列，不过是为了彰显王敦之恶，以甘卓凑数。

他对王澄的追封也能证明这一点。

王澄也出自琅邪王氏，声名曾一度超过王敦、王导，受命出镇荆州。但他举止傲慢、荒诞，很快兵败逃亡。根据历史记载，他在逃往建康的路上去见王敦，因言语冲突以及一向的不和，他被王敦杀害。他既非司马睿的忠臣，也不曾阻止王敦谋逆。但司马绍也将他一并追封。

如果曾经死于王敦第一次作乱以及第一次作乱之前的人，都是应该受到褒奖宣扬的忠贞纯臣，那么王敦的第一次兵变的性质自然就该重新审视了。这是司马绍此番大力追封的话外之音。去年他赞誉王敦第一次作乱是迫不得已，现在他赢得了战争的胜利，是时候拨乱反正了。

正像郗鉴所说的那样，如果王敦的第一次作乱是匡扶朝廷，那自己的父亲司马睿岂不成了类似周幽王的昏君？

他不能允许这样的事情发生。

《资治通鉴》记载说，司马绍在去年十二月曾"谒建平陵，从大祥之礼"。建平陵埋葬着他那个开创了东晋王朝，但在抑制琅邪王氏的路上功败垂成、愤懑而死的父亲。

这次祭陵，是与父亲的告别，因为时值司马睿薨逝两周年，故行大祥之礼。同时也是对父亲在天之灵的告慰。他告诉父亲，自己已经平定了叛乱，王敦也死了，他还从琅邪王氏手里夺回了江州、徐州。他在不断完成父亲未竟的事业。

现在该是为父亲正名的时候了，他当初以刁协、刘隗制衡琅邪王氏，没有错，错的是王敦。这是他作为儿子，对父亲最纯真的情感。对他后续的事业来说，这也是极为关键的。如果父亲是任用佞臣的昏君，作为继承者的他，又从何树立自己的权威与合法性？

司马绍是个深谙权术的人，王导看出了这一点，也能理解司马绍的苦心，但他不能允许这样的事情发生。

在协助皇帝平定第二次叛乱前，两人早已达成了共识：王敦第一次发兵是对的，至少是无可厚非的；第二次发兵则是受了钱凤的蛊惑，王敦本身没有太大的问题，既然他已经死了（王导让他死的），那么主要责任就该钱凤承担了，琅邪王氏也就不该受到牵连。

事实是什么不重要，重要的是对事实的解释，是大家认为什么是事实。

但现在皇帝却试图翻案，重新确立大家对这件事的认识：王敦从一开始就错了，他一开始就是逆臣贼子，而王导默认甚至助长了这一点。

可以想象，王导该有多么不安，甚至是恐惧。

部分地方的军权可以交出去，但是他和琅邪王氏不能背上谋逆的包袱。他不再后退，旗帜鲜明地出击以遏制皇帝的图谋。而周札是否应该追封，正好给了他借题发挥的契机。

臣谓宜与周、戴同例。

他笃定地告诉皇帝，周札应该追封，而且应该像戴渊、周伯仁这两个在忠贞问题上毫无瑕疵的人一样，受到同等待遇。

出乎意料的是，王导的意见竟然得到了支持和执行。《资治通鉴》意味深长地记载说"然卒用导议，赠札卫尉"。

即使有郗鉴这样的功臣反对，王导的意见还是占了上风，给周札追封了卫尉官职。卫尉始于西汉，是带兵守卫宫廷的禁军将领，位高权重，为九卿之一。魏晋后禁军系统变化，不再设卫尉。即使如此，用这样一个职位追赠有投降污点的周札，也是相当优厚的待遇了。

这说明王导的"颠倒黑白"不仅得到了绝大多数朝臣和家族的支持，皇帝也迫于舆论，接受了这样的安排。这实在有些匪夷所思。

另一件可以与此相呼应的事件是对刁协是否应该追赠的讨论。

《晋书·刁协传》载：**敦平后，周顗、戴若思等皆被显赠，惟协以出奔不在其例。**

当周伯仁、戴渊等得到追赠时，刁协因为当年试图逃出都城，不在追封之列。

这实在是莫大的冤枉，因为刁协的出奔是司马绍的父亲司马睿授意的。当年王敦第一次作乱打出的是清君侧的旗帜，针对的就是帮助司马睿打压琅邪王氏的刁协。当周札投降，王敦的大军进入建康后，司马睿曾劝刁协逃出京城：

既而王师败绩……帝执协、隗手，流涕呜咽，劝令避祸。

先帝司马睿是个忠厚的人，不忍见支持他的刁协、刘隗被杀，拉着两人的手，流着泪劝他们逃走避祸。刁协不从，说"臣当守死，不敢有贰"。我会一直留在这里陪着皇帝您，忠心不变。皇帝继续苦劝，并给他们安排了逃亡的马匹。

这时候刁协、刘隗才接受皇帝的好意，乘马往城外逃去。刘隗顺利逃出，直至北方，最后投靠羯族人石勒，官至太子太傅。

刁协的运气就没那么好了，那时候他年纪已经很大了，"不堪骑乘"，身边也无人跟随，刚逃到建康西北边的江乘县，也就是今日南京市栖霞区仙林大学城附近，就遭人杀害，并被割下头颅，送给了王敦。

根据《晋书》记载，司马睿对刁协之死耿耿于怀，甚至在已经被王敦控制的情况下，还偷偷派人查访，最终找到了杀死刁协的凶手，并将其杀死。

以此观之，刁协毫无疑问是皇室的忠贞之臣，相比周札，更应该受到追赠，但他却被排除在外。另外，根据他"以出奔不在其例"这个细节，我们可以知道在起初开列追赠名单的时候，他应该是在讨论之列的，也就是说皇帝司马绍最早是想追封他的。

如果皇帝一开始就像对待周札一样只字不提，那么也就不存在群臣要找个理由将刁协排除出去。于是我们知道，司马绍在这件事上也做出了努力，但失败了。前后算下来，他在追赠这件事上至少失败了两次：不想追赠的人得到了奖励，最想尊崇的人被排挤在外。

这或许会让年轻的皇帝逐渐清醒过来，意识到朝局的微妙。

他原本以为凭借着对王敦的胜利，可以振兴从父亲以来就萎靡的皇权，政由己出，一言九鼎。但事实狠狠地给他泼了冷水，朝中群臣并不像他想象的那么支持他，即使那些支持他的心腹之臣，如温峤、庾亮等在关键时刻也没有站出来与王导抗衡。

到底是哪里出了问题？

他们反对王敦，难道不能说明他们支持皇帝吗？既然支持皇帝，为何又在追赠这件事上保持沉默，当王导颠倒黑白的时候不能秉公直言？

其实司马绍只要冷静下来，就会发现他从一开始就没有得到公卿们的全力支持。

《资治通鉴》记载说，王敦之乱刚平定时，司马绍就迫不及待地下诏追究王敦幕府中众人的责任：**王敦纲纪除名，参佐禁锢。**

纲纪、参佐指的就是王敦府中的幕僚、属员。但凡在王敦府中做事的，严重的除名，剥夺一切爵位、官职；轻一点的禁锢，也就是不允许再出来做官。

这些人即使没有跟随叛军进攻建康，但在王敦府中做事，也是为虎作伥，被除名、禁锢，并不是太令人吃惊的事情。但诏令下达后，温峤，这个协助皇帝平定王敦之乱的谋主却站出来反对。

他说王敦残暴，杀戮无常，就连朝廷都不能制止。跟随他做事的人也是被逼无奈，韬光养晦而已。所谓"贤人君子道穷数尽，遵养时晦之辰也"，他们只是暂时隐藏自己的忠心，虚与委蛇，等待朝廷讨伐王敦。

温峤的话不能说毫无道理，但这些人毕竟效忠逆贼，违背了君臣大义。正像耿直的郗鉴指出的那样：**王敦佐吏，虽多逼迫，然进不能止其奸谋，退不能脱身远遁。**

这些人虽然被逼无奈，但既看不到他们劝阻王敦，也不见他们辞职远逃，多是一言不发，任凭事态发展，怎么能不加以处理呢？

但温峤还是坚持他的观点。这有他维护朝局稳定的公心——刚刚赢得胜利，重要的是求同存异，共谋发展，而非对政敌大肆杀戮；但也不能排除他有不便明言的私心——他自己就曾在王敦府中效力。

《晋书·温峤传》记载说温峤在担任王敦左司马时，"综其府事，干说密谋，以附其欲"。

这当然是温峤的虚与委蛇，他并不支持王敦谋逆，后来找到合适的机会后就逃回建康，协助皇帝平叛。但这段助纣为虐的历史终究难以抹掉，他的忠诚是始终带着瑕疵的。在权力场域中，臣子的忠诚但凡染上嫌疑，就注定摆脱不了掌权者的猜忌。

所以温峤不能允许皇帝将王敦掾属定性为从逆之臣，他们只是被迫的，内心还是向着皇帝的，应该得到宽大处理。唯有如此，温峤自己才能摆脱嫌疑和历史包袱。

根据历史记载，温峤的强词夺理也赢得了胜利，"帝卒从峤议"。

这件事与后来王导的颠倒黑白如出一辙。

这就不得不让司马绍细想局面何以至此。王敦都已经死了，为何群臣和各大家族还是不允许他追究到底？

答案很简单，只是司马绍一开始不愿相信而已：因为各大家族和王敦的叛乱都牵扯太深，就像温峤一样。尤其是在王敦第一次作乱时，大多数人都持默许，甚至支持的态度。

他们自然不允许新皇帝追究王敦橡属的责任，也不能允许他重翻旧案，将王敦第一次作乱定义为谋逆。更进一步说，他们也不会允许皇帝借着平定王敦之乱的新胜之势加强已经衰微的皇权。他们需要的，依旧是大家族与皇帝的共治，甚至是皇帝垂拱，士族执政。

这里的"他们"，有温峤、庾亮这些被史书记载下来的人，更多的则隐在历史深处。家族或大或小，官职或高或低，他们就在皇帝的朝堂上站着，对皇帝躬身致敬，但骨子里却是士族不可磨损的骄傲，甚至傲慢。家族与家族之间自然也有冲突，但在面对皇权时，他们的行动又会趋于一致。

而这，就是王导的权力之源。

他是门阀制度的开创者，也是始终如一的维护者。

《资治通鉴》记载说，司马睿在王导的辅佐下建立东晋王朝，登基当日，"帝命王导升御床"，竟然邀请王导共升御座，同治天下。

其他家族想必也都记得这个场景，他们不一定喜欢王导和琅邪王氏，这几乎是必然的。他们也会试图削弱这个家族，比如他们支持皇帝从琅邪王氏手中拿走江州、徐州。但他们想必也知道，但凡要维护于他们有利的门阀模式，就离不开王导这面旗帜。

一般的权力，来自功勋，或者灵活的政治手腕；至高的权力，则只属于游戏规则的制定者、资源的分配者。王导就是那个门阀游戏的规则制定者。他一身，系众人利益之所在。

年轻的皇帝很快就意识到他面对的，不只是深不可测的王导，他的身后，立着庞大的、盘根错节的门阀势力。这些人是权力场上的老手，不动声色的鳄鱼，八面玲珑的乌龟。

但他不准备放弃努力，与长于隐忍后退的父亲不同，他好斗，像是一头被激怒的小兽，有复仇的决心、强大的意志力。

既然支持者不够，既然世家大族"沆瀣一气"，那就从其他地方寻找援手。

◎ 皇帝为何偏爱儒家

追赠事件半年后，太宁三年秋，七月，司马绍以卞壸为尚书令。

卞壸是司马睿留给司马绍的老臣，南渡之初就始终支持皇帝。王敦第二次叛乱时，卞壸带兵守卫在司马绍身边。战后封爵县公，与温峤、庾亮级别相同，迁领军将军，为宫廷禁军将领之首。这足见司马绍对他的信任之深。《晋书·卞壸传》也记载说：**明帝深器之，于诸大臣而最任职。**

但当这个诏令传达到各个部门的时候，王导以及其他大家族或许会感到不安，甚至后背发凉，他们会不由自主地想起，当年司马睿制衡琅邪王氏时，提拔起来的尚书令是刁协。司马绍的举动，无异于当年情形的回魂。

因为不论是为人，还是从政，卞壸和刁协的风格都高度相似，都是严肃甚至刻薄的。他们为了振兴皇权，不惜跟世家大族公开对垒。

王导曾评价两人说：**卞望之之岩岩，刁玄亮之察察。**

刁玄亮就是刁协，"察察"是说为人严苛，明察秋毫；"岩岩"则是说卞壸像是裸露在外的悬崖峭壁，威严险峻。

这在今日听来或许是赞美之词，但在他们生活的魏晋时代，实则是讽刺他们为人严酷刻薄，落于下成。当时名士崇尚的是王导那样的风姿特秀，弘裕深沉。即使退后一步，也要松弛优容，进退有度。表现在为官上，就是清静无为，甚至放任不为。

但刁协、卞壸则是勤于王事，为政酷烈，以致遭到名士轻视。当时在名士中享有盛誉的阮孚，竹林七贤之一阮咸之子、阮籍侄孙，就曾讽刺卞壸说：**卿恒无闲泰，常如含瓦石，不亦劳乎？**

你这无一日闲暇，勤奋如老牛，就不觉得累吗？

不做事的声名卓著，做事的"为诸名士所少，而无卓尔优誉"，这就是当时的情形。卞壸对此也有清醒认知，入仕早期曾上表推辞任命，说自己"天性狷狭，不能和俗"，性格急躁、执拗，不能与他人和睦相处。

但在皇帝看来，事情就截然不同了，他为名士轻视的缺点，正是皇帝"深器之"的原因所在。唯有性情执拗，忠于王事，他才会不惧豪门威势，成为皇帝抑制门阀、提振皇权的利器。更重要的是，司马绍清楚地知道，卞壸、刁协等人尖锐、严酷的执政风格不只是出于过于严肃的私人个性，还源自他们共同的信仰：儒家。

他们是正统的儒家知识分子。

最早意识到儒家对皇权的支撑作用，并将其塑造为官方意识形态的是汉朝的武皇帝，所谓"罢黜百家，独尊儒术"。以儒家的纲常和礼法将君权神圣化：皇帝者，天之子，天命之所归，神圣不可觊觎。

到了东汉末，皇权颓废，作为官学的儒家则同步走向沉寂，玄学兴盛起来。士族子弟多出儒入玄，开口闭口多是老子、庄子与《周易》，在汉朝被独尊的三纲五常、君臣父子，则弃之不谈，甚至沦为鄙视链的末端。声名卓著的竹林七贤也就出现在这个时候。

这个时候执掌朝政的至高权力，逐渐从皇帝手里移交到世家大族手中。他们试图打造的，是一种清静无为的政治，抑制皇权，优容大族，维持各方势力的微妙平衡。这一政治体系从曹魏到西晋，以至东晋，最终成熟于王导之手。

如今司马绍想要重振皇权，又把目光投向了儒家和它的信仰者。他试图从衰落的儒家道统中，汲取重建皇权神圣与至高无上的营养。他的父亲当年提拔刁协、刘隗也是同样的考虑。现在卞壸接过了刁协的使命。

卞壸从南渡之初就效忠于司马睿父子，在两次王敦之乱中都坚定地选择了皇帝。他矢志不渝的忠诚也得到了信任和回报：先为御史中丞，后升吏部尚书，现在则贵为尚书令，主持朝廷政务。

与此同时，他的堂兄弟卞敦被提拔为湘州刺史，也就是从原湘州都督、刺史王舒手里分走了主管行政的刺史一职。

魏晋时代，都督掌兵，控制一州军权，刺史则是一州行政主官。在战事纷纭的当时，刺史往往兼领本州都督，方便协调军政。司马绍在王舒事件上做了妥协，将湘州刺史、都督都给了王舒，但终究心有不甘，现在找到机会将刺史夺了回来，交给卞敦。

同时为了让卞敦也能掌握一支军队，参与当地军事活动，皇帝还给他加了"安南将军"的军号，并且假节，方便他在紧急情况下更大限度地使用权力。

这种安排透露出，司马绍对卞壶的重用是以琅邪王氏和王导为直接目标的。

这对卞壶的命运来说不一定，甚至大概率不是好事。在大家族掌握实权的魏晋时代，卞壶这样的人门第较弱，缺乏根基，靠着皇帝的支持暂时身居高位。但在执行使命的过程中，他们必然不断积累着权贵对他们的怨恨，最终成为被清算的对象。

刁协、刘隗的结局就是残忍的昭示。他若把目光再放远一点，也会看到同样的命运：西晋时期，担任御史中丞的周处（京剧《周处除三害》的主角）因为严苛执法，得罪权贵，最终惨遭杀害。还有北魏末期担任御史中尉的郦道元（《水经注》的作者）也是因为相同的原因惨死他乡。

卞壶对这样的命运应该也有所预料，事实上，他在死后也确实遭到了残酷的报复。但作为儒者，他摆脱不了自己匡扶朝政、致君尧舜上的信仰和宿命。《晋书·卞壶传》记载说，他虽遭到名士轻视，但依然"以褒贬为己任，勤于吏事，欲轨正督世，不肯苟同时好"。

骨鲠的儒者，或许都有成为殉道者的觉悟。

《晋书·卞壶传》记载说，卞壶死后多年，坟墓遭盗墓贼挖开。当棺木被掀开的刹那，卞壶"尸僵，鬓发苍白，面如生，两手悉拳，爪甲穿达手背"。两手握拳，指甲穿背，还是一个战斗者的姿态。这个记载有些狰狞，但反映了当时以及后世人对他的印象。

◎ 亲信与宠臣

如果仔细翻阅《资治通鉴》，会发现司马绍以卞壶为尚书令，还有一处颇为蹊跷。

《资治通鉴》太宁三年七月条载：**以尚书令郗鉴为车骑将军，都督徐、兖、青三州诸军事，兖州刺史，镇广陵。**

正是在郗鉴被外放为兖州刺史后，卞壶接过了他的尚书令一职。

那么问题是：为何司马绍对卞壶的信任和器重超过了郗鉴？

郗鉴军政能力突出，为人方正严肃。当王导在周札追赠事件上颠倒黑白的时候，是郗鉴严厉地提出疑问；当司马绍想要追究王敦掾属责任时，也唯有郗鉴明确地表达了支持。他是没有争议的社稷之臣。

为何司马绍在寻找援手的时候，没有想到郗鉴？

如果我们细挖一下卞壶、郗鉴两人的仕宦履历，就能发现司马绍此时用人的一条隐秘线索：任用自己的旧臣、宠臣。

卞壶加入司马睿集团不久，就"为明帝东中郎长史"，跟随世子司马绍北渡长江，镇守广陵。司马绍回朝后，他又"为世子师""居师佐之任"。东晋建立，司马绍被立为太子后，他又"补太子中庶子""迁太子詹事"。

他是司马绍太子府旧臣，两人有长久的合作历史，以及由此建立起来的默契和信任。

但郗鉴没有这个条件。直到司马绍登基，他才以流民帅的身份进入建康。他虽然有出色的军政能力，但与司马绍没有历史渊源，只可用在镇守边疆。至于协助皇帝制衡琅邪王氏，就不是那么理想的选择了。

可以进一步证明司马绍重用旧臣、宠臣的是，他对虞胤、司马宗两人的信赖。《资治通鉴》说二人"俱为帝所亲任"。

虞胤身份特殊，为外戚。他的姐姐虞孟母是司马睿的宠妃，因为没有生育，就负责养育司马绍兄弟。前文提到，司马绍生母荀氏可能有鲜卑血统，身份卑微，所以没有资格亲自养育自己的孩子。

因此，从宗法角度看，虞孟母才是司马绍的嫡母。从个人感情角度讲，从小的养育之恩自然也极深重。《晋书》记载说，司马绍登基后，"追怀母养之恩"，追封她的家人。那么当司马绍在虞孟母身边成长时，与虞孟母的弟弟虞胤很可能接触较多，建立了深厚的私人情感。

当他成为皇帝，感受到外界威胁时，就以虞胤为右卫将军，带领一支禁军，宿卫大殿。

司马宗则是宗室，晋王朝奠基者司马懿的孙子。在经历八王之乱的内战后，司马家宗室凋零殆尽，司马宗作为少数尚存的宗室之一，身份崇高。而且他很早就南渡江东，始终如一地支持司马绍父子。故而司马绍以其为左卫将军。

左卫将军、右卫将军都是禁军将领，因为能直接带兵守卫皇帝日常办公的大殿，身份之重要敏感，超过其他禁军统领。

《资治通鉴》记载说，二人"典禁兵，直殿内，多聚勇士以为羽翼"。其中"多聚勇士以为羽翼"已经透露出明显的不安和危险的味道。

皇帝司马绍为何如此不安？多聚勇士，又是在防范谁呢？

《资治通鉴》在记叙虞胤、司马宗二人"聚勇士"之后，紧接着写道：

王导、庾亮皆忌之，颇以为言。

王导、庾亮很不乐意看到这个局面，心存忌惮，向皇帝表达了不满。

皇帝的反应就更令人不安了：**帝待之愈厚，宫门管钥，皆以委之。**

皇帝反而更加倒向虞胤、司马宗，连宫门钥匙都给了他们。没有二人许

第六章 皇帝的反击

可，其他人，包括王导、庾亮，都不能进宫，也不可能见到皇帝。

于是我们知道皇帝防范的就是王导，还有庾亮。

这里让人疑惑的是，事情似乎急转直下，双方矛盾骤然紧张起来，以至于有了剑拔弩张的事态。

为何会变成这个样子？

皇帝一开始只是在不断壮大自己的支持势力，为何突然就走向了以亲信掌握禁军、排斥大臣的地步？

答案是皇帝"不豫"。

皇帝病了，而且病得很严重。

第七章

颍川庾氏

◎ 一场针对王导的"异谋"

司马绍的病发作得非常突然,《资治通鉴》中最早的记载出现在闰七月,有"帝寝疾"之语。"寝疾",即卧病在床,说明发病还在此之前。

另一条值得注意的记载出现在《晋书·卞壶传》中:**明帝不豫,领尚书令。**

卞壶成为尚书令是在七月。再往前,就没有相关记录了,甚至连司马绍受伤,或小病小灾的记录都没有。他好像在二十七岁,正值青春鼎盛的年纪突然发病,且病势凶猛。

由此我们也理解了他重用卞壶、虞胤等近臣亲信的苦衷。他已经没有时间逐渐争取世家大族的支持,只能尽可能地将亲信聚拢在自己周围,对大家族做出力所能及的抵抗。

对王导来说,局面似乎猛然反转了,皇帝重病会拖延甚至中断他裁抑琅邪王氏的步伐。但事实可能恰恰相反。作为一个老到的政治家,他知道越是这个时候，越是危险：进入绝境的皇帝可能会采取更加激进，甚至是鱼死网破的措施。

《资治通鉴》记载说，皇帝重病后增加了宿卫力量，让虞胤、司马宗带领禁军，守卫在大殿门口。这种戒备的姿态引发了大臣的不安，他们不得不担心皇帝及其亲信有不利于他们的谋划。最先站出来表达不满的，是王导和庾亮，"颇以为言"。已经不是暗示或者小心翼翼地提示皇帝，而是明确地表达了抗议。

这种对抗姿态反而加深了双方的猜忌和敌意，让皇帝更加仰仗虞胤、司马宗，以至于把各宫门的钥匙都交给了他们二人。自此以后，没有二人的允许，其他大臣甚至不能进宫见到皇帝。

这里值得注意的是，王导表达抗议容易理解，毕竟他才是皇帝最忌惮的对象。当皇帝以亲信加强宫廷戒备，有所谋划时，王导和琅邪王氏必然是被针对的主要对象。

那庾亮为何也感到不满和不安呢？

庾亮的妹妹是司马绍的妻子，当今皇后。她的儿子已经在年初被确定为太子。庾亮就是司马绍的内兄，未来的帝舅。以这样的亲近关系，庾亮原本应该是司马绍组建亲信团体时，着重引用的援手，但事实却是他被排除在外。

这就是庾亮不安的原因所在。

皇帝并不像大家想象的那么信任他这个内兄。

两人的芥蒂或许可以追溯到王敦发动第二次叛乱的时候。为了增强自己的实力，司马绍试图以庾亮为中书监，辅佐自己谋划平叛。

在当时的司马绍看来，庾亮是他的内兄，在他做太子时还曾担任过他的老师，遇到困难后，他想到的第一个援手就是庾亮。

但出乎意料的是，庾亮竟明确拒绝了这个提议。

根据《晋书·庾亮传》记载，他上书固辞中书监，说自己本来能力有限，也无心仕途。永嘉之乱后随父渡江避乱，隐居会稽，"求食而已"。不意因缘际会，得到司马绍父子恩宠，跃迁为外戚。但都是"无劳受遇"，没有尺寸之功，很容易引起其他人的敌意，一不小心，就会大祸加身。

所谓"小人禄薄，福过灾生，止足之分，臣所宜守"。

或许是觉得这样过于绝情，庾亮又有些虚伪地告诉年轻的皇帝，您让我做中书监，是用人唯亲，"示天下以私"，不利于您的统治。现在"宰辅贤明，庶僚咸允"，应该用人以公。

当时的宰辅是王敦、王导，何谈贤明？大战在即，司马绍正在用人之际，又哪里是在乎用人唯亲的时候？

庾亮所说，不过是为了袖手旁观，远身避祸。《晋书》说他"忧惧"，托疾辞官。

庾亮的选择自然不是那么高尚，但在权力场中，大多数人确实不是按照"本该如何"来行动的。他虽然有外戚身份，但在朝廷中缺乏根基，个人功业、威望也远不足以与王导相提并论。他若取代王导为中书监，与王敦抗衡，一旦战败，极有可能遭遇当年刁协、刘隗的命运。

《晋书·庾亮传》说庾亮"风格峻整，动由礼节"，似乎是卞壶、刁协那样的礼法之士，但实际上他不是儒家殉道者，他清醒、务实，甚至阴狠。

这毫无疑问伤了司马绍的心。那时候他还很年轻，单纯而稚嫩，没想到一头撞上复杂的人心。后来庾亮在温峤回京后又接受了中书监的职位，并在平定叛乱中立下了战功，但司马绍应该很难忘记他当时的临阵退缩。

庾亮自然也记得这段历史，当皇帝援引亲信，将他视为外人的时候，他感到了强烈的不安。

他的这份不安被王导看在眼中，让他看到了渡过危局的可能。

任何时候，面对危机首先要弄清楚的一个问题就是：谁是敌人，谁是朋友。皇帝对庾亮的排斥，把他推到了王导的面前。

根据后来的历史，我们知道琅邪王氏与颍川庾氏之间明争暗斗，风起云涌，博弈几十年。但在起初，两个家族的族长，是有过一段至关重要的合作的。

王导和庾亮在此之前没有太多交集。当比王导年轻十二岁的庾亮进入政坛时，王导已经帮助司马睿基本奠定了江左的格局。在朝堂上，他也只能远远地看着王导和他的琅邪王氏只手遮天。

但王导相信他们是有合作基础的，信心来自他们执政理念的相仿。

庾亮的出身不及王导的琅邪王氏，但也算世族子弟，在大体上是支持门阀与皇权共治的。当年司马睿试图通过杂用儒法振兴皇权时，曾赐给太子司马绍《韩非子》一书，希望他学习法家的权术与手段，但遭庾亮劝阻。

他的理由是韩非子的学问刻薄伤化，可见他与王导宽宏治国的理念是有相通之处的。

近在眼前的现实危机也让庾亮和王导走到了一起，甚至可以这样说，如果司马绍的亲信有所密谋的话，庾亮面临的危险可能比王导更加紧迫。

因为所谓密谋，大概率是在司马绍死后，排斥王导、庾亮等大臣，以虞胤、司马宗等为辅政班底扶立新帝，也就是时年五岁的太子，庾亮的外甥。

而他们为了将幼帝牢牢掌握在自己手中，第一个要着重予以打击的，就是新帝的舅舅，毕竟他最有可能与太后一起成为他们抢夺皇帝控制权的竞争对手。

这才是庾亮更深层的不安与恐惧。

因为与即将登基的新皇帝的血缘关系，他要么执掌大权以自保，要么被彻底边缘化以免引起对手忌惮，没有太多的中间地带供他立足。

他可能也没料到皇帝突然重病，自己要仓促应对如此危急的局面。他需要向导，需要援手。他举目四望，看到了不动声色的王导。

当然，历史没有记载王导与庾亮结盟的细节。他们也不是那种需要誓书，以及私下密谋的关系。这种合作是心领神会、不必言传的。

《资治通鉴》记载二人不满皇帝加强宫廷戒备的原话是：

王导、庾亮皆忌之，颇以为言。

两人是先后发表反对言论，还是一同进宫见的皇上呢？

没有明说，但从这件事开始，直到后来庾氏坐大以至于威胁到了琅邪王氏之前，王导和庾亮在很多大事上都保持了高度的默契。我们由此也可以说，庾氏门阀的坐大有王导之怂恿和相助之功。这也是无可奈何的事情，大乱之世，局势变化之快令人恍惚，对手和朋友的身份都在不停流转。

眼下的王导需要庾亮，虽然庾亮被皇帝排斥，但他毕竟还是皇后的兄长，未来皇帝的舅舅，凭着这层血缘关系，他还是有可能再次见到皇帝，甚至重新得到信任的。他自己就没这个机会了，皇帝绝无再信任他的可能。

根据《资治通鉴》记载，在虞胤、司马宗掌管宫门钥匙后，庾亮试图再见皇帝一次。事情发生在一个晚上，他安排一个使者找到司马宗，说自己有所上奏，必须马上见到皇帝，要司马宗给宫门钥匙。

司马宗强硬地拒绝了，甚至叱责这个使者：

此汝家门户邪？

这是你们家的门吗？想进就进？

表面上叱责的是使者，但实际骂的当然是庾亮。

庾亮更加愤恨。

局面继续恶化，皇帝病得更加厉害，"疾笃"，已经有了死亡的风险。他表示不愿再见任何人，"群臣无得进者"。

王导、庾亮都怀疑是虞胤、司马宗假传旨意，隔绝内外，以便密谋。这种事在历史上曾反复发生，每当皇帝病重，近臣宠臣就控制皇帝，按照他们的心意确定辅政班底，被排斥在外的人则有杀身之祸。

《资治通鉴》说"亮疑宗、胤及宗兄西阳王羕有异谋"。西阳王羕指的是司马宗的哥哥司马羕，他在宗室中年纪最大，威望最高，早在司马睿时代就受到尊崇，并受遗诏与王导一同辅佐司马绍。

现在看来，虞胤、司马宗、司马羕三人是要以宗室身份辅政，将王导和庾亮都排斥在外。已经到了不能再等下去的时候了，庾亮强行突破宫禁，"排闼（tà）入升御床"，见到了皇帝本人。

第七章　颍川庾氏　　129

"闼",指的是小门。

庾亮绕开虞胤等严密防守的宫殿正门,从一个不引人注意的小门进入皇帝寝殿。他能如此做,可能是因为他此时的身份是护军将军,也掌管一支禁军,在宫内值宿,熟悉宫廷门禁道路。也有可能是皇后、他的妹妹想办法给他行了方便。

总之,这个时候也只有他才可能见到皇帝。

机会很好,病重的皇帝躺在床上,虞胤等人都不在。庾亮来到皇帝床前,看到他年轻的面孔已经迅速枯竭下去,"流涕不自胜"。庾亮这时候的眼泪有对皇帝的同情,也有这几日担惊受怕的不安,可能还有故作姿态的表演。

他哭得很厉害,但也没有忘记自己的使命:边哭边"正色陈羕与宗等谋废大臣,规共辅政"。庾亮严肃地指出,司马羕兄弟准备废掉外廷的大臣,以便他们自己掌握朝政。

帝制时代,当皇帝处于弱势地位时,能够插手甚至掌握最高权力的往往是这样几种力量:宗室、外戚,以及文官集团。

有时候皇帝也会援引身边的宦官作为助手,东汉后期和明朝后期的宦官专政就是这个样子。不过他们往往遭到其他几方势力的鄙视,被唤作"阉竖""刑余":受过刑,身体都不完整的人,有什么脸面插手政治呢?

宗室作为皇帝的叔伯兄弟,在血统上最有可能取而代之,因此往往也最受忌惮,是遭到打压的对象。至于外戚,他们出身大多不高,甚至可能是不知诗书的布衣,因为与皇家结亲蒙受恩宠,以致接近最高权力,但并没有治理国家的能力。

真正站在政治的道德制高点,自认为最有资格参与政治的,是文官集团。他们熟悉典章制度,深谙历朝兴衰,在经过举荐和考试后,获得了合法的治理国家的资格。王朝或许姓刘,或者司马,但治理天下却是文官集团的责任,所谓"以天下为己任"。

庾亮能够"正色"劝谏司马绍,正是借助了这个政治传统。他告诉司马绍"社稷安否，就在今日"。如果让司马宗等宗室独掌朝政，将遗祸无穷。

庾亮虽然有外戚的身份，但他出身士族，底色是士大夫。在魏晋时代，有权力参与政治的，正是他这样出身名门的士族子弟。

根据《晋书·庾亮传》的记载，庾亮边说边哭，言辞恳切。于是"帝深感悟，引亮升御座"。皇帝幡然醒悟，将庾亮扶起来，重新调整了辅政班子。

但是在《资治通鉴》中，事情好像没有这么顺利。当庾亮揭穿司马羕等人的阴谋，请皇帝将他们罢黜时，"帝不纳"。

皇帝没有接受他的意见。

不过过了几天，闰八月十九日，皇帝又做了妥协，以司马羕、王导、卞壸、郗鉴、庾亮、陆晔、温峤七人共同辅政。

没有他最信任的虞胤和司马宗。

以司马绍的强硬个性，他应当不会突然妥协，其间很可能有一番他与庾亮、王导等人的进一步协商甚至博弈，只是史书没有记载。

当然，也有可能是在拒绝庾亮后，病榻上的皇帝在夜深人静时又细细思量，悲哀地意识到优势终究不在他这一边。虞胤和司马宗二人过往没有功勋和威望，政治经验也有限，即使以他们辅政，在自己死后，他们也不是庾亮，更不是王导的对手，不过是引发新的争斗，导致局面大乱。

他刚刚平定王敦的二次叛乱，人心还待安抚，羯人的骑兵也逼到了淮河一线。内忧外患，纷纭而至。他没有时间了，即将接任的儿子才刚刚五岁。这个脆弱的王朝经不起太大的风浪。在黑暗的夜里，他近乎绝望地意识到，在他死后，能够凝聚人心稳住政局的，他能够求助的，也只有那个人了。

他厌恶、害怕那个人，但他是皇帝，他不得不压抑自己的情绪，拾起理性，就像当年他父亲被琅邪王氏逼死，依然不得不用他辅政——司徒王导！

不过，司马绍也没有全面投降，他组建了一个庞大的、多达七人的辅政班底，尽最大可能地削弱王导的影响。

既然不能任用虞胤、司马宗，他就将司马羕安排到辅政首位，他年纪大，威望高，之前也曾与王导一起受命辅佐司马绍。以他抑制王导，至少在名义上是成立的。

然后就是心腹卞壶，他以尚书令的身份参与辅政，王导、庾亮没有拒绝的理由。为了提升卞壶的影响力，司马绍又给他加官右将军，让他掌握了一支禁军。在改朝换代的敏感时刻，禁军是最为关键的力量。

温峤、郗鉴也被引入进来，他们二人虽不是卞壶那样会舍生取义的骨鲠之臣，但有出色的军政能力、良好的大局观，是很好的辅政人选。

江东人陆晔出身著名的吴郡陆氏，东吴名将陆逊的侄孙。他从司马睿时代就加入东晋朝廷，始终忠心于皇权。更重要的是，当司马绍还是太子时，他曾任太子詹事，跟卞壶一样是司马绍的东宫旧臣。当卞壶被提拔为尚书令时，他原来的官职，至关重要的领军将军就由陆晔接替。

司马绍将他引入辅政班底，心中踏实，也能为自己的儿子吸纳更多的江东人才，在一定程度上削弱王导等北方大族的影响。

在司马绍之前，很少有皇帝任命人数如此之多、成分如此复杂的辅政班底，可见他所面临局面的复杂，以及临死前的不安和忧虑。

闰八月二十四日，年轻的皇帝知大限在即，发布遗诏。他说：

自古有死，贤圣所同，寿夭穷达，归于一概，亦何足特痛哉。

自古有死，圣贤难免。不管长寿或者短命，又有什么值得悲痛的呢？他压抑住满心的不甘，故作豁达地安抚群臣。但遗憾也不是没有，"大耻未雪，百姓涂炭"。"大耻"当指的是洛阳沦陷，晋王朝仓皇南迁。百姓流离，祸乱不止，北伐无望，他是再没有机会回到北方的家乡了。永嘉南渡的时候，他已经九岁了，足以记住家乡的样子，以及流亡途中的艰难狼狈。

当然，对司马绍来说，更大的耻辱是没能完成抑制琅邪王氏、为父报仇的历史任务。虽然王敦死了，但王导还在。不过这些现在不方便说了。

他曾满怀斗志和雄心，但路只走了几步，还有太多的事情没有完成。因为这个缘故，他要求死后葬礼从简，不给天下增添更多的负担。

最后，最担心的还是即将继承大位的儿子司马衍，"衍以幼弱，猥当大重"。年仅五岁的孩子，如何能应对如此黑暗混乱的时代呢？他近乎恳求地请各位辅政大臣和衷共济，"弘济艰难"，那么即使他没于地下，也无恨黄泉了。

说完这些话的次日，帝崩于东堂，年二十七。

◎ 每个人都在时代中飘荡

司马绍的死亡出人意料，也令人遗憾。在史料记载中，他本是一个如此有希望的皇帝。《晋书》评价他"聪明有机断"。《资治通鉴》说他"能以弱制强，诛翦逆臣，克复大业"。

他年纪轻轻，接手的是一个权臣威胁于内、强敌环伺于外的乱局。他清楚地知道自己所面临的困局，也敏锐地找到了破局之道。在登基称帝的短短三年中，他出手果断，甚至激进。

他赢得了对王敦的胜利，这是他父亲没有做到的事情。他强硬地镇压豪门，尽力将权力聚拢在自己手中。

他还很年轻，与那些城府深沉的权臣的博弈让他不安，饱受折磨，变得阴沉。但他依然是一个能给人带来希望的皇帝。如果他有更多的时间，或许能成长得更加深沉雄断。在东晋一朝中，他被视为最有机会重振皇权的那个人。

王夫之在《读通鉴论》中赞誉司马绍，说他"以幼冲当多难，举动伟然出人意表，可不谓神武哉"，并充满遗憾地说道：**明帝不天，中原其复矣乎！**

年幼而当多难，应对出人意表。这样的皇帝，如果不是早亡，早晚有北伐，恢复中原的那一天吧？

振兴皇权以北伐中原，是皇帝，也是多少流离百姓的梦想。但如果我们细看当时局面，或许不会有王夫之这样的乐观。

《晋书·阮孚传》中有这样一条记载颇值得注意。

说的是司马绍在十九日确定辅政班底后，温峤在赶往宫廷的路上，邀请阮孚一道前往。

阮孚是竹林七贤之一阮咸的儿子、阮籍的侄孙，名士之后。他过江后享有盛誉，一度被推荐为吏部尚书。

温峤拉他同去，是看重他的威望和身份，希望有更多有力的人物一起辅佐危局。但上车后，听说是要去辅政，阮孚坚决不同意。

怎么能让我做这样的事情呢？那不行，我要下车。

他不是谦虚地认为自己没有资格参与这样的大事，而是全身避祸，不想在如此敏感危险的时候插手政治。先前被举荐为吏部尚书，他就托病推辞了。

温峤劝他说道：

主上遂大渐，江左危弱，实资群贤，共康世务。

皇帝重病，江左危急，正需要大家齐心协力，共度时艰。

卿时望所归，今欲屈卿同受顾托。

你众望所归，今天要委屈你跟我们一起接受顾命。

阮孚还是不同意，坚持要求下车。

温峤就耍无赖，坚决不让他下车。

车子就一直跑到了皇宫前。

这个时候阮孚说自己内急，先让他下车解决，"告峤内迫，求暂下"。温峤这才勉强同意。谁知道阮孚下车就跑，终于避开了重任。

这就是当时很多名士或者士族对政治的心态。

魏晋士族本是王朝的主要人才来源，但能匡扶时弊、主政抚民的很少，多耽于清谈玄虚，甚至是放纵享乐。

阮孚就是很典型的案例。

《晋书》说他过江后"散发裸裎，闭室酣饮已累日"，披头散发，衣不蔽体，整日所为，不过是与三五名士闭门酣饮。

经常与他一起饮酒的还有七人，都是不拘礼法的荒唐人，被一起称为"八达"。《晋书》说有一天阮孚七人正在喝酒，另一人姗姗来迟，守门的下人不知其身份，就不让进，这个人就在外面"脱衣露头于狗窦中窥之而大叫"。

脱了衣服，将脑袋钻进供狗出入的门洞中大喊大叫。

要是卞壶看到这等景象，十有八九会被气死。

但阮孚等人不在乎，还非常骄傲地说道：嗯，一定是他来了，其他人做不出这么出人意表的事情。

赶快叫进来，"遂与饮，不舍昼夜"。

这就是后人常说的魏晋风度。

他们这种放荡与远离政治，一方面是因为很多所谓的名士本就是浮夸轻薄之辈，不适合从政。另一方面，一部分人，比如阮孚，则更多的是对政治失望、恐惧，于是耽于宴饮，全身避祸。他的族人阮籍当年也是这样做的。

魏晋时代，世道艰难。臣子杀皇帝，皇帝杀兄弟。父子相残，兄弟操戈。一不小心卷入政治，家破人亡，也就在旦夕之间。意志稍微软弱一点，就看不到希望，对政治、对人心都心灰意冷，不如躲开，越远越好。阮孚的一位朋友就曾说道：

得酒满数百斛船，四时甘味置两头，右手持酒杯，左手持蟹螯，拍浮酒船中，便足了一生矣。

找一条船，载满酒，船头再放上应季的瓜果，浪荡江湖。右手美酒，左手大闸蟹，如此就能了却一生。

这样的生活当然潇洒写意，后世的李白就羡慕得不得了。

但名士都去浪荡江湖远身避祸了，皇帝要物色足以付托国事的人才，就非常困难了。这是东晋皇帝难以振兴皇权的关键所在：没有足够的人才支撑皇帝去加强官吏的选拔、考核，进而没有足够的力量支撑他去抗衡门阀。

田余庆先生在《东晋门阀政治》中有一段很精彩的总结：

两晋之际，世乱时艰，祸福莫测，士族名士一般不拘礼法，不经世务。他们之中不乏在家世门第、历史渊源以及学术风尚等方面具备条件的人，可以出任政务。但是这些人却或是缺乏从政的才能，或是没有从政的兴趣。要物色足以付托国事的人才，并非易事。

所以司马绍只能从卞壶这样的儒家信徒中寻找支撑，但这样的人在当时是异数，是少数派，是阮孚等看不起瞧不上的。

因此一个非常关键，也非常有意思的问题就是：阮孚这样的名士支持什么样的执政风格呢？

想必阮孚、卞壶，甚至是皇帝本人，都很容易想到王导那张略有笑意的、深不可测的脸。

为政以宽，镇之以静。宽待大族，巩固根本。

政治不是让所有人都满意，而是让能决定政治最终走向的少数人满意，并维持这少数人的利益均衡。决定东晋政局走向的少数人，就是那些隐在皇帝身后的大家族。

出身世家的这些贵公子，想要入仕的，王导保证了他们的特权；想要潇洒自在的，他也不会像卞壶那样疾言厉色，甚至有时候还会亲自加入其中，一道清谈。要知道，王导本身就是清谈高手。

这不是司马绍愿意看到的局面，但他也无力抗衡。他没法阻止王导和他背后的那些家族，也没法吸纳阮孚这样决定"躺平"的人才。即使命运留给他的时间更多，也很难说他有机会像秦汉时代的帝王那样凝聚足够多的权力，获得一个帝王应有的尊重和震慑力。

没有人能抗衡自己的时代，即使贵为皇帝。

每个人都在巨大的时代中飘荡。

◎ 颍川庾氏的崛起

皇帝的突然死去，对王导也提出了新的挑战。因为皇帝在世时，虽然会继续推进打压琅邪王氏、扩张皇权的政策，但他要面对的毕竟是一个相对明确的方向。现在变故一出，权力结构、朝野局势都将为之一变，每个人都要重新确定自己的定位，调整接下去的方向。王导和他的家族想要继续稳住地位，就不得不面对一个更加复杂多变的环境。

闰八月二十六日，皇帝薨逝第二天，皇太子司马衍即皇帝位。这个时候的皇帝年仅五岁，没有处理军国大政的能力，所以一个急需解决的问题就是确定实际的执政人选。虽然司马绍临死前组建了多达七人的辅政班底，但这么多人不可能共同执政，总需一人牵头。

根据《资治通鉴》的记载，事情似乎很顺利地解决了：以皇帝的母亲、皇太后庾文君临朝，统摄万机。

这个安排有些不同寻常，因为古人为政，不管改革还是人事任命，都要有个历史依据。而在此之前的西晋以及曹魏都没有太后执政的先例。曹丕曾明文规定，严禁太后干政，若有违背者，天下可共击之。西晋没有太后干政，不过在傻皇帝司马衷当政时，实际宰割天下的，是他的皇后贾南风。

这就更不可能给庾文君的执政提供参考和背书了，正是贾南风的贪婪和短视将西晋王朝拖入了八王之乱的深渊。虽然责任不全在贾南风，但她也难辞其咎。

于是，群臣就将目光投向了更遥远的东汉，"宜依汉和熹皇后故事"，以东汉和熹皇后的故事为参照，让庾文君以太后身份临朝。

东汉时太后临朝执政的案例极多，但也因此有外戚祸乱天下的指责。东晋群臣也知道这些故事，所以选了争议最少的和熹皇后作为参考。

和熹皇后，本名邓绥，被史家赞誉为"皇后之冠"，"东汉母后之临朝者，唯和熹最贤"，东汉历来以母后身份执掌朝政的，数她最为贤能。她不仅长于政治，甚至还鼓励发明。蔡伦改进造纸术，张衡研制地动仪都有她的功劳。

不过细查《后汉书》，就会发现和熹皇后好像并没有想象的那么令人安心。她在丈夫汉和帝死后，放弃更合适的皇长子，改立出生只有百日的幼子，以方便自己独掌大权。当大臣要求她还政于帝时，她残酷地镇压并杀害了他们。因此对她有"贪权不释"的讥讽。

如此看来，以和熹皇后的故事为历史依据也不那么令人信服，但东晋群臣似乎没有太过在意。这隐隐透露出一个事实：他们只不过是要为庾文君临朝找一个幌子而已，依据是否那么充分并没有那么重要。

更进一步说，庾文君临朝本身也只是一个幌子，为的是给她的兄长庾亮执掌朝政做一个掩护。《资治通鉴》对此也看得明白，说"事之大要皆决于亮"，至关重要的大事，都是庾亮决定。

那么一个必须要问的问题是：庾亮如何能够获得最高权力？外戚的身份虽然给他提供了可能性，但他在东晋初年建功有限，威望、根基，以及家族势力都远远不能与王导相提并论。

当司马绍在确定辅政人选的时候，庾亮排名倒数第三，而王导排在第二。考虑到排在第一位的司马羕只是一个没有实权的宗室象征，王导实际上是首席辅政大臣。

那么这个问题的本质就是：为何群臣选择了庾亮而非王导？

这里的"群臣"应该是指司马绍确定的七人辅政班底，如卞壸、温峤等人。也只有他们才有资格决定如此重大的事项。他们从历史中找到太后听政的参考，然后以庾后垂帘的名义，将庾亮送上了实际执政者的位置。当然，这个行动本身也说明庾亮执政合法性的不足，需要历史的背书。

饶是如此，群臣还是选择了庾亮。因为王导现在的身份和处境相当微妙，甚至是有些尴尬。

东晋创立短短十多年，叛乱迭起，且都来自琅邪王氏的王敦。王导在这个过程中也有暧昧不明的运作，这就很难让人相信他是司马家的"纯臣"。

卞壶、温峤这些方正之士，在大是大非的问题上向来坚定。如今王敦死去，叛乱平定，他们意识到此时正是削弱王导和琅邪王氏的大好时机。

不过有意思的是，在确定庾亮实际执政的同时，司马绍原定的七人辅政班底也被调整为三人，而王导还是赫然在列：

以司徒导录尚书事，中书令庾亮、尚书令卞壶参辅朝政。

根据这个安排，王导似乎依然主管政务，位居首辅，庾亮和卞壶则是作为助手来配合工作，因为他们的责任是"参辅"，参与辅佐。

录尚书事本是实质意义上的宰辅，地位远高于中书令和尚书令。司马睿时代，王导就曾任录尚书事，后遭忌惮，才被免除了这个职务，现在他似乎又重新回到了权力的顶峰。

不过根据前文分析，我们知道这更像是对王导的一种安抚。录尚书事地位虽高，但更多是一种总揽全局、监督百官的身份，不像中书令、尚书令具体执行政务。实际的权柄还是在庾亮手中，所谓"事之大要皆决于亮"。

那么王导对此有何感想呢？或者说他是否曾采取必要的应对措施？

翻开《资治通鉴》，其中有这样一条意味深长的记载，说新帝登基，群臣献玺那日，王导竟托疾不至。

群臣进玺，司徒导以疾不至。

按照礼法，这一天百官要齐聚大殿，向皇帝献上玉玺，以示对他帝位的认可。因为兵荒马乱之际，传国玉玺失踪，群臣此时手中拿的并不是从秦朝传下来的正统认证，但这个仪式也至关重要，甚至可以说，正是因为没有传国玉玺，眼下的这个仪式才比以往更加重要，是建立新王朝合法性的关键。

但如此重要的场合，王导竟然没有出现。

这实在是出人意料的事情，以致尚书令卞壶，正统的儒家知识分子，礼法的捍卫者有些出离愤怒。他当着百官的面大声质问：

王公岂社稷之臣邪！

王导这样算得上是忠心社稷的大臣吗？

现在死去的皇帝没有下葬，新皇帝还没有登基，人臣怎么能因病请假呢？

确实，这实在是难以理解的事情。

王导并不是病到完全无法上朝的地步。根据记载，在卞壶发出质问，消息传到王导府邸后，王导从床上爬了起来，"舆疾而至"，抱病乘轿，匆匆忙忙赶到了朝堂。

王导以往给人的印象是谨慎、谦退，几乎难以想象他会做出如此傲慢，甚至无礼到会激怒群臣的举动。

一个可能的猜测是，他在借故发泄自己的不满。

需要特别注意的是，这件事发生在闰八月二十六日，而公布庾后听政、庾亮掌权则是之后的九月十六日。

也就是说，王导的不上朝不是在明确知道自己被排挤后的事后报复，而更像是一种事先的震慑。因为公布太后听政虽然是在九月十六日，但这种大事自然有一个谋划和反复商讨的过程，或者是在新帝登基的八月二十六日前已经决定，或者是在登基后很快就确定了下来。

王导政治经验丰富，政治嗅觉又极其敏锐。他对种种痕迹当会有所察觉。他不一定能猜到新帝登基后的具体权力结构，但不难预料到自己会成为被忌惮、被削弱的对象，而庾亮会成为那个实际掌权的人。

他的不上朝，很可能就是故意向庾亮兄妹摆出一副不合作的姿态。

当司马宗、虞胤试图谋废大臣时，庾亮和王导有过短暂的合作。但在新帝即将登基的时候，作为帝舅的庾亮如果没有必要，不会有跟王导分享权力的打算。毕竟王导和他的家族背负有两次谋逆的历史包袱，先帝司马绍对王家的疏远和打压也是众所周知的。

何不就此机会将王导和他的家族边缘化呢？

王导不得不怀疑庾亮会有这样的打算。如果他此时什么都不表示，庾亮很可能顺水推舟，在接下去的权力分配中，忽视王导和他的家族。

于是他选择了率先出击，防患于未然。

当然，这很可能适得其反，授人以柄。但他的底气在于，庾亮如果想要稳定大局，平稳度过眼下的关键时刻，就不得不寻求王导的合作。因为没有谁可以否认和无视王导的功勋和威望。

这很可能是在明确庾亮执政后，王导依然能得到辅政首席位置的原因所在。虽然只是一个安抚，权力也是名义上的，但留有一线生机，就有死灰复燃的可能。

如果以上这个推测成立的话，我们就能看出王导应对的吃力，甚至是狼狈，以致他不得不以不上朝为震慑，逼迫庾亮和朝廷给自己留出一个位置。这实在是无可奈何的事情，在王敦死后，他缺少足够的军事支撑，个人声望也蒙上了阴影。

他不可避免地意识到接下去会是庾亮的时代，至少在短期内会是如此。

第八章
知常为明

◎ 流民帅与部曲

庾亮终于走到了权力的台前，被万众瞩目。但执政从来不是一件容易的事情，他很快就遭到了来自边疆镇将的挑战。

率先发难的是驻军寿春的豫州刺史祖约。

他上表朝廷，要求"开府"的权力。这是一种相当重要的特权，享有者能够组建自己的幕府，挑选和任命僚属，相当于有了自己的小政府。

在祖约看来，这是自己应得的回报。不过根据实际情况来看，他似乎高估了自己的地位。他并不是一个重要的人物，重要的是他那个声名卓著的哥哥——北伐名将，悲剧英雄，成语"闻鸡起舞"的主角祖逖。

司马睿时代，祖逖渡江北伐，将一千多人的弱旅发展成一支能够推进到黄河流域的复国大军，无奈时不我予，忧愤而亡。朝廷倒不怎么在乎祖逖的北伐大业，但却舍不得他留下的那支军队。不过魏晋时期，军队与将帅之间羁绊较深，与其说隶属于中央朝廷，不如说更像是将帅的私人部曲。朝廷不便直接插手，只好让祖逖的弟弟，当时在京都建康任职的祖约北上接管。

王敦第二次叛乱时，朝廷让祖约南下勤王，祖约不怎么积极，只从今河南一带南渡淮河，抵达寿春（今天的安徽寿县），将王敦原来任命的淮南太守等地方官驱逐，自己占领了这些地方。

战后，朝廷论功行赏，祖约封侯，占领寿春的事实也得到官方认可。既然来了，那你以后就守住这个地方，"为北境藩捍"。

祖约就顺势提出了开府的要求。自己兄弟俩为朝廷鞠躬尽瘁，要求开府并不过分吧？

但奏表到了庾亮手里，他并不这么想。

两汉时唯有三公、大将军才有资格开府。后来战争频发，朝廷需要大将出外征讨或者镇守地方，于是有了重要的四征、四镇将军，他们也获得了开府的特权。

根据《资治通鉴》记载，祖约的军号为"平西将军"，在四征、四镇之下，原没有开府的权力。所以注解《资治通鉴》的胡三省也认为祖约是不自量力，质问他说"约平西将军耳，乌得望开府邪"。

小小的平西将军，如何敢奢望开府？

不过胡三省大概率搞错了，此时的祖约已经因为参与平定王敦之乱而"进军号为镇西将军"，属四镇之一，从理论上来说是有资格开府的。

但庾亮还是犹豫，因为他知道祖约此请不过是在有意发泄不满。

事实上，在提出开府要求前，祖约还有更加大胆的想法，希望能进京辅政。根据《晋书·祖约传》的说法，祖约自认为"名辈不后郗、卞"，就是不管在声望还是辈分上都不落后于郗鉴、卞壸，本该有参与辅政的资格。

但他显然高估了自己的地位。在皇帝和执政的世家大族看来，他不过是又一个流民帅而已。当初以他接管祖逖的部曲，不过也只是希望他为南边的建康守住淮河一线，抵御南下的胡人铁骑。所以不管是司马绍的临终安排，还是后来庾亮调整后的辅政班底中，都没有祖约的位置。

第八章　知常为明　143

如果细看《晋书·祖约传》，就会发现祖约遭人轻视可能还有另外一个原因——惧内。《晋书》或许觉得这件事很重要，花费了大量笔墨。

约妻无男而性妒，约亦不敢违忤。

祖约妻子没有为他生出儿子，但生性好妒。或许正是因为无子，妒忌才越发严重：不准他找小妾，不准跟其他女人有染。祖约也不敢说什么，只在外悄悄偷腥。有次"夜寝于外"，"忽为人所伤"。《晋书》说"疑其妻所为"，这是笔下留情。其实当时人们，包括祖约自己都认为是妻子派人干的。

这件事直接影响到了祖约的仕途，以致他不得不上表辞去官职。这在今天看来或许有些莫名，但当时人的逻辑是这样的：

其一：修身齐家，然后治国平天下。如果连自己妻子都管理不好，如何能管理天下？当时的司法官员就弹劾祖约"变起萧墙，患生婢妾"。

其二：身体发肤受之父母，不敢毁伤。而祖约妻子当时下手应该还挺重，以致祖约"身被刑伤"，这又是不孝，自然也不能继续为官。

其三：朝廷官员要求体面，要长相漂亮，姿态优雅，魏晋尤其如此。祖约受伤后再位列朝堂，不仅有碍观瞻，还有损朝廷威严。

祖约后来虽然被仁厚的司马睿宽恕，但他的名望还是受损，不得重用。直到他兄长祖逖功败垂成，悲愤而死，朝廷需要一个祖逖的亲人北上笼络部曲时，他才受命北上领兵。

祖约似乎还没有意识到朝廷对自己的定位，或者说正是因为感受到了朝廷的轻视而愈加不满。在被排除在执政班底之外后，他很快又提出了开府的要求。这既是索要权力，也是对新执政的挑衅。

庾亮表示自己会认真考虑，不过认真考虑的结果就是又拒绝了。

既然没有同意你的第一个要求，也就不能答应第二个，否则就是示弱了。我们甚至可以想到，在拒绝祖约时，庾亮是会发出一声轻笑的，毕竟庾亮向来以治家严肃齐整出名："风格峻整，动由礼节，闺门之内，不肃而成"。

但祖约没有罢休，他继续上表，提出了更多的要求，又一一被拒绝。《晋书·祖约传》说他"诸所表请多不见许"。

对于祖约的要求，庾亮一概采取了强硬的拒绝姿态。

祖约"遂怀怨望"。

庾亮你也太不给脸了。

很快，另一个流民帅苏峻也流露出对庾亮的轻视。

这个原本不受朝廷重视的流民帅在平定王敦之乱中发挥了至关重要的作用，事后得封公爵，领兵驻扎历阳。这个关键的军事重镇位于今日的安徽和县，扼守长江北岸，历来是北方军队南渡长江的关隘。当年孙策就是由此渡江，荡平江东。

苏峻能以流民帅的身份驻守此地，说明他在一定程度上得到了朝廷的认可和尊重。但也正是这一点让他逐渐骄傲起来，自以为有功于国，于是"颇怀骄溢"。

根据《资治通鉴》的记载，他不满足于现有兵力，招纳亡命之徒，"众力日多"，超出万人。这支庞大的部队效忠的是他个人，但却需要官方供养，以致输送粮食的船只绵延不断。

苏峻的猖狂有他骄傲个性的使然，但也能看出他对新执政的庾亮的轻视，何况他所在的历阳比祖约的寿春更接近京都，这让他可以没有障碍地顺长江东下，径取建康。

庾亮做出了相当强硬的回击：以温峤都督江州诸军事，同时领江州刺史，作为掣肘。江州位于长江中游一带，主管范围包括今日江西、福建。如果苏峻从安徽和县发兵攻打建康，温峤就可以从江西攻他后背。

温峤与庾亮关系密切，不仅在朝廷大事上方向一致，也有极好的私交。根据司马绍临终的安排，温峤原本是辅政之一，但在庾亮执政后，温峤被排除在外。温峤接受了这个安排，并在庾亮受到地方侵逼的时候出手相助。

不过庾亮的心里还是不踏实，又下令修复在王敦之乱中遭到破坏的京都防守要地石头城：加高城墙，储备更多的粮草和器械，摆出一副积极备战的姿态。

◎ 不知常则妄，妄则凶

执政后的庾亮似乎改变了谨慎的作风，突然变得强硬起来，甚至是反应过度。他本没必要这么做。因为在司马绍的遗诏中，原本有安抚藩镇的要求。在幼帝登基，人心惶惶之际，他本应该尽量稳住祖约、苏峻这样的边镇悍将，而不是针锋相对，激化矛盾。

《资治通鉴》对此的解释是，庾亮执政后采取"任法裁物"的姿态。

"任"是凭借的意思，"法"是律令。

就是说庾亮执政后，一改王导宽厚优容的策略，决定学习法家手段，严刑峻法，以加强集权。我们前文曾提到，士族出身的庾亮，原本并不支持司马睿父子以法术加强皇权或者说中央朝廷的权力。

但在以外戚身份执掌权力后，事情发生了变化。外戚的权力本就衍生于皇权，不像王导那样依托的是世家大族与皇权共治的门阀制度。权力的来源决定权力运作的思路，庾亮以严苛的律法来压制藩镇，加强皇权也就可以理解了。

不过政治理念层面的解释还是过于僵硬和表面，如果我们深入庾亮的内心世界，或许可以看出，他的强硬或许不只是执政理念的转变，更有内心深处的恐惧和不安。

他没有因为权力的扩大而变得自信，而是恰恰相反，骤然获得大权带给他强烈的不安。因为不论是个人功勋，还是家族背景，他都与王导相差极大。一个明显的证据就是，在魏晋这个重视门第，评论人物基本要追溯父祖官职、功勋的年代，《晋书》中竟然没有留下庾亮祖父的名字。

他的父亲庾琛倒是有明确的记载，但在《晋书》中也只有百字不到：

庾琛，字子美，明穆皇后父也。永嘉初，为建威将军。过江，为会稽太守，征为丞相军咨祭酒。卒官，以后父，追赠左将军。

加上标点符号，也才55个字。

根据这个简短的介绍，我们知道他在永嘉之乱时转为会稽太守，有机会避开中原动乱，带着子女来到了相对安宁的江东。因为这个机缘，南渡的司马睿才有机会征召庾琛、庾亮父子，并为司马绍迎娶了庾琛的女儿庾文君。

不过庾琛在司马睿军府中应该没有太大的作为。他的职位是军咨祭酒，为首席军师。或许是能力有限，他没有提出太多建设性的意见，官职不见提升，东晋初的历次大事件中也没有看到他的身影。他最后默默死在官位上。

庾亮自己在前期也没有太多亮眼的表现，当他的妹夫司马绍与王敦抗衡时，他甚至托病辞职。由此我们可以放心地说，庾亮以及之后庾氏的崛起，很大程度上是源于外戚的身份。

在内心深处，庾亮是不那么自信的。早在几年前拒绝帮助司马绍抗衡王敦时，庾亮就说过这样一段话：

至于外戚，凭托天地，连势四时，根援扶疏，重矣大矣。而或居权宠，四海侧目，事有不允，罪不容诛。

外戚凭借着和皇室的血缘关系飞黄腾达，往往遭四海侧目。但凡露出破绽，就罪不容诛。

何况他依托的皇权本就脆弱不堪呢？

司马绍与王敦相持时，他尚能清醒地意识到外戚根基的薄弱，尽量避开权力的争夺。但在司马绍遽然薨逝、新帝幼弱的历史机遇面前，他还是难以遏制，怦然心动地奔向了最高权力。但等真正走到舞台中心的时候，他又害怕起来。

他没有足够的功勋和威望，他的家族在江东也缺乏深厚的根基。以如此薄弱的基础突然执掌最高权力，或许用梁武帝萧衍的一句话来概括最为合适：

朕之今日，所谓懔乎若朽索之驭六马。

今日之我战战兢兢，就像在用朽烂的绳索驾驭奔腾的六马。

说这句话时的萧衍刚刚以强大的武力逼迫前朝禅位，荣登大宝。但在回家的路上，他已经感受到驾驭最高权力时的心惊肉跳。庾亮没有萧衍的文治武功，恐惧之深恐怕也远远超过了萧衍。

缺乏自信让庾亮紧张不安，他像是高度紧绷的夜鸟，面对些微的挑战，就突然做出僵硬激烈的对抗。

《老子》说：**知常明也。不知常，妄。妄作，凶。**

通晓事物运作的逻辑，谓之知常。不知常，就容易妄为，而妄为，很容易引发危险的局面。庾亮执政经验有限，紧张和不安让他自己进退失据。这种不安很快像涟漪一样层层荡开，感染到朝野群臣。时人已隐隐意识到大难将至。

在温峤离开京都时，接任丹阳尹（相当于首都市长）的阮孚就私下对亲近的人说：

今江东创业尚浅，主幼时艰，庾亮年少，德信未孚，以吾观之，难将作矣。

江东草创未定，主上年幼，时代艰难，庾亮又不是那个能深孚众望的人，大难将至了！

聪明人如阮孚等总是能一眼看穿问题，预料先机，但这不代表他会劝阻矫正庾亮。因为很多时候也劝阻不了。再说了，如果灾难真的爆发，他也不是最终的负责人与承受者。他不用担心太多，他选择了避难。

《资治通鉴》记载说，他上表要求出任广州刺史。

广州远在岭南，崇山峻岭，瘴气弥漫，但总好过在京都受战乱之苦。

想走的走了，留下的则继续一条路走到黑。庾亮继续执行强硬的政策，试图压制来自长江上游的威胁。

据史书记载，荆州的陶侃也对庾亮不满，认为当初司马绍死时曾下令奖励边疆刺史、将领，但庾亮将他的名字删除了。

陶侃威望、功勋都在祖约、苏峻之上，但庾亮也没想过要与他握手言和。他任温峤为江州都督，除了防备苏峻，也是要阻止上游的陶侃挥兵东下。

京都与地方的猜忌和嫌隙越来越深，似乎有局势不断紧张，大战一触即发的事态。

只是谁也没有料到，动乱先从京都内部爆发了。

当年十月，掌百官监察的御史中丞突然举报司马宗谋反。

早在司马绍临死之际，司马宗与庾亮的关系已经高度紧张。庾亮执政后，将他排斥在权力中枢之外，给了一个骠骑将军的虚职，虽是二品，但并无实际权力。而在此之前，司马宗官居左卫将军，掌握着一支敏感而又极为重要的禁军。

《资治通鉴》记载说"南顿王宗自以为失职怨望"，因为被解除禁军权力，心怀怨望。不过他最终走向以武力对抗庾亮，则是因为庾亮准备对苏峻下手，而司马宗"素与苏峻善"，与流民帅苏峻一直关系要好。

历史没有记载他这个宗室藩王如何与流民帅苏峻相识相交，但根据《晋书·司马宗传》，我们可以知道两人有相似的个性，或许这是他们成为密友的原因所在。

宗与王导、庾亮志趣不同，连结轻侠，以为腹心。

司马宗与王导、庾亮这些士族不一样，喜欢招募亡命之徒，作为心腹。"轻"原指轻生重义，"侠"是侠士。但在眼下大乱之世，大多指的是没有田地，或者无固定职业的浪荡子弟，轻生忘死，一怒而血流五步。

以此看来，司马宗与其说像个王爷，不如说更接近苏峻这样的流民帅，甚至是聚啸山林的盗匪。事实上，当年南渡之初，司马睿曾让司马宗与哥哥司马羕在江北统兵，抵御胡人。但兄弟俩却招揽亡命之徒，沿江抢劫富户与商旅。

或许因为这种作风，在苏峻当年入京勤王的时候，司马宗与他惺惺相惜，成为挚友，在苏峻出镇历阳后，两人也一直保持联系。

藩王结交外臣，历来就是极其敏感和危险的事情。当庾亮在防备苏峻的时候，他不得不担心司马宗有可能跟苏峻里应外合。于是他决定先对司马宗下手，"欲诛之"。

司马宗对此也早有防备，准备在庾亮动手之前先发动兵变，"欲废执政"，废掉执政的庾亮等。为了实现这点，他应该聚拢了更多的亡命之徒，以及修缮兵器，因此露出痕迹，被御史中丞发现，上报了朝廷。

庾亮没有丝毫犹豫，他原本就有动手的渴望，现在司马宗又提供了极好的借口。他下令让右卫将军赵胤前去逮捕司马宗。

司马宗没有就范，既然事情败露，那就开打吧。他以招纳的心腹和王府中的卫士与赵胤的军队开战，纷争在京都点燃。不过亡命之徒终究不是正规军的对手，司马宗的部队很快败下阵来。按照常理，这个时候可以逮捕司马宗了，送交司法审讯，然后再奏请皇帝定夺，毕竟他是宗室，还曾受到先帝重用。但庾亮不准备这么麻烦，他直接砍掉了司马宗的脑袋，事后也没通知皇帝。

他还将司马宗的三个儿子贬为庶人，妻子流放。更残酷的是，他直接将司马宗这一支开除宗室，"贬其族为马氏"。

你的后代还有什么资格姓司马呢？统统改为马姓吧！

司马宗的哥哥司马羕也受到株连，封爵降级，贬为县王。原来与司马宗关系密切的虞胤也从大宗正外放为桂阳太守。桂阳在今湖南南边的郴州，在当时还是开发有限的边荒之地。庾亮终于报了当年的一箭之仇。

王导执政时，以宽宏为本，尽力维持各大势力间的微妙平衡，极少痛下杀手，即使要做，也是假托他人之手。但庾亮似乎没有这么多顾忌，下手狠辣迅疾，令人咋舌。时人都感到惊恐和不安。

《资治通鉴》记载说：**宗，宗室近属；羕，先帝保傅。亮一旦翦黜，由是愈失远近之心。**

司马宗兄弟都是宗室近亲、晋王朝基业奠定者司马懿的孙子。司马羕更是司马睿留给司马绍的辅政大臣，庾亮却不留任何情面，痛下杀手。这不禁会让时人想起当年的八王之乱早期，也是外戚与宗室残酷争权，将西晋王朝闹得分崩离析。司马宗兄弟的父亲司马亮也是死于其中。

历史并未远去，今人又有重蹈覆辙的迹象，朝野惶惶，心惊胆战，对执政的庾亮也就愈加失望。

但庾亮还是没有停手的意思。因为在司马宗死后，他的一个党羽逃到了历阳苏峻那里，请求庇护。双方有合流的危险，庾亮不得不防。或许是为了试探苏峻的心意，他以官方的身份下达指令，要求苏峻将那个人交出来。

苏峻拒绝了。

局势再度紧张起来。

不过幸运的是，这个时候皇帝出面了。

有一日庾亮在皇帝寝殿，年幼的外甥问：**常日白头公何在？**

司马宗一头白发，分外醒目，但皇帝意识到自己很久没看到他了，于是就问负责朝政的舅舅。

原来诛杀宗室、贬黜大臣这样如此重大的事情，庾亮都没有通知皇帝，更不用说得到许可。他私传诏令，决定一切，事后也不认为应该告知皇帝。

现在突然被问，庾亮只好掩饰道：司马宗谋反，已经被杀了。

根据南梁时期的一本类似《世说新语》的杂记作品《小说》记载，庾亮的回答更具体：

党峻作贼，已诛。

司马宗与苏峻结党谋反，已经被诛杀。

史书记载说，皇帝听到这句话后，突然流下泪来。"帝泣"。

这泪水颇值得揣摩，其中有对司马宗的怜惜，毕竟他们是一家人。但更多的恐怕是恐惧。皇帝从去年登基，至今已超过一年，但生杀予夺，不由自主。他虽然只有六岁，但帝王家的孩子毕竟比旁人早早见识到权力争夺的丑

第八章　知常为明

陋和残酷，更早意识到舅舅庾亮的言行意味着什么。

于是他轻轻说出了这样一句话：

舅言人作贼，便杀之；人言舅作贼，当如何？

舅舅说人谋反，就杀了他；如果有一天有人跟我说舅舅谋反，又当如何呢？

言语之中，已经有了杀气。

《小说》补充说，当皇帝说出这句话时，太后庾文君也在旁边，以牙尺打帝头云：**儿何以作尔语？**

你怎么能对舅舅说出这种话？

根据《晋书·后妃传》的记载，不到三十岁的庾太后"以德行见重"，恐怕也跟兄长庾亮一样严肃。她在丈夫早早死去后独自抚养幼子，为儿子的未来担忧，不免教子极严，对其有很强的掌控欲。《晋书》说她"持尺威帝"，常拿尺子吓唬皇帝。

同时不难想象，庾文君在管教皇帝的时候会常常跟兄长求助，甚至是以兄长的名义吓唬、恐吓皇帝。就像明朝时，李太后就常常以张居正的名义恐吓年幼的万历皇帝："你这样做，万一让张先生知道了怎么得了？"

妹妹对皇帝的掌控成为庾亮强势执政的底气，这是他敢不通过皇帝就擅杀宗室的原因所在。

不过皇帝正在逐渐长大，对母亲、舅舅的管控可能没有那么心服口服。当被庾文君敲打后，他并没有道歉，而是"无言，惟张目熟视"。

一言不发，睁大眼睛，直直地盯着庾亮。

这个时候的庾亮才感到后背一阵发凉。

史载：**亮惧，变色。**

到了十一月，一起突然发生的边疆战事给了皇帝继续敲打庾亮的机会。

《资治通鉴》载，后赵石聪（后赵开创者石勒的养子）领兵南渡淮河，骚扰淮南一带，杀掠五千余人。石聪连杀带抢，卷走了东晋五千人口。建康震动，于是"诏加司徒导大司马、假黄钺、都督中外诸军事以御之"，几乎将京都的兵马大权全部交给了王导。

此时执政的依然是庾亮，但得到征伐大权的却是王导，而且从"诏加"一词可以看出，这是皇帝本人的意思。当然皇帝年幼，诏令能够执行下来，说明得到了其他大臣，比如负责起草诏书的中书监、中书令的支持。这意味着上自皇帝，下到群臣，都表达了对庾亮的不信任。

关键时刻，他们想要求助的还是王导。

当然，王导也不至于要亲自领兵奔赴淮河前线，他只用带着京都大军驻扎到西南郊区的江宁一带，做出积极防御的样子即可。最后真正驱逐石聪军队的，是驻扎历阳的苏峻。"苏峻遣其将韩晃击石聪，走之。"

苏峻在遭到朝廷猜忌时主动发兵讨贼，一方面是他距离胡人骑兵更近，首当其冲，有自保的必要；另一方面，更多的恐怕也是向朝廷表达自己的忠诚——即使被你们忌惮，我也愿策马前驱，保家卫国。

田余庆先生在总结东晋门阀政治的分工时，有个精彩的判断：皇帝垂拱，士族当政，流民出力。

魏晋时代，掌握政治合法性的是王导、庾亮这样的士族。苏峻等流民帅即使强兵在手，也很少有突破阶层壁垒，以下犯上的机会。毕竟政治总是高于军事的。即使强行作乱，也很难得到广泛支持，会不可避免地走向兵败身死的悲剧。他们最好的选择，依旧是辗转疆场，为世家大族效鹰犬之劳。

这次的军事行动就很好地证明了这一点。

执政者要做的，就是维持这个模型。

庾亮似乎从中得到了一定的教训，或者说意识到继续强硬，很可能会给王导复出的机会。于是他暂时退让，稍微放缓了集权的节奏，没有继续逼迫苏峻交出司马宗的党羽。

但遗憾的是，这份平静只维持了一年不到。

咸和二年（公元327年）十月，冬季来临的时候，庾亮又开始不安。

庾亮以苏峻在历阳，终为祸乱，欲下诏征之。

庾亮认为苏峻占据历阳要地，终究会成为祸害，想要征召他入朝。

将在地方坐大的悍将征召入朝，授予闲职，剥夺军权，是魏晋南北朝时期执政者常用的手段。当年司马绍登基后，也试图征王敦入朝。

地方悍将也心知肚明，往往拒绝，如果朝廷逼迫过深，他们很可能领兵反抗，引发玉石俱焚的结局。

对此也有担心的庾亮这次稍微谨慎了一些，在做出最终决定前，他认为有必要先问问王导的意见。

◎ 卓越的领导，要接纳他人的毛病

在庾亮执政的这两年中，王导出头露面的机会很少。这不禁会让我们好奇，当庾亮改变他宽厚的政策风格，对苏峻、司马宗等步步紧逼的时候，王导作何感想。毕竟他不可能真正撤退，在静默中也必然保持对时局的观察。

《晋书》中有这样一条很有意思的线索，那就是当庾亮决定逮捕司马宗时，派出去执行这个任务的，是赵胤。

而赵胤，与王导和琅邪王氏都牵绊极深。

赵胤出自淮南武将世家，他的父亲赵诱军功卓著，深得王敦器重。当年王敦沿着长江一线平定江州、荆州时，赵诱始终跟随左右，屡建功勋，并受命镇守至关重要的武昌。当他后来战死荆州的时候，王敦"甚悼惜之"，上表追赠他为刺史。

父亲死后，赵胤又加入王敦麾下，再立战功。

门阀时代，武将与总督一方的都督有很强的依附关系，甚至可称为都督的"私人"。赵胤父子两代，包括赵胤的一个哥哥都效力于王敦帐下，可见他们关系之深。或许正是出于这个原因，赵胤后来又被王导"引为从事中郎"，成为王导司徒府中的重要幕僚。

历史没有记载赵胤转入王导府中的具体时间，大概率是王敦第二次叛乱失败之后，幕府解体，王导乘势吸纳了其中的优秀人才。当然，这是猜测，但可以明确的是，赵胤很快得到了王导的重用。《晋书》说，在司马绍死后，宫中禁军系统调整的时候，赵胤担任了重要的右卫将军。

左、右两卫带兵守护皇帝日常处理政事的大殿，位置极其敏感。司马绍防备王导、庾亮时，就曾以司马宗、虞胤分掌左右卫两军。

赵胤得以领右卫将军，应该是王导运作的结果。

那么问题就来了：在诛杀司马宗这么重要的任务上，庾亮为何用了王导的人？

《晋书·赵诱附赵胤传》曾记载说：**南顿王宗反，胤杀宗。于是王导、庾亮并倚仗之。**

司马宗谋反，赵胤杀之，在这之后，王导、庾亮都很器重他。

这个"于是"尤其关键，意味着是在赵胤杀死司马宗之后，庾亮才"倚仗之"。这说明赵胤之前与庾亮可能并无深交，历史中也没有相关记载，他更多的还是王导的"私人"。

那么庾亮让他执行这么敏感的任务，只能说明这件事得到了王导的许可，或者至少是默许。这也意味着，在应对司马宗谋反这件事上，王导是支持庾亮的。

如果细翻《资治通鉴》，我们还会发现当庾亮对苏峻采取对抗姿态时，王导也是做了配合的。

据载：庾亮在出温峤为江州刺史的同时，以"尚书仆射王舒为会稽内史（相当于太守），以广声援"。

将王导的堂兄弟王舒外调为会稽内史，作为外援。会稽在今浙江绍兴一带，为三吴要地。这里的粮草、兵源供应对建康极为重要。所以每有军事行动，这里都会成为必争地带。

第八章 知常为明 155

根据以上两个证据，我们似乎可以得出结论，当庾亮强势执政时，王导都做了积极的配合，甚至是亦步亦趋。

或许正是因此，庾亮才会去征求王导的意见，想要继续得到他的支持。但出人意料的是，王导没有同意，而且态度相当坚定。

峻猜阻，必不奉诏。

王导说苏峻这个人与我们隔阂很深，相互猜忌，一定不会受诏来京。

为了进一步说服庾亮，王导又说"山薮藏疾，宜包容之"。

"薮"（sǒu），长了很多杂草的湖泽。"疾"，则是致疾之物。

山间湖泊广大深远，难免有惹人生病的东西，应该包容它。因为越大的生态系统，越有自我净化的能力。就像越是深沉宽宏的人，越能理解、消化他人的毛病。

王导是想告诉庾亮，苏峻的猖狂不法不会影响到整个王朝的稳定，何苦大惊小怪。如果你用力抓挠，反而导致事态恶化。

这是王导一贯的为政态度，深谙《左传》中的一句话：**国君含垢，天之道也。**

卓越的领导者要能接纳他人的毛病，比如一定程度的私心和性格缺点，而非骄傲于一己之聪明，明察秋毫，容不得臣下一点错误和毛病。太过刻薄寡恩，又如何能赢得他人的合作与支持呢？

遗憾的是，庾亮没有听进去。

《晋书·王导传》说王导"固争不从"。王导反复劝说，但庾亮都没有听从。

可怜的庾亮，如果此时的他能够稍微清醒一点，他就会发现王导从来没有改变自己"镇之以静"的为政风格。那么他就应该想到，王导之前的两次配合很可能就别有图谋。

比如诛杀司马宗。

王导跟他本来就属敌对阵营，司马宗曾经试图支持先帝谋废大臣。而当他决定起兵谋反时，也是准备"废执政"，其中也必然包括王导。所以王导支持庾亮杀人，更多的是出于利益自保。庾亮应该知道王导虽然宽和，但每到关键时刻需要借刀杀人时，他从来没有犹豫过。

至于以堂兄弟王舒出任会稽内史，就更加暧昧可疑了。

当年司马绍在削弱琅邪王氏时，曾试图将王舒调离荆州要地，外放为广州刺史。但在王导的运作下，王舒得以出镇湘州。

不过根据上文"尚书仆射王舒为会稽内史"，我们知道他此时的身份是"尚书仆射"，而非湘州刺史、都督。这说明朝廷还是不放心，又将他征召入朝。尚书仆射虽然官品更高，但实权远不如镇守一方的都督。

历史没有记载王舒被征入朝的具体时间，但《晋书·王舒传》中有"征（王舒）代邓攸为尚书仆射"这样一条线索。

邓攸，东晋大臣，死前任职尚书仆射。他死于庾亮执政后的咸和元年（公元326年）四月。庾亮很可能就是借这个机会将王舒从湘州任上征召回来，以削琅邪王氏之权。

王导是不能接受这一点的，他当年苦心孤诣地保住王舒的湘州军权，就是给家族在地方留下一个强大的外援。

所以，我们完全可以推测，王导以王舒出任会稽内史，更多还是出于家族利益的谋划。只不过他做得巧妙，在庾亮需要对付苏峻的时候，他因势利导，在不动声色中完成自己的布局。

《晋书·王舒传》载：**时将征苏峻，司徒王导欲出舒为外援，乃授抚军将军、会稽内史，秩中二千石。**

王舒外出完全是王导的主意，而且为了加强他的权力，让他能领导地方军事，王导还通过朝廷授予了他"抚军将军"的军号。他的俸禄也超过了一般太守、刺史的二千石，为"中二千石"。

不过意外的是，王舒拒绝了这个任命。

舒上疏辞以父名。

古人讲孝，对于父母名讳口不能言，笔不能写，是为"避讳"。而王舒的父亲叫王会，与"会稽"的"会"同字。他若去会稽任职，指导公事，与属下会谈，难免会念到这个字，所以万万不行。

但实际上，"王会"的"会"（念huì）与"会稽"的"会"（念kuài）念法不同，不存在避讳的必要。王导也说"字同音异"，没事，去吧。

王舒还是不同意。

他不会不了解王导派他去会稽的用意，但可能正是因此，他才各种找借口拖延。因为他不想再被卷入权力的旋涡之中。

从王敦第二次叛乱开始，王舒的官职就不断变化，或征召入朝，或外放刺史，像洪流中的一艘孤舟，摇摆不定，全不由己。这种夹缝中求生存的恐惧让他厌倦了。虽然作为琅邪王氏子弟，他原本有责任协助王导，维持家族权力不衰，但他是个意志相对软弱的人，不适合剧烈变化的时代。他只要能保住自己这一支就够了。

但王导不允许这样的事情发生。在以王舒出任会稽这件事上，他表现得相当坚决。当王舒以"音异而字同"继续拒绝任命的时候，他让朝廷直接修改了郡名，将"会稽"的"会"改为"郐"。现在字不同，音也不同，总行了吧？

王舒不得已而行。

他不知道的是，王导的这个安排，不管是对琅邪王氏还是平定苏峻之乱，都至关重要。

《晋书·王导传》对王导有个非常精准的评价：**善于因事，虽无日用之益，而岁计有余。**

擅长因时成事，在不动声色中埋线布桩，短时间内看不出效果，但到时机成熟，一张大网赫然出现。

当舞台中央的庾亮大刀阔斧，四处出击的时候，暗处的王导正在借势布局，织出一张大网。而且让人想象不到的是，他最为关键的一步还不是对王舒的安排，而是对郗鉴的拉拢。

《晋书·卞壶传》中有一条经常被忽略的记载：

是时王导称疾不朝，而私送车骑将军郗鉴。

王导托病不上朝，私下却为郗鉴送行。

这件事发生在新帝登基后的第二年六月，郗鉴外放为徐州刺史，从京都离开的时候。事情曝光后，卞壶大怒，上奏弹劾王导"亏法从私，无大臣之节"，认为应该罢免他的一切官职。

王导明明没病，却拒不上朝，这是对皇帝的蔑视，按《晋律》，是"不敬"之罪，理该罢官。不过卞壶如此愤怒，以至于还要追究没有揭发王导罪过的司法官员的罪责，很可能是他看出了王导结交外臣的嫌疑。

中枢朝臣结交藩镇外将，本就是极其敏感的事情。如果王导当真有意拉拢军功卓著的郗鉴，那么卞壶抑制琅邪王氏、主张皇权的努力就付诸东流了。

遗憾的是，他的怀疑没错。王导确实在一步步拉近与郗鉴的关系。

这乍看起来是有些难以令人置信的，因为在王敦乱平，司马绍削弱琅邪王氏时，郗鉴多次表达了对这个家族的不满。

其一，他主张追究王敦幕府众人的叛乱责任。

其二，当王导在追赠周札一事上颠倒黑白时，郗鉴曾疾言厉色地质问王导。

郗鉴这种正直不屈、竭诚尽忠的形象，实在很难让人相信他有与王导合作的可能。但在王导看来，事实恰恰相反，他们会是彼此最需要的同盟。

郗鉴有出色的大局观，当年如果不是他提出以流民帅勤王的策略，平定王敦之乱几乎是不可想象的。他还有领兵作战的能力，曾以一己之力，聚拢流民，屯驻四战之地。他本该是朝廷最为倚重的柱石，但恰恰因为出色的个人能力，以及流民帅的身份，他不得不遭受朝廷的轻视和忌惮。

平定叛乱后，他尚书令的职位很快被皇帝司马绍的心腹卞壶接手，他则被外放为青州、徐州、兖州三地都督。看似大权在握，但三州位于淮水一带，早已落入北方游牧民族手中。他虚领三州，不过是继续效犬马之劳。

司马绍临终设置的七人辅政班底中，有他一席之地。虽然安抚多于信任，但郗鉴好歹也因此能从外地回京。但庾亮执政后，很快又将其排挤出去，外放为徐州刺史。

短短几年，几经辗转，或升或降，或进或出，全不由己。郗鉴心中的不甘和苦涩可想而知。而王导在这个时候，冒着"不敬"的罪名为他送行，无异于雪中送炭。

史书没有记载王导和郗鉴在新帝登基初年的交往，但王导能在这个时候做出送行这样相当亲近的举动，说明二人此前已有一定程度的联系。大概率还是王导率先伸出了橄榄枝，而且他相信郗鉴不会拒绝。

郗鉴不是卞壸、刁协那种耿介不知变通之辈，他既工于谋国，也长于谋身。他知道自己被忌惮，更知道自己在讲究门第和出身的这个时代缺少根基。而没有根基，再出色的个人能力也只能让所有势力付诸东流，难以蓄积成池，化鲲为鹏。

他需要同盟，以为根基。环视朝野，可供他选择的有王导，当然还有庾亮。

但他与庾亮没有旧情，恐怕也不会相信他有长久主政的能力。而以庾亮对待苏峻、祖约等流民帅的所为，郗鉴也很难相信庾亮会多么看重自己。

但王导就不一样了，他虽然在两次王敦之乱中有不臣之举，但他维持大局稳定的决心和能力，是被郗鉴看在眼中的。

他们在局部问题上会有冲突，但好在两人都足够清醒，能看到他们在大是大非，以及个体利益上的契合。一个出身豪门，执掌中枢，需要有力的军事外援；一个在外带兵，能力出色，但需要强大的家族背景。这几乎是天作之合。

当然，现在两人的盟友关系还在酝酿阶段，开花结果还为时尚早。对王导来说，这样就够了，他们都是政治经验极为丰富的熟手，一切都在心领神会之中。

这里还值得一提的是，王导给郗鉴送行这段时间，又是"称疾不朝"。之前新帝登基时，他也是"以疾不至"。王导本来就体弱，晚年尤其如此。看来在新帝登基这几年，他很可能常常托疾养病，隐居幕后，在庾亮等人的目光之外徐徐经营。

或许是王导掩饰得巧妙，或许是庾亮所有的目光和心力都投注在外部的苏峻、祖约身上，以致他没有发现真正的威胁其实一直就在自己身边。

当王导明确阻止他征召苏峻入朝时，他还是没能发现这一点。

好话难劝该死之鬼，慈悲不渡自绝之人。

说的就是庾亮这样的人吧。

第九章
苏峻之乱

◎ 自己有口饭，就要给别人留口汤

《资治通鉴》记载说，在被王导拒绝后，庾亮还是没有放弃自己的打算。他回到朝廷，召集百官，阐释自己必须征召苏峻入朝的理由：

峻狼子野心，终必为乱。今日征之，纵不顺命，为祸尤浅；若复经年，不可复制，犹七国之于汉也。

苏峻狼子野心，早晚作乱。现在趁早剪除，即使引发动乱，也好收拾。再等几年，他在地方坐大，很可能会引发像当年汉朝七国之乱那样的大祸。

当庾亮说出这句话时，想必所有人都感到后背一阵发凉。这意味着庾亮明知可能引发苏峻兵变，还是决定冒险一搏。

关键时刻，卞壶站了出来，坚决表示反对。

他说：**峻拥强兵，逼近京邑，路不终朝。一旦有变，易为蹉跌。**

苏峻所在的历阳逼近京都，一旦大军东下，可朝发夕至。

我们稍微看下地图就知道，历阳与京都建康直线距离不到一百公里，今天甚至可以通过公交车抵达。

卞壶担心的是,还没等京都做好防御,苏峻的强兵就直抵城下。

但庾亮还是"不从"。

《资治通鉴》记载说,当庾亮发言后,除了卞壶,"朝臣无敢难者",其他人都不敢出言反驳。这说明庾亮执政后,不仅对苏峻等边疆流民帅采取了强硬姿态,对京都的大臣也是"任法裁物",高压控制。这可能是庾亮敢于孤注一掷的底气所在。

不过卞壶还是没有放弃,他又连忙给远在江州的温峤写信。因为温峤与庾亮素来交好,他希望温峤能以朋友的身份劝劝庾亮。

他说:**峻已出狂意,而召之,是更速其祸也。**

苏峻本就猖狂,现在征召,不过是加速祸患的到来。

他尤其担心的是朝廷军力不足,"朝廷威力虽盛,不知果可擒不",朝廷看似强大,可真能擒拿苏峻吗?

王公亦同此情,吾与之争甚恳切,不能如之何。本出足下以为外援,而今更恨足下在外,不得相与共谏止之。

王导也同意我的意见。我与庾亮争论激烈,但还是劝不了他。当年放你外出,本是作为外援,现在真后悔你在远方,不能与我一起劝阻他。

卞壶的不安和焦虑在言语中流露无遗。

收到信后的温峤意识到事情的严重,很快给庾亮写信,劝他谨慎。但庾亮应该没回,或者支吾辩解,于是温峤又写信。史书说温峤"累书止亮",多次写信劝阻庾亮。书信就这样在江州和建康之间快马加鞭,往来不止。

庾亮还是"不听"。

从卞壶给温峤写信这个动作,我们还可以推理出一些其他信息,比如最初支持庾亮执政的可能主要就是卞壶、温峤两人。温峤在被挤出辅政班底后依然愿意出镇江州,协助庾亮,一是出于私交,更多的则是他们本就是一个权力网络,即使外放,也不影响他的权力。

第九章 苏峻之乱 163

而卞壸遇到问题后，想到的是求助温峤，意味着两人在处理国家大事上相互信任，观点也趋一致。卞壸说"本出足下以为外援"，可知卞壸在温峤外放江州刺史上也是参与其中的。温峤可能是将卞壸与庾亮联系起来的纽带。当然，庾亮能够接受卞壸，也是因为卞壸忠于皇权的态度能够帮助他抑制王导。

不过不论是卞壸还是温峤，可能都没想到，被他们扶上去的庾亮是如此刚愎自用。

这边还在争论不休，那边风声已经传到了苏峻耳朵里。

苏峻不想入朝，也不想与庾亮开战。他派麾下司马去京都私下拜访了庾亮，提出了一个请求：**讨贼外任，远近惟命；至于内辅，实非所堪。**

如果是在边疆讨贼，不论远近，都听从您的命令；但回京任职，实在不是我能胜任的。

苏峻的意思表达得很明确，如果您担心我在历阳坐大，可以把我调到其他边镇，但若是想削掉兵权，让我回京，实在是不能办到的。他说得很克制，而且他派人私下拜访庾亮，而非直接上奏朝廷，也表明他想缓和跟庾亮的关系。

但庾亮还是拒绝了，"不许"，而且开始调兵遣将，让亲弟弟庾冰出镇吴郡，也就是今日苏州一带。这里是京都的财税、粮草要地，将来战争开打，正需要苏州的供应。同时为了加强京都的防守力量，他还征调远在淮水一线的将领郭默回京防守。

在做好了与苏峻开战的准备后，庾亮正式下诏，令苏峻回京，担任大司农。大司农原本位高权重，掌一国财政赋税，为九卿之一，但后来权力逐渐被其他官员分割，到了东晋，主管财政赋税的是度支尚书，大司农被高高架起，手中已经没多少实权了。

苏峻在朝中本无根基，以他流民帅的身份，也很难插手士族把持的朝政。回京任职，他也就只能休闲养老。对于一个征战四方的将帅来说，无异于侮辱。当然，这还不考虑庾亮有可能在他丧失兵权后痛下杀手。

为了稍作安抚，庾亮将他历阳的部曲交给了他的弟弟苏逸。这是朝廷惯用的手段，就像当初以祖约代管祖逖遗留的部队。

但苏峻没有感受到安慰，他只看到屠刀已经高高举起。在跟庾亮私下难以达成一致后，他这次选择公开上表，向皇帝和朝廷诸公求助。他说我作为流民帅在边疆镇守，是当年明帝（司马绍）拉着我的手亲自授命的。

昔明皇帝亲执臣手，使臣北讨胡寇。

这件事如果发生过，应该就是在王敦第二次叛乱，苏峻入京勤王的时候。那时的他对皇帝和朝廷来说无异于天外救星，皇帝亲自拉着他的手，说些体己话以示拉拢是完全可能的。苏峻现在旧事重提，一是为了感化新皇帝的心，二是表明自己镇守历阳是合法的，是先帝答应了的。

然后他近乎恳求地表明，现在中原未复，留着自己还有一定用处。

今中原未靖，无用家为，乞补青州界一荒郡，以展鹰犬之用。

如果不放心把历阳这么重要的地方交给我，就让我回到青州，那里已经被胡人占据，给我你们也没有损失。如果我能打下来，也是效忠朝廷了。

根据苏峻这两次的表态，我们大概率可以相信他本不会像庾亮之前担心的那样犯上作乱。因为不论是个人功勋，还是出身，他都完全不能与两次作乱的王敦相提并论。他只是一个有一定实力的流民帅，没有执政的合法性。在那个重视门第与出身的时代，苏峻最明确的出路，依然是在世家大族麾下效力，做"鹰犬之用"。

苏峻是一个相对清醒的人，对自己的来路和前景都有自知之明。

根据《晋书·苏峻传》记载，当年永嘉之乱时，苏峻所在的青州一带正是四战之地，有一定家族势力的人往往聚集宗族乡党和流亡百姓以自保，也就是所谓的流民帅。

这些人后来多投靠匈奴人或者羯族人，因为正统的西晋已然瓦解，而司马睿集团致力于经营江东，无暇北顾。这些被抛弃的流民帅和流民为了生存，只能在匈奴、羯族政权之间辗转流浪，苟活片刻。

但苏峻不一样，他一开始就以朝廷的名义招抚流民，"示以王化"，活着的人给他们饭吃，死去的人，收集枯骨，加以埋葬。积极向正统靠拢的做法让他聚集了数千家人口，成为当地最大的一股势力。

当匈奴人试图招揽他时，他拒绝了，带着几千家流民南奔司马睿。当时往南的道路已然不通，有胡族的铁骑、心意叵测的流民帅，还有强盗悍匪，以及瘟疫弥漫。

他就带着这些人口从山东乘船，泛海南渡。那时候的航海条件相当恶劣，技术也不成熟。但在死亡与饥饿的阴影下，他们已经顾不得那么多了，巨浪翻滚，暴雨不时降临，拍打着他们裸露的肌肤、干瘦枯黄的脸。他们最终熬了过来，到了长江北岸的扬州。

司马睿被他的诚挚与忠心感动，"嘉其远至"，但并不准备接纳他们。

因为不论是皇帝，还是世家大族，都害怕流民势力会冲击刚刚建立起来的江东政权，当然，也更不愿意他们来分享江南的土地和粮食。

司马睿给了苏峻一个鹰扬将军的头衔，让他掉头北返，守护淮河一带。别过江了，哪里来的就回哪里。淮河一带那么多胡人，回去守着别让他们南渡。

苏峻接受了，而且很好地执行了这个使命。

因为对作为流民帅的他来说，最大的困难还不是缺乏人口和粮食，而是缺少身份。没有正统朝廷的认可与授命，他和自己的流民就是孤魂野鬼，只能在几个政权之间流转生存，如同断了线的风筝。现在有了鹰扬将军的身份，即使是一个不怎么值钱的虚职，但也有了继续招揽流民，征集地方粮食的名义，他这只漂泊的风筝就被接上了线。

庾亮如果能稍微回看一下苏峻的历史，就不应该对这样一个人有如此大的防备，以至于不惜开战也要剥夺他手中的兵权。

苏峻在平定王敦乱后的嚣张有居功自傲、头脑发昏的原因。但更多的，恐怕还是为了扩张势力，以求自保。在不断下沉的乱世，每个人都有强烈的不安。流民帅的处境尤其艰难，既要为朝廷效力，又遭到不断的忌惮和打压。所以在有机会增强自己实力的时候，他是不会放过的。将此理解成他有了王敦那样的谋逆之心，就不免过于傲慢和糊涂。

遗憾的是，新执政的庾亮缺少威望和自信，也就更加不能容忍他的傲慢和骄狂。庾亮或许没有看清苏峻行为背后的逻辑，或许原本就知道苏峻不会叛乱，但为了给新执政的自己立威而选择杀鸡儆猴。

事情也不是没有转圜余地，当苏峻最后一次给朝廷上表的时候，他们还有回到和平的机会。庾亮如果真的不放心把靠近京都的历阳交给苏峻，那就让他回到青州，那是他的发家之地。苏峻可以在青州继续壮大实力，为江南的朝廷挡住羯族南侵的浪潮。

这有放虎归山的风险，但大家都是在乱世苟活，又何必苦苦相逼？自己有一口饭吃，那至少要给别人留点汤汁。

但庾亮还是不同意，"复不许"。

苏峻绝望了。

◎ 越是不自信的人，越不敢相信他人

《晋书·苏峻传》记载说，苏峻准备妥协了，"严装将赴召"，将自己好好打理一番，脱去铠甲，换上朝服，准备入京。但他的内心还是充满了恐惧和不安，一旦放手兵权，就人为刀俎我为鱼肉，所以他"犹豫未决"。这被他麾下一个叫任让的参军看在眼里。

任让告诉苏峻，你想去一个偏远的地方效犬马之劳都不被允许，现在入京，"空无生路，不如勒兵自守"。

参军的分析不无道理，但他们劝阻苏峻入京还有更深层的原因：一旦苏

峻入京，庾亮很可能就会对他们这些苏峻原来的骨干下手，以剪除羽翼。他们不得不将苏峻留住，以便能怂恿他带着自己一同谋反。大乱之世，每个人都在寻找自己的生路，即使要牺牲他人，也在所不惜。

苏峻听从了任让的建议，按兵不动，既不举兵谋反，也不入朝。

皮球又被踢回到庾亮那里，如果他默认了苏峻的选择，就有示弱的风险。于是他没有放弃，"遣使讽谕之"。

"讽"是暗示的意思。

使者见了苏峻，暗示了什么呢？历史没有记载，但根据苏峻紧接着的回答，我们大概能知道内容。

苏峻说：**台下云我欲反，岂得活邪！**

看来使者是暗示他说，如果你不入京，那么我就当你有谋反的心思了。

于是苏峻愤然说道，既然您这样说，那我还有生机吗？

我宁山头望廷尉，不能廷尉望山头。

"廷尉"本指负责刑狱的官员，这里代指监牢。苏峻是说，我宁可站在高山上远望监牢，而不愿在监牢里遥望高山，渴盼自由。

这句话很出名，后来成为很多造反者的座右铭。

苏峻越说越气，为自己兔死狗烹的处境感到难过和悲愤。

往者国危累卵，非我不济，狡兔既死，猎犬理自应烹，但当死报造谋者耳。

往年国家危难，如果不是我，恐怕难以渡劫。现在没事了，狡兔死，走狗烹，自古以来就难以避免啊。但我即使要死，也要"报答"一下陷我于此境地的人。

当苏峻说出这句话时，大家都再无退路。

他决定举兵谋反。

这时候已经是咸和二年十一月，冰雪降临，新年将至，但大家都没有过年的机会了，很多人则将死于新年的前夜。

苏峻派人北上寿春，联络祖约，"推崇约，请共讨庾亮"。使者当面说了祖约很多好话，夸他镇守北方的卓越功勋，为他受到庾亮的轻视感到遗憾。祖约本就是个没有自知之明的人，闻言"大喜"，终于找到了知音啊。他的两个侄子也怦然心动，"并劝成之"。

具体执行协助苏峻任务的，是祖约的女婿、时任淮南太守的许柳，还有祖约的一个侄子祖涣。祖涣是祖逖之子，他的父亲当年北上收复中原，遭司马睿朝廷抛弃，如今起兵攻向建康，他内心没有太多不安。

二人带兵从寿春南下，到历阳与苏峻会合。

叛军调兵遣将的情报传到了建康后，王导结束了病假，回到朝廷办公。他虽然不同意庾亮的所作所为，但事已至此，他只能想办法一起面对。

他先在自己的司徒府中召开会议，一个司马提出了一个很有意思的对策：先发制人，趁苏峻大军还没有渡江，率先抢占各个渡口，"彼少我众，一战决矣"。

这是个很大胆的想法，主要是出于心理上的考虑：如果放任苏峻逼近建康，京都那些手无缚鸡之力的士大夫，以及没有自保能力的百姓可能率先崩溃，进而一发而不可收拾，不如率先出击，不让苏峻渡江，御敌于国门之外。

战争拼的是物力、人力，还有更重要的人心。

王导同意这个策略。

但当他把这个意思转达给庾亮的时候，庾亮却拒绝了。历史没有记载他不同意的原因。或许是觉得主动出击太过冒险，或许是他更愿意把主要兵力放在守卫建康上，以逸待劳，主场作战。不管如何，他没有接受王导的意见。现在执政的依然是庾亮，王导对他无可奈何。

这个短暂的犹豫让他们错过了时机。

苏峻派出先遣部队，从历阳横渡长江，抢占了对面的姑孰，也就是今日马鞍山市当涂县一带。这里有著名的采石矶，地形凸出，探入长江，是北方势力渡江后的主要登陆口。朝廷在这里设有军镇，并囤积了大量粮食。苏峻

第九章　苏峻之乱　169

的将军抢占这个地方后,将粮草全部据为己有。

这个时候,庾亮才开始后悔。他派出两支部队奔赴前线:一支由赵胤率领,目的地是历阳,目标是阻止苏峻渡江;另一支由一个叫司马流的宗室率领,目标是已经过江了的、在姑孰的先遣部队。

在庾亮大力打击宗室的情况下,司马流能够领兵出征,说明他很早就投向了庾亮。不过遗憾的是,他不是一个合格的将帅,"素怯懦"。战争打响的那天早上,他在用餐的时候心慌意乱,手中的烤肉举起来后,都不知道嘴在哪里,"食炙不知口处"。叛军攻过来后,他很快"兵败而死"。

赵胤也没有完成自己的任务。他虽然出自武将世家,久习战阵,但还是抵挡不住骁勇的苏峻。两万叛军如潮水一般涌出历阳,渡过长江,抢占了采石矶。经验丰富的苏峻没有马上进军建康,而是在采石矶东北方向的高山上扎营立寨,等待近处的几支朝廷军队。

赵胤发起了几次反攻,但都失败了。

这个时候,大家才真正害怕起来。他们知道再没有人能阻止苏峻剑指京都。在京做官的大多将家人送往更东边的吴郡、会稽一带避难。有能力的百姓也开始逃亡。

这个时候的庾亮就真的该考虑防守的问题了,但问题是他摸不准苏峻进京的路线。

一般上游来的敌人多顺江而下,然后在建康西边的石头城登陆。王敦第一次作乱时走的就是这条水路。庾亮早在战前就开始修复石头城,加高城墙,储备更多粮食,驻扎更多兵力。在战争开打后,他还是不放心,又派自己一个还没有出仕做官的弟弟庾翼以百姓的身份,带领数百人守卫石头城。

但王导的司马认为正因如此,苏峻会避开石头城,从采石矶登陆马鞍山,然后往东北方向走陆路,一直到秦淮河南岸。今日很多从马鞍山到南京的国道、省道就与这条线路重合。这样叛军就可以避开石头城,从都城南边进攻。于是司马建议在秦淮河南岸设伏,打苏峻一个措手不及。

但庾亮又"不从"。

庾亮在整个平叛过程中都表现出令人吃惊的顽固与自大，以至于到了匪夷所思的地步。分析其原因，可能是对苏峻的轻视，还有对王导的忌惮。他信任的只有自己的几个弟弟，以及很早就投向他的人。王导的司马两次提出关键性意见，都被他否决。如今执政的是他庾亮，不能让王导和他的人发挥过于抢眼的作用。

越是不自信的人，越不敢相信他人。

王导在这个过程中没有太坚持己见。他不像温峤、郗鉴那样方正耿直，更不像卞壶那样会为了国家舍生忘死。当然，他也比郗鉴这些人更深谙权术，知道即使劝说也不会有效。就像当年他没有竭力阻止堂兄王敦发动第二次叛乱。他继续保持退后一步的姿态，只在能发挥作用的时候才稍微露出水面。

庾亮的固执让他们又错失一次机会。苏峻的叛军果然寻陆路而来。即使到了这个时候，上天还给了庾亮一个机会：苏峻的部队因为不熟悉地形而在夜色中迷失了方向，部队分散，指挥系统瘫痪。

但因为庾亮没有提前布置伏兵，苏峻没有为这次失误付出任何代价。他们调整心态，继续往北，一直逼到了秦淮河南岸。整个都城就暴露在他们的眼前。

庾亮听说后，又后悔不迭。

建康作为六朝古都，有相对优越的防守优势。西有长江，南有秦淮河，北边则依托玄武湖与连绵的钟山，唯有东边是相对开阔的平岗地带，无险可守。幸有一条青溪发源于北边的钟山，往南流淌。孙权立都建康后，在青溪的基础上凿渠引水，拓展出一条南北向的护城河，又沿河竖立木栅，名曰"青溪栅"，作为二道防线。

到了东晋，防守格局基本未变。

当苏峻从南部逼近秦淮河时，朝廷首要的任务是阻止他往北渡过秦淮河。承担这个使命的是尚书令卞壸。他一再阻止庾亮征召苏峻，为的就是避免当下的局面。但事实已成，他无可奈何。

为了调动卞壸防守的积极性，庾亮还在开战后又授予他领军将军的要职，让他带领一支禁军负责防守朱雀桥以东地区。

实际上卞壸的积极性根本不用庾亮调动，他卫国的决心始终未变。当苏峻逼近秦淮河时，卞壸带兵阻击，在秦淮河沿岸展开激烈的战斗，不敌，大败，"死伤以千数"。苏峻渡过秦淮河，逼近青溪栅，试图从东边攻入都城。

卞壸收拾残兵，再战，仍然不敌。这时候正好刮起东风，苏峻因风纵火。大火借助风势，焚毁栅栏，继续朝着都城冲去。皇帝办公、入寝的大殿，以及尚书台、中书省、门下省等官署全部暴露在大火之中。

王导、司马睿公元307年渡江后历经二十年苦心经营，才有眼下格局，但此时再无人能阻挡苏峻的大火。

风继续刮，火继续蹿，大殿轰然倒塌，官署化为灰烬。着火的官员和士兵在大火中狂奔尖叫，被烈焰照亮的秦淮河寂然无语。江左风流，"一时荡尽"。

火光也照亮了卞壸绝望的脸，他心胆俱裂。可能因为备战期间，铠甲从未脱下，他后背还长有脓疮。《晋书·卞壸传》记载说，他刚刚愈合的疮疤也在此刻重新裂开，渗出鲜血。他什么也顾不了了，带着仅剩的残兵朝着苏峻的部队冲去，"苦战而死"。

他的两个儿子卞眕、卞盱也在队伍之中。在父亲战死后，他们没有退缩，"相随赴贼，同时见害"。当他们年轻的尸体被送回家中时，衰老的母亲抚尸哀哭："父为忠臣，子为孝子，夫何恨乎？"

杀戮还在继续，战败的消息也在不断传来。庾亮在城南试图组织起最后的抵抗，但士兵还未成列，就丢盔弃甲，溃逃奔散。庾亮看了一眼身后还在燃烧的都城，知道自己闯下了弥天大祸，于是做了一个决定：逃！

他带着三个亲弟弟以及亲信将领逃出建康，投奔长江上游的温峤。

◎ 秦淮河上的哭声

当大火燃烧时，王导就在都城中。野火在身边疯蹿，浓烟滚滚，发出噼里啪啦的声响。他的脸上、身上都沾上灰烬。昔日的风流宰相，此时格外狼狈。他站在大火前，亲眼看着自己胼手胝足、苦心经营二十年的江左局面在烈焰中熊熊燃烧。

庾亮逃走的消息也传了过来，身边人愤愤不平。《资治通鉴》记载说，庾亮在逃走前没有告诉王导，甚至都没去见他一面。

没人知道王导此时的心境。

但他也没有时间顾及这些了，在庾亮逃走后，他需要收拾乱局。苏峻已经带着士兵进城，正在搜捕皇帝和王导他们。

王导拍了拍身上的灰烬，带着剩下的人奔向还没有完全垮掉的大殿，然后告诉守护皇帝左右的侍中："至尊当御正殿。"快去把皇帝找来，让他坐在御榻上。

这个安排至关重要，首先是不能让皇帝落入叛军手中。他们都不认识皇帝，如果在稀里糊涂中或者故作糊涂中杀死皇帝，那一切就无可挽回。更重要的是，必须在苏峻到来前重建以皇帝为核心的统治秩序。

八岁的皇帝被抱了出来放在御榻上，稚嫩的小脸被吓得惨白。王导告诉他不用害怕，然后安排两个侍中站在他的左右，自己和另外三个大臣站在御榻之前，组成一道脆弱但笃定的防线。他还临时任命了一个右卫将军，守卫他们此刻所在的大殿。

供奉历代先帝灵位的宗庙也没有被忽视，主管祭祀的太常隆重地穿着朝服，守卫在灵位左右。当时"百官奔散，殿省萧然"，巨大的殿宇内，空荡荡的就王导他们几个人，但王导知道，越是这个时候，越要摆出帝王的尊严，在心理上震慑苏峻。

稍后，苏峻带兵涌入大殿。

大殿内人数虽少，但秩序俨然，尤其皇帝和王导都一动不动，高据台阶，就像在等着苏峻来觐见。

苏峻有些心虚，就朝皇帝身边一个叫褚翜（shà）的侍中发难，说你给我下来。

峻兵既入，叱翜令下。

侍中正立不动，反呵斥苏峻道：**苏冠军来觐至尊！**

苏峻因为参与平定王敦之乱而封冠军将军，侍中此时唤他官职，是告诉他不要忘了自己臣子的身份，快来觐见皇帝。

侍中又朝苏峻身后的士兵厉声斥责：**军人岂得侵逼？**

大殿之内，岂容尔等武夫放肆？

苏峻被震住了。他虽然手握强兵，此刻已然取胜，但在内心深处，还是一个被皇权和门阀看不起的流民帅。此时此刻，此情此景，见到有天命加持的皇帝和三朝元老、豪门出身的王导，他的膝盖还是忍不住下意识地颤抖。他再不敢上前，身后的士兵也退出了大殿。

王导的安排暂时稳住了局面，保住了一群人的性命，也给皇帝和朝廷守住了一丝尊严，但还是不能改变他们被苏峻控制的事实。从现在开始，苏峻接管了东晋王朝，开始按照自己的计划任命官职。

他封自己为骠骑将军、录尚书事，主管朝政。他的盟友祖约虽然没有领兵前来，但也被授予了三公之一的太尉之职，还给了尚书令的虚衔。禁军系统任用的也都是他麾下的将军。不过根据《资治通鉴》记载，王导司徒的位置得到了保留。

以王导有德望，犹使以本官居己之右。

"右"为尊，表示王导官职在苏峻之上。

王导德高望重，苏峻不敢加害。不过这尊重也极有限，以至于王导连自己的堂弟也无力保护。《资治通鉴》记载说，"光禄勋王彬等皆被捶挞"。王导的堂弟，官居九卿之一的王彬以及其他官员都被抓了起来，遭到了鞭打。管你什么三公九卿、风流名士，劈头盖脸就是打。

其他人的处境就艰难了，灾难开始在城中蔓延。女人被强暴，有钱人被抢劫。就连后宫的太后和宫女也未能幸免。"宫人及太后左右侍人皆见掠夺"，《资治通鉴》中的这个记载没有提到太后本人的处境，恐怕只是为了给她留下一丝体面。《晋书》则记载说：**后见逼辱，遂以忧崩，时年三十二。**

庾亮逃走的时候没有带走妹妹，这个三十二岁的女人孤零零地留在后宫。当苏峻的士兵冲进后宫时，她担心遭到侮辱，心忧而死。是病死，或者自杀？或者被乱兵杀死？没有交代，没人知道她临死前经历了什么。

其他的官员及其家属，还有城中的百姓也陷入了巨大的痛苦中。叛军打完、抢完后，将他们（包括王导的堂弟王彬）都聚拢起来，然后像牛马一样赶向都城东北方向的钟山。都城的监狱也被烧毁了，叛军不知道如何控制他们，于是就将他们赶到山上，囚禁起来。

一路哭，一路挨打，男男女女，跌跌撞撞。爬到山上后，叛军大声呵斥，让他们把衣服都脱掉，不论男女，一件不留。如此既是为了羞辱，也是为了掠夺这仅存的资源。

昔日的达官贵人、朝廷命妇，都在众目睽睽之下脱光衣服。幸运点的，能在山上找到一块破席子或者草垫遮在身前。没有遮羞之物的，就躺在地上，挖土，覆盖在身上。"**裸剥士女，皆以坏席苦草自鄣，无草者坐地以土自覆。**"

前所未有的羞辱和不堪击垮了他们，他们扯开嗓子大哭，"哀嚎之声，震动内外"。钟山之上，秦淮河畔，都回荡着他们的哭声。

《资治通鉴》还留下一个细节，说叛军在把百官和百姓赶到山上时，"令负担登蒋山（钟山）"。他们在爬山的时候都挑着担子。问题是，担子中挑的是什么呢？应该不是供他们自己吃穿的用度，毕竟连衣服都不让他们穿，怎会考虑到他们上山后还要吃喝？那么大概率就是木材等建造囚笼的材料。

上山后，必然要竖立栅栏，将他们都围起来。那么与其浪费叛军的力量运输材料，还不如让他们自己带上去。不知道王彬等背负重物，艰难爬山时心中在想些什么。

第九章　苏峻之乱　175

第十章
寒门与豪门

◎ **寒门陶侃**

当京都陷入火海与哭声的时候,庾亮正在逃往长江上游的船上。他临行前没有知会王导,或许是出于羞愧,或许只是担心王导趁机责难自己,以夺走他的权力。但他见了御史中丞钟雅一面,之前对付司马宗的时候,钟雅是支持他的。

他装模作样地告诉钟雅:**后事深以相委。**

我走之后,京都的事情就交给你了。

钟雅虽然支持他镇压司马宗,但并不支持他孤注一掷地征召苏峻入朝,现在见庾亮要逃,就没好气地说道:**栋折榱崩,谁之责邪?**

家国倾覆,是谁的责任?

庾亮讪讪道:**今日之事,不容复言。**

唉,今日之事,就不要再说了。

以上是《资治通鉴》的记载,《世说新语》还提供了后续,说庾亮在恳请钟雅嘴下留情后,信誓旦旦地许诺道:**卿当期克复之效耳。**

你就等着吧,我会回来收复京师的。

庾亮离开建康后,乘小船逆江而上。有一小股叛军追了上来,他手下的士兵就射箭还击。因为过于紧张,箭射到了开船的舵工身上,舵工"应弦而倒"。大家更慌了,准备弃船而逃。

绝望的庾亮只能强装镇定,徐徐开口:**此手何可使着贼?**

哎呀,这样的手怎么能应贼呢?

《晋书·庾亮传》说庾亮"美姿容""风格峻整",长相漂亮,又俊雅方正,是能与曹魏夏侯玄相提并论的名士。生死存亡之际,他从狼狈中稍微镇定下来,恢复了名士风采。船上的人也受到感染,恢复了信心,继续拼命划船,朝着上游的温峤奔去。

史书没有记载庾亮与温峤相见的具体场景,但想必免不了尴尬。早在苏峻明确拒绝接受入京诏书的时候,温峤就意识到战争难以避免,"欲帅众下卫建康",准备从武昌率兵东下建康。但是庾亮"不听",他写信告诉温峤:**吾忧西垂,过于历阳。足下无过雷池一步也。**

"西垂"暗指温峤西边的荆州都督陶侃。"雷池"则在今日安徽望江县雷池镇一带,位于温峤下游的沿江北岸。

庾亮告诉温峤:相比历阳的苏峻,我更担心你西边的陶侃。你不要东下,越过雷池界限。后世成语"不越雷池"即来源于此。

陶侃坐镇荆州数年,手控强兵,因为被排斥在辅政之外而对庾亮不满。庾亮因此不得不担心在温峤率兵东下、江州无人的情况下,陶侃可能会趁机顺流而下,抢占温峤的江州,甚至是与苏峻合流,逼近建康。

但更主要的原因,恐怕还是庾亮小看了苏峻的实力,自大地以为只靠自己就能镇住苏峻的叛军。实际上,在温峤提出下卫建康的同时,远在徐州的郗鉴、三吴的地方豪族都提出了进京勤王,但都被庾亮强硬拒绝。

正式开战后,京都的防守迅速崩塌,温峤碍于庾亮的阻止,不敢直接入京，只好稍微往下游挪动一点，将大军驻扎在寻阳，也就是今日的江西九江一带，做好随时入京的准备。

没想到他等来的不是朝廷的征召，而是逃亡的庾亮。

庾亮与温峤私交极好，但即使如此，上岸的庾亮恐怕也免不了温峤的责难。所以上岸伊始，庾亮就赶紧借太后的名义给温峤封官：**以峤为骠骑将军，开府仪同三司。**

骠骑将军本为二品，因为又加开府仪同三司，等同一品，比温峤出镇江州时的三品"平南将军"提高了两级。但看着庾亮那张漂亮的脸，温峤没好气地说道，现在是提这个的时候吗？应该想办法先灭贼寇。

"未效勋庸而逆受荣宠，非所闻也，何以示天下乎！"

还没效力，就先领官，被天下人看在眼里像个什么样子？

《晋书·温峤传》说温峤固辞不受，看来在他第一次推辞后，心虚的庾亮又坚持了一下，但还是被拒绝了，他也就不敢再张口。

生气归生气，温峤并没有拒绝帮助落难的庾亮。他将手中兵分给庾亮一部分，并以庾亮为平叛盟主。庾亮心中惭愧，反过来推温峤为盟主。两人谦让不下时，温峤的一个堂弟提醒二人：你们忘了上游的陶侃了吗？若要赢得对苏峻的战争，定要得到陶侃的支持。

这是一个相当必要的提醒。温峤虽领有江州，但毕竟出镇两年不到，还没来得及充分整合地方实力。根据《资治通鉴》的记载，他手中的兵加起来只有七千。而苏峻自己带往京都的兵力就在两万之上，还不考虑他先前派出的先锋部队。

在如今苏峻已经抢占京都，有险可守的情况下，温峤、庾亮想以区区七千人奔向建康，前途之未卜，实在令人心忧。

温峤于是派人逆流而上，到荆州治所江陵邀请陶侃一同出兵，共赴国难。根据历史记载，温峤派出的这个人任职督护，是他的第一副手，可见温峤此时还是表达了对陶侃的尊重。

但陶侃直截了当地拒绝了：

吾疆场外将，不敢越局。

我不过是个镇守边疆的武人，京都的事情不是我能干预的。

这话就有些阴阳怪气了。

当初辅政的时候看不起我，现在需要打仗了，倒是想起我这个老头子了。《资治通鉴》也看得分明，说他"犹以不豫顾命为恨"。

后世很多读史者由此轻看陶侃，说他不顾大局。但不论是这些人，还是温峤、庾亮这些出身高贵的豪门子弟，都忽视了陶侃这些年所遭受的歧视与打压。

二十多年前，还是八王之乱时，陶侃就在荆州一带帮助朝廷平定叛乱，立下赫赫战功。当王导、王敦南渡江东，平定长江一线时，陶侃继续效犬马之劳，左奔右突，亲冒箭矢，先是荆州，继而湘州，再平江州，没有哪个战场，看不到陶侃身先士卒的身影。

当时总督作战的王敦曾许诺陶侃：平定长江后，以你为荆州刺史。然而战争胜利后，王敦却将他发配到不毛之地广州，甚至一度因为忌惮他的实力而准备将其杀掉。

后来他被年轻的皇帝司马绍调回荆州，但这并不意味着他得到了皇帝的信任，只不过是当时的皇帝正准备与王敦开战，需要陶侃从后背处牵制王敦。这就是陶侃的宿命，不论升迁或贬谪，都跟你无关，只看权贵的需要。

很多跟陶侃一样有能力的人都有个误解：社会的回报，应该有且只跟你的能力相关。但事实可能并非如此。很多时候不是因为你有才华就能挤入某个圈子，而是你在那个圈子里了，才有机会施展才华。

陶侃如今已经七十岁了，少壮起兵，从戎三十多年，直至两鬓斑白，但从始至终没有得到皇帝和世家大族的信任和尊重。一切只是因为他出身寒贱，"早孤贫"。

《晋书·陶侃传》记载说，当王导、王敦、庾亮这些人出仕就能陪在皇帝身边，或者在尚书台等中央部门挥斥方遒时，年轻的陶侃只能在一个僻远的县中担任小吏，负责看守一个河塘，不能让官府的鱼被偷了。

年关到了，就将鱼逮起来，按照上面的要求，将它们分成一堆一堆的，点头哈腰地送给各部门的领导。如果所有人都领了，还有剩余的，陶侃就能带一条回去，给自己的老母亲开开荤。

不久前，司马绍去世，留下了褒奖边将的遗诏，陶侃以为自己的机会终于来了，他功勋之卓著，远超温峤、苏峻，更在庾亮之上。进入京都，辅佐新帝总不过分吧？即使不能像庾亮那样成为首席，叨陪末座总是可以的吧？

但不可以。

凭借外戚身份执掌大权的庾亮也不喜欢陶侃，既看不起他武将的出身，也害怕他会给京都带来冲击。

被聚光灯照亮的主角，总是看不见那些身处角落里的人的不甘和寂寞。

但现在他们惹出祸来了，却又想起了陶侃。

陶侃不能接受。

使者回来后，传达了陶侃的怨气和拒绝。温峤和庾亮似乎还没有意识到问题的严重性。既然你不去，那就在荆州守着我们的后方吧。他们再派使者，想把这几句话交代给陶侃。这个时候，温峤麾下的参军站了出来，提醒温峤注意两点：

第一，我们自己的兵力还是不够。

第二，如今不能与陶侃达成同盟，留他在后方，很可能会被叛军看到我们不和的信号。"师克在和，不宜异同"，如果这点被叛军利用，那就大事不妙。

说到底，还是怕陶侃有倒向叛军的可能。

不过这个时候，先前派出的使者已经出发两天，正快马加鞭朝上游的陶侃奔去。温峤、庾亮只好赶紧又派出一拨使者，去拦截前面的使者，并改变话术，再次邀请陶侃同下建康平叛。

◎ 王导的东方布局

当长江上游的救兵迟迟不至时,王导在京都的处境也就越来越艰难。钟雅可能会把庾亮之前会搬来救兵的许诺告诉王导,但他不敢对此寄以太多希望。庾亮二月上旬逃出京都,现在已经是四月,他们既没有看到救兵的身影,也未得到一封书信。

京都仍然乱成一锅粥,不断有官员出逃,有的逆流而上追寻庾亮的踪迹,有的往东奔向吴郡,或者是往南渡过钱塘江,逃往会稽郡。但王导哪里都不能去,他必须留在京都,守护在幼帝身边。

坏消息还在不断传来,苏峻在掌握京都后,开始分兵往东进攻吴郡。庾亮在战前将亲弟弟庾冰安插在吴郡内史的位置上,希望他在战争打响后能从东方支援京都。但出人意料的是,苏峻率先出手,而庾冰无力抗衡,弃城南逃。

吴郡位于太湖东岸,再加上太湖西岸的义兴郡(今江苏宜兴),南岸的吴兴郡(今浙江湖州),构成了对京都建康至关重要的环太湖经济圈。这里土地肥沃,灌溉便利,开发较早。当年孙权立都建康后就着力经营此地。到了东晋,这里已是建康最重要的粮仓,以及人才储备基地。

王导心中清楚,苏峻在拿下吴郡之后,必将继续抢占义兴与吴兴。王敦两次叛乱时也曾在太湖一带开辟东方战线,而苏峻对这些地方的需求将远超王敦。

王敦有开国之功,又出自第一豪门琅邪王氏。他只要拿下京都建康,就足以震慑四方。各地义军偃旗息鼓,心中嘀咕:让他掌控朝廷也未尝不可。但苏峻没有这个背景,他即使以军事实力强行占据建康,也没有统治王朝的威望与合法性。他必须进一步往东拓展太湖一带,靠着不断的军事胜利强迫大家接受他的统治。

同时考虑到庾亮、温峤早晚会从长江上游起兵,只占领京都的苏峻还需要一个稳定的后方。按照这个思路继续推理，太湖一带，以及更南边的会稽郡，合起来就是历史上常说的三吴地区，都将比以往更深入地卷入战火，承受更大的灾难。而一旦苏峻得逞，平叛将更加艰难，甚至是不可能。

每念及此，王导五内俱焚。

现在能给他带来希望的，或许是远在会稽郡的堂兄弟王舒。他在战前将王舒安插到会稽内史的职位上，就是以备今日之需。

王舒首先要做的，就是稳住会稽的基本盘。会稽在钱塘江以南，相对远离建康，可以暂时躲过苏峻叛军的荼毒。然后他需要从南往北进军，过钱塘江，将太湖三郡的义军都整合起来，即使不能完全战胜叛军，至少要保住三吴往建康输送粮草的通道。之前在苏峻的一场大火下，京都的粮草、物资储备燃烧殆尽，众人早已陷入饥荒。

但这只是理想的计划，当战火已经在三吴地区开始燃烧时，通信变得艰难起来。建康的王导没法和王舒取得直接联系，以沟通平叛的计划和随时的调整。他们被阻隔开，只能各自应对各自的困境。

无望之时，一个令人心动的消息传来，苏峻准备任命尚书张闿代理东军都督。所谓东军，指的就是太湖一带的官方军队。苏峻希望张闿能去东边安抚人心，让他们接受他的领导。

张闿之所以被选中担任这么一个敏感而重要的职位，是因为他的出身：东吴开国功臣张昭的曾孙。张家从张昭开始，在江东世代为官，威望与声名卓著。

当年司马睿、王导等北方豪门南渡江东后，曾与江东本土世家矛盾重重，一度发展到兵戎相见。后在王导的纵横捭阖之下，北方豪门取得对本土世家的压倒性优势。三吴核心地区的官职也都被北方人占据。南方子弟只能压抑不甘，屈居人下。

苏峻现在选择一个南方的世家子弟出镇三吴地区，无异于暗示三吴地区子弟：北方豪门已被我踩在脚下，你们重新崛起的时候到了。当然，条件就是支持我苏峻的统治。

这是个不错的主意，但与张闿共事更久的王导，了解他的另一面：早在司马睿、王导渡江之初，张闿就接受了司马睿集团的征召，如今已有二十年之久。张闿是个头脑清醒、能力相当出众的人。他对北方豪门的接受，不只是受时势所迫，更是意识到只有在合作的情况下才能保住江东的稳定与和平。

三吴是他的家，他有守护这一方土地的使命感。而苏峻，虽然在短时间内赢得了军事上的胜利，但这并不意味着他有持久统治的能力。政治经验丰富的张闿，不难察觉这一点。

而这，就给了王导机会。

《资治通鉴》载：**司徒导密令（张闿）以太后诏谕三吴吏士，使起义兵救天子。**

王导偷偷联络即将出发的张闿，让他以太后的名义征召三吴将士、官员，起义兵，救天子。

"密令"不是一件容易的事情，《晋书·张闿传》记载了更多的细节：

苏峻之役，闿与王导俱入宫侍卫。峻使闿持节权督东军。王导潜与闿谋……

当苏峻进入都城时，王导与张闿都守卫在皇帝身边。这让他们有了密谋的可能。不过依然不容易，因为大殿内的守卫都换成了苏峻的人，明为侍卫，实则监控皇帝与王导等人。不知王导是如何找到机会，骗过监视，与张闿制订了全盘的计划。

张闿出发了，穿过被层层包围的都城，抵达战火已经开始燃烧的三吴地区。

都城沦陷，皇帝受辱的消息传了出去。三吴将士或咬牙切齿，或流泪以示悲愤。但张闿也告诉大家，不用太担心，司徒王导还活着，一切都还有机会。

他穿针引线，将三吴各地的力量都组织起来。远在会稽的王舒也得到了起兵的诏令。不过随之传来的还有一个噩耗：他的长子王晏之在京遇害。王晏之时任护军参军，属于禁军系统的中级将领，在苏峻的叛军入城时，他参与了守城，不敌，"被害"。

压制住心中的悲痛，王舒带着次子王允之在会稽起兵，既是为国平叛，也是为子复仇。

◎ 豪门名士

长江上游这边，温峤的使者再一次来到了荆州陶侃的大营，递上温峤的亲笔信。陶侃展开信，读了下去，脸上逐渐有了笑意。

读罢，陶侃终于同意出兵。他遣麾下督护率兵登舟，朝下游的温峤驶去。

原来在信中，温峤、庾亮一致推举陶侃为平叛盟主，同时也对他之前的战功做了中肯甚至夸张的肯定和赞美。庾亮，当今之帝舅，温峤，公爵、大将军刘琨之姨甥，以他们身份之尊，也甘居陶侃之下，这极大地满足了陶侃一直受伤的自尊心。

温峤得到陶侃出兵的消息后，大喜过望。他将这个喜讯也分享给其他边镇将领，约他们一同出兵勤王，"移告征镇，洒泣登舟"。他是如此激动，以至于流泪登舟，这就准备从寻阳东下建康。

但就在他点燃自己以及所有人的热情时，陶侃又突然派人拦截了派出的兵力，让他们原路返回，也没有告诉温峤任何理由。

温峤一时不知所措。

他只能先停了下来，赶快再给陶侃写信。

他先是以大义为名，给陶侃施加道德压力：您如此出尔反尔，不知道情况的人，或许会揣测您"缓于讨贼"，这样的名声一旦传出去，恐怕不好听。

陶侃是个极在乎名声的人，温峤的话句句都打在他的软肋上。但还不够，温峤继续施加压力，说咱们荆州、江州唇齿相依，如果我势单力孤，不敌苏峻，被他占了扬州（京都所在）后再逆流而上占据江州，您就陷入"西逼强胡，东接逆贼"的危险境地。

陶侃所在的荆州为天下之中，四战之地。西边巴蜀有羌人创建的成汉政权，北边的羯人后赵政权也正通过汉水一带不断南下。如果再让苏峻掌握长江下游的江州、扬州，陶侃再能征善战，也是腹背受敌，永无宁日。

温峤的语气依然保持了尊重，但威胁的味道还是毫不掩饰地流露出来。

最后，温峤试图去戳陶侃内心最柔软的部分：即使您不忧国难，但儿子被杀，也不准备报仇吗？

王敦第二次作乱时，陶侃子陶瞻应司马绍之诏入京勤王，战后封侯，并加散骑常侍，成为皇帝身边的侍从官员。苏峻进城后，杀害陶瞻。《晋书·陶侃传》记载说，陶侃的妻子也曾以此要求陶侃入京平叛。

为了让陶侃目睹儿子的惨状，以刺激他出兵，温峤在写这封信的同时，就想尽办法，在大乱之中将陶瞻的尸体从建康运了出来，送还给上游的陶侃。

杀子之仇，本是不共戴天。但遗憾的是，对陶侃这种位高权重的人来说，爬得越高，牵扯的利益也就越复杂。他们心中的算计，也就不能以常人之理来揣测。

《资治通鉴》记载说，即使温峤提到陶瞻被害的事实，陶侃也没有下定最后的决心。直到他麾下的参军劝道：**苏峻，豺狼也，如得遂志，四海虽广，公宁有容足之地乎？**

如果让苏峻这样的豺狼之辈控制了朝廷，四海虽大，您还有容足之地吗？

参军是在暗示陶侃，苏峻以地方强藩而举兵谋逆，他在掌握大权后，真正忌惮并将下手清除的，一定也是跟他一样在地方掌握军权的悍将，比如陶侃。

第十章　寒门与豪门

直到这个时候，陶侃才"深感悟"。他苦心经营三十多年，才在荆州有立足之地。他过够了辗转漂泊，前途和性命被拿捏在别人手中的日子，他不能让苏峻毁掉他好不容易才拥有的一切。

他不再犹豫了，穿上戎服，征集三万将士，登舟东下。就在这个时候，根据《资治通鉴》的记载，儿子陶瞻的灵柩被运了回来，陶侃没有停留，甚至没有去看儿子一眼。他星夜出发，马不停蹄地奔向温峤。

瞻丧至不临，昼夜兼道而进。

陶侃亲自东下的消息传开后，温峤悬着的心稍微放下，但他身边的庾亮却开始担忧起来。他不知道该如何面对即将见面的陶侃。当时已经有流言在军中传了开来，"咸谓侃欲诛庾亮以谢天下"。

大家都说陶侃会杀掉庾亮，以谢天下。

看来大家都知道陶侃与庾亮的矛盾。而且大家也知道，陶侃完全可以公报私仇，以庾亮引发灾难为名杀之祭旗，重振士气。同时杀了庾亮，苏峻也就没了继续占有京都的名义。因为他当初就是以诛杀庾亮为名起兵的。

不管如何，很多人都一致认为，杀掉庾亮是百利而无一害的。

这样的舆论氛围弥漫开来，庾亮感受到了切骨的恐惧。《世说新语》记载说庾亮坐卧不安。"**欲奔窜，则不可；欲会，恐见执，进退无计。**"想要提前逃走，又无处可去；留下来，恐怕又被陶侃抓住杀了。进退无据，几入绝境。

这个时候，温峤又站了出来，给庾亮出了一计。

五月初，陶侃大军抵达寻阳。陶侃没有上岸，就驻扎在长江的水面上，远远望去，荆州军铺天盖地，绵延百里。庾亮鼓足勇气，登舟拜访陶侃。

根据《资治通鉴》的记载，庾亮刚刚登舟，就在众目睽睽之下，朝着陶侃下拜，并为自己招致大祸而道歉。

"下拜"即跪而拜之，庾亮以执政的身份，以及帝舅之尊，下拜出身寒贱的陶侃，可谓极尽谦卑。

陶侃则故意摆出一副吃惊的姿态，说：**庾元规乃拜陶士行邪?**

您庾亮怎么能拜我呢?

连忙将他拉了起来，与自己同坐。

庾亮不敢，坚持下坐。同时继续道歉，承认所有罪责，都在我庾亮一人之身。

《资治通鉴》说庾亮"引咎自责，风止可观，侃不觉释然"。庾亮本就有豪门名士的风度，长得又漂亮，即使在下拜道歉时，想必也不失优雅和风度。陶侃看在眼中，自尊得到了相当程度的满足，昔日怨恨，也就逐渐冰消。

但阴阳怪气的话还是继续说：**君侯修石头以拟老子，今日反见求邪?**

您当初修复石头城以防备我这个老头子，现在怎么反过来求我呢?

庾亮讪讪不能言。

根据《资治通鉴》的记载，好像陶侃至此就原谅了庾亮，但事情没有这么简单。《世说新语》还提供了另一个生动的细节。

苏峻之乱，庾太尉南奔见陶公。陶公雅相赏重。陶性俭吝，及食，啖薤，庾因留白。

说的是在一番冷嘲热讽后，陶侃请庾亮留下来吃饭，因为生性简朴，桌子上就一道韭菜。陶侃朴素不假，但只用一道韭菜待客，就别有深意。一是为了在庾亮这种豪门出身的贵公子面前彰显自己的不同。二就是故意恶心庾亮：不知道你们这种钟鸣鼎食之辈，能否吃得下这糠咽菜?

这个时候的庾亮当然吃得下，而且吃得津津有味，吃完后还要把韭菜根揣进兜里。

陶侃有些奇怪，说留着干什么呢?

庾亮回答：**故可种。**

我留个种，回去后还能种。

把韭菜根埋在地下，一场雨水过后，新鲜的韭菜苗就又长了出来。庾亮如此说，是为了显示自己知道国家艰难，要学陶侃简朴的风范。

陶侃"于是大叹庾非唯风流，兼有治实"。

陶侃果然被感动了，感慨庾亮不只有名士风流，还有务实的政治作风。

庾亮当然不是一个吃饭还留下菜根的人，此番表演，只是为了打动陶侃，因为陶侃勤俭吝啬是出了名的。

《晋书·陶侃传》记载说，他在荆州刺史的任上时修建战船，剩下的一些木材和竹子的边角料，比如木屑或者竹头，都不让扔掉，而是好好收起来，存到仓库里。麾下人都觉得不至于，何苦呢？

后来下大雪，地上一片泥泞，陶侃就让人把先前攒下的木屑铺在路上，轻松解决了问题。《晋书·陶侃传》还说几十年后，大司马桓温驻扎荆州，造船伐蜀时，当年陶侃存下来的那些竹子头发挥了巨大作用。

陶侃出身贫苦，作风又务实，这些事确实可能发生。庾亮在去见陶侃前，一定听从了温峤的建议，费尽心机地研究了陶侃，摸清他的喜好，然后扮作同类人的样子，以讨欢心。

陶侃当然不至于单纯到看不透庾亮的心机，但就像流民帅苏峻看到王导后下意识地自卑一样，出身微末的陶侃，见出身豪门的庾亮如此殚精竭虑地讨好自己，他的自尊也得到了满足，也就不得不嫌释冰消了。

当然，陶侃不杀庾亮，不只是因为自尊心作祟。他是一个相当清醒的人，还没出征就自相残杀，只会削弱己方实力，示弱于敌。同时，庾亮毕竟是帝舅，又出身豪门，杀了他，很可能引起其他大家族的忌惮。

大家都知道对方的底线，大家都在竭尽所能地表演，以给彼此一个台阶。

《资治通鉴》载，**陶侃、庾亮相谈甚欢，饮酒，清谈，欢宴终日。**

然后，四万平叛大军终于从寻阳开拔：

旌旗七百余里，钲鼓之声，震于远近。

第十一章
围　城

◎ 石头城

当传来上游出兵的消息时，京都的王导和皇帝的处境不仅没有得到改善，反而变得更加糟糕了：为了应对温峤、陶侃的救兵，苏峻决定把大营搬到都城西边的防守要地——石头城。

战前，为了防备苏峻，庾亮曾花大力气修复石头城，没想到自己没用上，却为苏峻做了嫁衣裳。为《资治通鉴》作注的胡三省就曾嘲笑道：**适以资苏峻拒义师耳。**

接着，苏峻决定把皇帝和王导等大臣也从残破的都城迁到石头城，软禁起来。王导不从，坚决地表达了反对意见，但苏峻以武力胁迫。

出发那日，"天大雨，道路泥泞"，天上下起了大雨，路面一片泥泞。皇帝从宫里出来的时候就开始哭，那时候他才九岁，母亲死了，舅舅逃了。王导是他能仰仗的人，但毕竟年纪大了，五十三岁，身体还不好。面对那些持刀拿枪的叛军，以及冷着脸骑在战马上的苏峻，一老一小看起来格外孤单。

皇帝一哭，身边人也跟着哭成一片，其中或许也有王导。南渡二十多年来，王导经历了很多事情，但困境总是一个紧接一个，片刻不得喘息。他越来越感到疲惫，心力交瘁，应对也越来越吃力。

在叛军的呵斥声中，皇帝和王导爬上牛车，缓慢地在泥泞中朝着西边的石头城前行。右卫将军刘超、侍中钟雅紧紧跟在牛车后面步行，鞋子衣服都沾满泥浆，脸上的雨水和泪水混在一起。苏峻让手下的士兵给两人各牵来一匹马，但他们拒绝了，继续一边走一边哭。

苏峻恨得牙痒，但这时还不能杀掉他们。

到了石头城，苏峻将原来囤放粮草和杂物的仓库清理出来，作为皇帝的住所，然后安排麾下的将士层层监管。王导、钟雅等臣子的生活处境可能就更糟糕了。分配给他们的粮食也越来越少，直到不够吃，晚上要饿着肚子睡觉。苏峻派人送来一些米，他们又拒绝了。

绝境之中，他们骨子里作为士大夫的勇气被唤醒了。他们守在皇帝身边，片刻不离。苏峻有时候会带着气势汹汹的士兵前来吓唬他们和皇帝，"日来帝前肆丑言"，言语傲慢，甚至是侮辱。越是这个时候，王导等臣子越是表现出对皇帝的恭敬。

《资治通鉴》记载说，虽居幽厄之中，右卫将军刘超也没忘记皇帝的日课，继续给他讲授《孝经》《论语》。他身体力行地告诉幼小的皇帝，越是艰难时刻，越不能放弃信仰。一时困厄不足挂齿，该学习还是得学习，咱们早晚还是要出去统治天下的。

被困在石头城后，王导与外界的联系也就断绝了，既不能得到东方三吴地区的战报，也不知道西边温峤的救兵到了哪里。他只能忍耐和等待，这是他一向擅长的应对之策，但忍耐终究是痛苦和焦灼的。

不知道这个时候他是否后悔当初没有竭尽全力地阻止庾亮对苏峻的征召。他确实阻止了，但力度还不够。作为江左政权的开创者，王朝的三朝元老，他负有不可推卸的守护责任。当然，政治总是复杂的，执政之初的庾亮因为不自信而需要拿苏峻立威,越是这个时候,对外界的反对和阻止也就越敏感。而王导在王敦第二次叛乱之后本就居于劣势地位,处处退让,如果强硬阻止庾亮,只会招来更多的忌惮。

权力场中的人物,总是充满疑忌,难以沟通,都只能在暗处揣摩对方的心思。

五月初九,事情突然起了变化。石头城上的守军增多,在慌乱中搬运石头、木材,大声喧哗,其中夹杂着叛军将领的呵斥。长江江面上也隐约传来战鼓的声音。石头城就高高矗立在长江岸边的石头山上,王导能听见江面传过来的声音。

救兵到了!

被困在城中的人突然感觉心跳加快。

但奇怪的是,他们期待的战争并没有打响,救兵没有在石头城下登陆,他们在江面上喧哗一阵后,继续朝前开了过去。也许是为了避开石头城,从沿岸其他地方着手。

建康城外的长江大体是从西南流向东北方向,石头城靠南,是最为紧要的防守之地,再往东北方向,还有一座金城,地势没有石头城险要,守军也少。当年王敦第一次作乱时,就曾考虑过从金城登陆。

但陶侃、温峤的大军也没在金城停下,而是继续往前,一直到了城北的幕府山脚下。他们就此停了下来,也没发动进攻。

石头城中的王导不知发生了什么,明明就在眼前,但救兵好像没有登陆攻城的意思。事实确实如此,陶侃他们没有马上开战的想法,他们在幕府山南麓的沿江一带修筑了著名的白石垒,就此驻扎下来。

地理名著《读史方舆纪要》记载说:东晋以后,江津要地,或言白石,或言白下,实一处也,指的都是今幕府山脚下的沿江一带。因为幕府山盛产灰白色的石灰岩,所以又名白石。山脚下的建康也因此有另一个流传颇广的别号:白下。

第十一章 围城

陶侃等在山脚修筑的堡垒也就叫白石垒。这里地势险峻，居高临下，与南边的石头城遥遥相对。虽然直线距离只有十五公里左右，但因为地形破碎，两城间有山地、丘陵、河流相隔，彼此相互攻打并不容易。由此，我们可以知道，西来的救兵做了长久相持的准备，并不急于收复京都。

这倒不是温峤、庾亮放弃了皇帝，而是因为陶侃的荆州兵主体是水军，多舟楫，长于水战，而苏峻的历阳兵多战马，擅长陆地冲锋，又占据坚固而地势险要的石头城，他们没有登陆作战的优势。《资治通鉴》载，"峤以南兵习水，苏峻兵便步"，因此下严令，"将士有上岸者死"。

四万救兵中，温峤最迫切地想要拯救皇帝。《晋书·温峤传》记载说，京都倾覆的消息传到江州后，"峤闻之号恸"。但他也不得不尊重客观事实，同时救兵成分复杂，关系微妙，大部分隶属于盟主陶侃，而陶侃救主的心思并没有那么迫切。

《晋书·陶侃传》记载说，救兵抵达石头城下后，"诸军即欲决战"，而"侃以贼盛，不可争锋"，建议"以岁月智计擒之"，就是说姑且等待机会，以智取胜。

经过一番讨论后，他们决定把第一阶段的重心放在三吴地区的东部战场上。如果能在三吴地区取得胜利，截断苏峻叛军的退路以及供应京都的粮道，那么就能将苏峻死死困在石头城中，久而必解。

《资治通鉴》载：**陶侃表王舒监浙东军事，虞潭监浙西军事。**

这个时候皇帝正被困在石头城中，陶侃上表不过是做个样子。他既为平叛盟主，也就接过了发号施令的权柄。他在此之前从来没有获得过这么大的权力。根据他的安排，会稽的王舒负责浙江以东的军事，苏州吴郡的虞潭负责浙江以北的军事。

另一个重要人物——郗鉴也得到了重用。他被陶侃任命为都督扬州八郡诸军事，王舒、虞潭都受他节度。

这里需要指出的是，郗鉴原本以徐州刺史的身份驻军淮水一带，当京都遭难的消息传来时，他就曾请求入京勤王。但庾亮不许，并下严诏：妄起兵者诛。郗鉴不敢妄动。因为在外镇守者，不得诏令不得进京，否则视为谋反。

与他形成对比的是温峤，温峤虽然也被庾亮阻止起兵，但他至少从原本驻扎的武昌往东挪到了下游的寻阳。这倒不是郗鉴缺少决心与忠心，而是他与庾亮本就没有渊源，流民帅的身份又格外遭到忌惮，他不得不谨慎行事。而温峤与庾亮私交极厚，出身也好，有灵活应变的底气。

后庾亮从京都西逃寻阳，在给温峤授予骠骑将军的同时，也遥封郗鉴为司空，这才给了郗鉴起兵入京的机会。即使如此，郗鉴也没敢直接过江，而是等到陶侃授予他都督扬州八郡诸军事，给了他明确的身份后，他才渡江与陶侃的大军会合。

郗鉴处境之艰难微妙，行事之谨慎周全，可见一斑。

苏峻也加大了对东部战场的投入，同时将麾下两员重将调往东部支援。根据《资治通鉴》的记载，东部的战争也很快陷入僵持状态，彼此都很难取得压倒性的优势。

叛军的优势在于战力强劲，长于陆战，以致王舒、虞潭等不断败退。但王舒等有叛军不具备的政治优势。

根据记载，苏峻在占据京都后，很快就派人出任三吴地区的地方郡守，比如虞潭、蔡谟。但这些人本就是士族子弟，久在朝中任职，怎甘心受一个流民帅的指使？他们接受任命，不过是为了在三吴地区更好地支持建康。就像苏峻曾经派出去监管三吴地区军事的张闿，也是暗中受王导调遣。

苏峻的这些任命，其实也是无可奈何。毕竟他麾下能征善战的将军虽多，但没有能治理一方的文官。军事占领是一回事，统治管理又是另一回事，而后者往往比前者更复杂，也更加微妙。

当三吴地区的郡守都心向朝廷时，他们虽然遭受了暂时的军事失败，但很快又能振作起来，同时他们在道义上也能得到当地大家族，以及百姓的支持，获得不断的粮草与兵源供应。如此敌强我退，敌退我追，战局就逐渐陷入胶着。

京都白石垒的战局也没有太多进展，苏峻曾带步兵、骑兵共万人从石头城冲出来，北上围攻白石垒，"不克"。这之后双方都意识到京都短期内不会有太多变化，于是开始在外部战场寻找机会。陶侃这边，派郗鉴往东移镇京口。京口也就是今日镇江，背靠长江，南面三吴。郗鉴在此筑造三座大垒，以吸引南边三吴地区的叛军。

叛军这边，之前没有太多动静的祖约，派部将从寿春南下，试图进攻江州。这一计划吓坏了陶侃，因为祖约一旦得逞，不仅会截断陶侃、温峤的后路，还有可能逆长江而上，侵占陶侃的大本营荆州。这是陶侃最害怕的事情，他一度想要自己回军反击。如此反倒中了围魏救赵之计，削弱白石垒的实力，给苏峻以机会。

幸运的是，一个叫毛宝的将军及时劝住了陶侃。他告诉陶侃："义军恃公，公不可动。"他自己申请出战，带领一队偏师从京都往西长途奔袭，阻击祖约的部队，"破走之"。

这对祖约来说不是一次太过惨重的失败，他的主力部队都还驻扎在根据地寿春。但他麾下的将领本就对他没有太多的信心，这次失败更让他们看清了祖约的无能。他们秘密联络淮河北边的后赵政权，"许为内应"，要帮助羯族人一起拿下寿春城。

什么样的领导，带出什么样的团队。正直勇敢的将领，麾下多忠义之士，野心家则可能培养出更多的狼子野心之辈。祖约能力不济，但又心比天高，也就难怪他的部队中多阴谋不忠之辈。他们先是怂恿祖约谋反，如今见谋反无望，生路堪忧，又转而投靠他们之前一直对抗的羯族人。

后赵没有放过这个机会，引兵渡过淮水，朝着寿春的祖约奔涌而来。

祖约所统部曲，原是跟着他的兄长祖逖收复中原的强悍之师，但如今或叛或降，还有的跟着苏峻去了京都战场而被消耗殆尽。败光了家底的祖约没有抵抗羯族铁骑的能力，大败，羯族人掳掠两万户人口后北还。

留下的残破的寿春城已经不能给祖约足够的安全感，他带着仅有的部队南下历阳，投奔苏峻的留守部队。

原本死水一潭的战局，终于在祖约这里出现了一个缺口。他没意识到的是，自己的失败很快引发了连锁反应，波及了百里之外的京都战场。《资治通鉴》载：**苏峻腹心路永、匡术、贾宁闻祖约败，恐事不济，劝峻尽诛司徒导等大臣。**

路永、匡术等是苏峻的心腹，当初也正是他们劝说苏峻起兵谋反，现在听说西边的祖约败了，就要求苏峻将王导等在他们控制下的大臣全杀了。这是一个相当歹毒的建议，表面上看是为了加强对京都的控制，打击义军士气，但更深层的，恐怕是要彻底截断苏峻的退路。因为杀掉王导这样的朝野威望后，苏峻就再无跟朝廷谈和的可能。

战争从二月初开打，现在已经是八月，按照现在的局面来看，很可能还会继续僵持下去。这就让路永等不得不担心最终会有议和的可能。而一旦议和，苏峻能保住性命和富贵，但路永这些较低层次的人很可能成为筹码和牺牲品。

为了不让这样的事情发生，他们必须彻底断掉苏峻的希望，让他在谋反这条路上走到黑。

◎ 诛杀王导

王导被困在石头城中已经三个多月了，好不容易等来救兵，没想到战局却陷入胶着，每日在担惊受怕中煎熬。南渡二十多年来，他前后经历了三次谋反，前两次都是自家人发起，他还能周转开来。但这次不一样了，他不再是那个能操控全盘的棋手，他成了棋子。或许到了这个时候，他终于能够理解命运被掌握在他人手中的感觉。

根据史书记载,他的两个儿子也被困在城中:长子王悦,次子王恬。叛乱发生时,这两个儿子都在宫城中的中书省任职,没有机会逃出去。王导在混乱中找到了他们,一直带在自己的身边。

《晋书·王导传》记载说,王导在私下里是个相当有趣的父亲,曾经和长子王悦下棋,为一步棋有了争论,王导笑说:**相与有瓜葛,那得为尔邪**。

咱俩好像有些瓜葛吧,怎么一步都不能让呢?

这明显是要借父亲的身份占些便宜。他能这样做,是因为知道长子是个孝顺体贴的孩子。《晋书》记载说,王导每次出门办公,王悦都跟在牛车后面相送。王导很喜欢这个长子。

不过看到次子的时候,王导就没那么高兴了。《晋书》说王导"见悦辄喜,见恬便有怒色"。王恬虽很聪明,长于弈棋,"为中兴第一",但他不拘礼法,有傲慢狂诞的名士作风。王导曾经拍着他的肩膀说道:

阿奴恨才不称!

要是你的才华比得上你的美貌就好了。

看来王导终究还是觉得次子才华不够。作为一个有巨大权力和家业要传承下去的父亲,王导希望二儿子能洗掉名士那种张狂轻薄的小才,而培养安邦济世的大才。

不过王导也可能是作为父亲对次子要求太高,甚至有些偏见。因为《世说新语》曾说:**敬豫事事似王公**。

就是次子王恬不管是长相还是才华,都像极了王导。

不管是孝顺体贴的长子,还是让人有些恼火的次子,只要他们在身边,王导就不再只是那个性深阻有若城府的权力场中人,他回到了父亲的身份。他要保护自己的两个孩子。

再说了,如果自己和两个儿子同时被杀,琅邪王氏最强盛的这一支就有消亡的可能,对整个大的家族也是近乎毁灭的打击。他这一辈的堂兄弟中,也只剩下王舒、王彬两人，他们不是那种能在乱世纵横捭阖、屹立浪头的人物。

这个时候的王导，或许会格外想念那个强悍而霸道的堂兄王敦。要是有他在，苏峻之乱本不足惧。不过话说回来，王导能陷入今日境地，也是拜王敦所赐。如果没有堂兄的第二次叛乱，苏峻也就无从崛起。这就是历史的蝴蝶效应，每个人都困在其中。

当路永等劝说苏峻杀了王导的时候，王导陷入了前所未有的绝望境地。

不过希望的光芒也逐渐照了过来，"峻雅敬导，不许"，苏峻敬重王导，没有接受路永等人的建议。

敬重自然是其中一个因素，更主要的，恐怕还是苏峻依旧保持了清醒，不得不思考杀掉王导后可能引发的灾难性结局。

于是，王导活了下来。

而且他很快发现，还有一个意想不到的机会摆在他的面前。

《资治通鉴》载：**永等更贰于峻。**

就是说在提议被苏峻拒绝后，路永等人背叛了苏峻。因为苏峻越是敬重王导，他们越是怀疑苏峻有留后路的打算。《晋书》记载说，路永等"迭说峻诛大臣"。看来在第一次被拒绝后，他们又多次劝说，坚持杀掉王导等人，但苏峻都不接受。

到了这个时候，他们也就不得不抛弃苏峻，先下手为强了。

永等虑必败，阴结于导。

路永等在对苏峻失望后，转而掉头把目光投向了王导。当然，他们应该没有机会，或者也不敢直接联系王导，而是通过王导手下一个叫袁耽的参军，表达了重新做人，心向光明的意思。

袁耽也出身官宦世家，曾祖曾效力于曹操麾下。苏峻入城后，他没有逃走，而是投身王导府中，也跟着他一起到了石头城。不知道当他把路永的意思传达给王导后，王导有没有露出苦涩的笑容。

不过从记载来看，他没有追究路永要杀掉自己的私仇。他不是这样的人，他只在乎怎样是更理性、更符合当下的决策。即使是仇人，能为自己所用，也要用好，用到双方都满意。

《资治通鉴》载：**导使参军袁耽潜诱永使归顺。**

路永虽然透露了摇摆的意思，但意志并不坚定，而且也害怕得不到王导的接纳，更恐惧秋后算账。王导理解他们的心意，他安排袁耽在私下继续接触，许诺不仅不追究，还要给予重用。一个"诱"字，充分体现了王导的怀柔纳人之术。

《晋书·王导传》也记载了这件事：**导使参军袁耽潜讽诱永等，谋奉帝出奔义军。**

由此我们知道王导还给路永等人提了一个条件：作为内应，将皇帝一道救出，然后大家一起投奔义军。

但这件事进展得并不顺利，"峻衙御甚严"。苏峻挟天子以令诸侯，所以将皇帝守得很紧。他"以亲信许方等补司马督、殿中监"。司马督、殿中监都是直接持兵守卫在皇帝身边的禁军将领。路永等人找不到机会下手，也没法收买许方等。

在看到无望救出皇帝的情况下，王导带着两个儿子在路永等人的掩护下率先逃出石头城，往北投奔白石垒。这一天已经是九月初三，战争持续七个多月了。义军来到石头城下也已经四个多月，但还是没有实质性进展。

他继续留在石头城，也无更多益处，同时还有被杀掉的风险。当他在夜色中跟跟跄跄穿行在江边的山地与丘陵中时，心中自然也免不了愧疚与狼狈，但他能接受这一点。他不是那个会将个人性命和整个家族都献给皇帝的卞壶。

历史没有记载王导来到白石垒的具体情况，但他必然是见到了守在这里的温峤、庾亮两人。三人相见，氛围想必是有些微妙的。以王导的谦退，他应该会为自己没有救出皇帝而表达歉意。但温峤、庾亮也没有指责他的立场，毕竟他们在石头城下待了四个月，与皇帝也就一城之隔，也没能发动有威胁的救援。

战局继续僵持，长江上下游都被卷入了战乱，不断有人死去。长江南岸的宣城太守桓彝起兵响应义军，但遭到属下的背叛以及叛军夹击，战败被杀。他的儿子发誓报仇。这个儿子日后在东晋做出了一番事业，名叫桓温。

还有更多没留下名字的人死去，活着的继续忍受饥饿与恐惧。朝野上下对义军的信心在不断下降，以致"人情汹汹"。温峤也很快陷入了恐惧，因为他发现自己的粮草不够了。大军僵持，粮草消耗日甚一日。他只好去找驻扎在江面上的陶侃贷粮。

根据历史记载，因为事关重大，他是亲自去见的陶侃。

长江上，陶侃本就因为战事不顺而心焦气躁，现在见温峤又提出这样的要求，顿时怒从心起，愤然指责道：**使君前云不忧无良将及兵食，惟欲得老仆为主耳。今数战皆败，良将安在？**

出发前，你告诉我既不缺将，也不缺粮，只要我这个老头子出个面就行。但现在打仗不赢，你连粮食也没了。

陶侃觉得自己受到了欺骗。

温峤本就是个相当狡猾的人，战前邀请陶侃东下建康时，确实可能夸大了自己的实力。但他没想到事情会发展到今天这个样子。

事情还在变得更加糟糕，因为陶侃不仅不肯借粮，还威胁要退兵。"仆便欲西归，更思良算，徐来殄贼，不为晚也。"既然粮食吃完了，那大家都各自回去吧，等以后有了万全的计划再来。

陶侃出此下策，倒不是因为温峤骗了他，而是他的根据地荆州"接胡、蜀二虏"，他在建康天长日久地耗着，很可能会被他们抄了后路。那时候进退维谷，他就再无立锥之地。

但温峤不管这些，他知道陶侃一旦退了，整个军心就会跟着垮掉，哪里还有以后？因此他不惜反客为主，威胁陶侃：您若退兵，必然导致人心大乱，而"沮众败事，义旗将回指于公矣"。

第十一章 围城　　199

到了那个时候，恐怕义军的刀剑都会指向您吧？

义军之中，已经有了自相火并的味道。后经人中间协调，陶侃还是留了下来，并借五万石军粮给温峤应急。

东边三吴地区的战场上，郗鉴的人也打得很吃力。他们被叛军围在营垒中，得不到补给，以致"垒中乏水，人饮粪汁"。缺水到极端的情况下，他们不得不喝自己的排泄物。

将领们熬不住了，向郗鉴提议退回北岸的广陵，等待机会。这无异于是将整个三吴地区都拱手让人，坐视叛军将京都和三吴地区连成一片。若真如此，大势去矣。郗鉴坚决不同意，他将所有将领招来，于大庭广众下要斩杀提议后退的将领。众人反复求情，并表示死守三吴地区，郗鉴才放过了那个将领。如此军心稍微稳定下来。

郗鉴这边的情况传到建康后，陶侃决定驰援三吴地区，这样做一是能解郗鉴之围，二是在京都战局没有机会的情况下在东方战场打开局面。不过他的长史劝住了他，说咱们水军本就不擅长陆地战，现在长途奔袭，万一失败，一切就都完了。与其如此，不如对眼前的石头城发动总攻。石头城如果告急，叛军必定回援，郗鉴那边的险情也就自然化解。

这个攻敌必救的战术被陶侃接纳，他派人告知白石垒的温峤、庾亮，约定协同作战，发动平叛以来的第一次总攻。

九月二十五日，也就是王导逃出石头城二十多天后，针对石头城的总攻终于发动。陶侃率三万水军从江面上围攻石头城，温峤、庾亮率一万步兵从白石垒南下，夹击苏峻。石头城上的苏峻看着义军像长江上的浩荡江水，源源不断地奔涌过来。

他的豪情被激发了出来。

他在城里困得太久了，也渴望着决战。他放弃了据城固守的保守策略，带着八千人出城迎战。

他先派出一个叫匡孝的部将带偏师攻击温峤等人的陆军。部队出发后，他自己留在大军中犒劳将士，赐酒。喝完这顿酒后，大家都大杀一场，如果不死，就能搏得一生富贵。他自己也跟着喝得大醉。

醉眼蒙眬中，苏峻听到周边响起喝彩声、呼叫声。回头一看，部将匡孝竟然已经取得第一场大胜，温峤的一支陆军部队正战败后撤。

苏峻豪气上涌，大喝道：**孝能破贼，我更不如邪？**

匡孝能赢，我就不行了吗？

说着就驱动胯下战马，朝着敌军狂奔过去。他的速度是如此之快，以致只有少数卫兵跟了上来，其他大军都远远落在后面。

兴奋的苏峻没有注意到这个情况，继续朝着敌军奔去。但因为人数过少，他没能冲破敌阵，这时候的他才稍微清醒一点，意识到自己有孤军深入的危险。他一抖缰绳，掉头撤兵，但已经来不及了。身下的战马在崎岖的道路上一路狂奔，突然被绊倒。

在一旁观阵的陶侃大军没有放过这个机会，几个身手敏捷的将领将手中的长矛朝着苏峻纷纷投去，苏峻从马上滚了下来。这几个将领狂奔过去，将苏峻抓住，"斩首，脔割之，焚其骨"。先是将他斩首，然后将他身上的肉一片片地割了下来，如此还不解恨，又将他的骨头都烧成了灰。

义军煎熬这么久，终于赢得了第一场同时也是决定性的胜利，他们尽情地发泄，疯狂地庆祝胜利，"三军皆称万岁"。

苏峻就这样死了，连尸骨都没能留下。可能不只是救兵，恐怕就连叛军在内都被这个结局惊得目瞪口呆。什么？就这样结束了吗？变故来得过于突然了。

在所有人都苦苦煎熬的时候，一个谁都没有预料到的决定性事件突然发生，彻底扭转了局面。这就是历史不可捉摸的偶然性。

三吴地区的叛军听闻苏峻死讯，大多都丧失了信心。有的投降了义军，有的撤回京都，与残留的叛军合流，共推苏峻的弟弟苏逸为首。他们试图要回苏峻的尸骨，他们还不知道苏峻被烧成了灰。义军拒绝了，作为报复，叛军把庾亮父亲、母亲的坟墓刨开，焚尸，挫骨扬灰，"发庾亮父母墓，剖棺焚尸"。战争到了这个时候，已经全无人性。

不过叛军还没有马上失败。毕竟京都的叛军还有相当的实力，三吴地区也还有一支叛军在苦苦坚持。直到来年的咸和四年（公元329年）二月，也就是战争爆发整整一年后，义军终于收复了石头城，并清除了三吴地区的叛军。

叛乱终于平定下来。

相比王敦的两次叛乱，苏峻之乱显得格外漫长。这倒不是因为苏峻实力远超王敦，而是恰恰相反，在经历了两次王敦之乱后，东晋王朝已经是千疮百孔，凋敝残破，以致不论是苏峻叛军，还是平叛义军，都很难在短时间内凝聚压倒性的兵力，以获得快速的胜利。他们只能在乱世的泥泞之中咬牙坚持，彼此消耗，直到一方精疲力竭。

根据历史记载，苏峻的叛军大多被杀，投降的是少部分。苏峻的盟友，祖约的最终结局我们也顺带交代一下。根据《晋书·祖约传》记载，在苏峻被杀后，祖约知道叛乱大业终究无望，于是带着数百人北渡淮河，也投奔了之前的敌人，羯族人石勒。

但石勒好长时间没有召见祖约。祖约惴惴不安。过了几天，石勒突然通知他，说您好不容易来了，不如把家族老小都聚集起来，咱们一起乐一乐。祖约大喜，以为得救。到了约定的这一天，他带着家族老小，妻子、兄弟、孩子，还有年幼的外孙一起去见石勒。不过到了约定的聚会地点，石勒却通知他说自己病了，不能来，只能让部将招待他们。

美酒佳肴很快端了上来，格外丰盛。但这个时候的祖约已经知道大祸将临了。"约知祸及，大饮至醉。"

原来非礼乐之邦的胡人也不喜欢反复无常、背信弃义的祖约。石勒决定杀掉他，向天下人彰显他们鼓励忠义的信念。

祖约直到此时才醒悟过来，但已经来不及了。他不仅害了自己，也拖累了阖祖老幼。他们此时还什么都不知道，在吃在喝在大笑，为停止了流浪和漂泊而庆祝。痛苦和绝望涌了上来，祖约只能用烈酒麻醉自己。

看时间差不多了，石勒的人终于露出了真面目，他们撤掉酒宴，将祖约一家人驱赶着，送往杀头的菜市口。

《晋书·祖约传》载：**既至于市，（约）抱其外孙而泣，遂杀之。**

到了菜市口，祖约抱着外孙，泪如雨下，不肯放手。胡人将他们掰开，一刀一个。其他亲属一百多人也悉数被害。剩下的女人则被赐给了胡人中的贵族。在嗜杀成性的羯族人府中，她们的命运如何，我们不敢细想。

◎ 战后新格局

战乱平息后，王导终于能带着两个儿子回到秦淮河畔的家里。幸运的是，他的妻子和另外几个儿子都还活着。苏峻曾将都城的男女都赶到钟山上关起来，王导的妻子和儿子们很可能也在其中。这让他们饱受惊吓和羞辱之苦。王导和妻子都是年逾五十的人了，经历了这么一番折磨，他们显得更加苍老。但好在一家人都活了下来，这比什么都重要。

乱后的团聚时光如此珍贵，但王导不能久留。他必须尽快赶往宫城，因为还有更大的困难在等着他。战后的乱局需要稳定，人心需要重新凝聚。更重要的是，每次大的事变发生后，权力结构都会随之调整，王导要保障自己的位置在新结构中不会动摇。

他需要解决的第一个问题就相当棘手。因为苏峻的那场大火以及随后的战争彻底摧毁了宫城，皇帝和群臣都没有了办公和居住的地方，于是朝野有了迁都的提议。

温峤率先提出"迁都豫章"。豫章也就是今日的江西省南昌市，赣江从这里穿城而过，留下一个平坦肥沃的平原地带，能为新都提供充足的粮食供应。更重要的是，这里位于江西腹地，远离长江，四周又有群山环绕，相比就躺在长江边上的建康，有更好的防御条件。

但是三吴之豪不同意，他们"请都会稽"。三吴一带多地方豪强，都是在环太湖，以及浙江一带定居几辈人的地方势力，他们拥有大量的田产，以及不可小觑的私人武装。在这次平定苏峻之乱的战争中，虽然肩负领导责任的是郗鉴、王舒这样的北方权贵，但是提供粮草和兵源供应的是这些南方土著。这是他们敢于挑战温峤的原因所在。

同时迁都会稽也自有合理之处。会稽在今浙江绍兴一带，钱塘江以南，因为江水阻隔，在这次战争中受到的冲击相对较小。相比偏远的豫章，会稽与东晋历来的财税要地太湖一带相距更近。

两方各有道理与底气，互不相让，《资治通鉴》记载说"二论纷纭未决"。

在他们争论的过程中，王导始终没有插手，只是静静地看着。因为他清楚，迁都争论的要点，根本不在地理条件与赋税供应，而是他们都想将都城纳入自己的势力范围之内。

但凡迁都，都涉及权力和资源的重新划分。迁出地原有权贵的优势会被消解，而迁入地的势力作为东道主，往往会在新的权力结构中占据主导地位。这也是历来迁都困难的原因所在。

温峤想把都城迁到豫章，是因为他现在的身份是江州刺史，并兼领江州都督。而豫章就在江州的管辖范围之内。温峤有效力于司马氏的忠心，但这不妨碍他不断加强自己手中的权力。这次平叛虽以陶侃为盟主，但真正凝聚人心，发挥不可替代作用的是温峤。他有将都城迁到自己管辖范围内的底气。

至于三吴豪强迁都会稽之论，也是出于相同的考虑。当年司马睿集团永嘉南渡，是江东土著接纳了他们。后来在王导、王敦的运作之下，北来豪门很快压倒江南豪强，他们在新政权的生存空间越来越狭小。这次因为在东部战场发挥了关键作用，他们希望能把皇帝迁到东部去，置于三吴豪强的控制之下。

作为一个久经考验的权力场中人物，王导太熟悉他们的心思了。也正是因此，他绝对不能同意迁都，因为不管迁到哪里，削弱的都是王导的权力。

南渡以来，王导立足建康，先后在这里担任过丹阳尹、扬州刺史、中书监、录尚书事，以及现在三公之一的司徒。在他的运作下，东晋皇室、京都建康，还有他王导实际上是紧密关联的三位一体。他的根基就在建康，他通过故吏、门生、幕僚等建立起来的网络也以建康为核心。

即使不能说温峤、三吴豪强的提议是直逼王导而来，但若迁都，王导受到的影响很可能最大。

于是他先让他们两方争论，在几番回合都没有结果的情况下，他不紧不慢地提出了定都建康的历史渊源：

孙仲谋、刘玄德俱言"建康王者之宅"。

虽然我没有坚持要定都建康的意思，但之前的孙权、刘备这些帝王可都说过建康是王者之宅。古人的话，尤其是古之贤者的话往往成为古代行政的依据。与很多人想象的不同，古代政治运作很多时候依靠的不是法律或者皇帝的意志，而是传统和惯性。而前贤的语言，以及事件处理的方式就是最主要的传统和参考。这也是古代知识分子非常强调读历史的原因所在。

王导一上来，没有提出自己的观点，而是以孙权、刘备的话为继续定都建康找到了历史依据。

当然，现实层面的原因，比如都城残破、粮运不继也需要考虑，但王导狡黠地绕开了这点，以一个更高层面的理由抵消了现实困境：

古之帝王，不必以丰俭移都；苟务本节用，何忧凋敝！

古代帝王在选择都城时，是不会考虑粮食赋税问题的。如果能政治清明，省吃俭用，又何必担心都城残破呢？

用道德高调掩盖现实困境，虽然有转移焦点的嫌疑，但在政治争论中往往能有效地堵住对方的辩驳。

王导又用一个更加宏大的问题来警告众人：

北寇游魂，伺我之隙，一旦示弱，窜于蛮越，求之望实，惧非良计。

北方的胡人时刻都在江北游走，准备趁机入侵江南。一旦我们迁都豫章或者会稽，都会被看作示敌以弱，由此引发的大难就不可收拾了。

经过一番铺垫之后，王导才徐徐摆出自己的观点：

今特宜镇之以静，群情自安。

大乱刚刚平定，人情不安。这个时候最好不要妄动，镇之以静。迁都就未免太过折腾了。

以不变应万变，以静驭动，这是王导最擅长的应变之道。对一个成熟的政治家来说，如果没有明确的信号表示必须大变，那么最好的应对之策就是不折腾。

而这个时候，饱经战火之苦的王朝与天下百姓，最需要的也是静养。他们没法承受因为迁都而搅起的新一轮动荡。

王导的这个观点赢得了大多数人的支持。温峤与三吴豪强在没法让自己占据绝对优势的情况下，也宁愿接受王导的调和论点，而不是让对方获得胜利。

《资治通鉴》载：**由是不复徙都。**

《晋书·王导传》也记载了这件事，并以这样一句意味深长的话作为结论：**由是峤等谋并不行。**

"峤等"自然指的是温峤与三吴豪强，而一个"谋"字隐隐透露出诡秘和阴谋的味道，说明迁都这番博弈远比《资治通鉴》的记载更加激烈，更加惊心动魄。

在巩固了建康的首都地位后，王导才能开始谋划另一个更加重要的目标：重新回到执政的位置。大战之后，百废待兴，幼帝司马衍年仅九岁，王朝的稳定和发展，仍然需要一个强有力的执政。

苏峻之乱前的辅政格局是"以司徒导录尚书事，中书令庾亮、尚书令卞壶参辅朝政"。实际运作中，则是庾亮靠着太后庾文君的支持一头独大，卞壶参辅，王导退居二线。如今太后已经死了，庾亮因引发了祸乱而失去人心，同时考虑到卞壶也死于战祸，那么王导重新回到执政的位置似乎是理所当然的。毕竟南渡二十多年来，王导始终都是王朝最重要的依靠。

但朝野这次却出现了不同的声音：**朝议欲留温峤辅政。**

朝廷中有人建议把温峤留在京都辅佐幼帝。《晋书》中的这条记载没有明确说大家是要以温峤直接取代王导辅政，还是让温峤与王导共同辅政。但温峤拒绝这个提议的理由还是透露了一点线索：

峤以王导先帝所任，固辞还藩。

温峤说王导的辅政大权是先帝司马绍授予的，坚决不同意大家的意见。

如果说大家是让温峤与王导共同辅政，而非取而代之，温峤的拒绝就有些奇怪。而且根据当初司马绍的安排，温峤也在辅政之列。

由此，大家很可能是想让温峤取王导而代之。温峤不想与王导发生正面冲突，因此拒绝。当然，这个推测没有那么扎实，也有可能是因为共同辅政也有分王导之权的嫌疑，温峤不想介入京都的权力斗争，更愿意回到江州经营自己的根据地。

不论是哪种情况，这个提议都挑明了群臣对王导的失望、怀疑，甚至是排斥。这是之前很少发生的事情，王导是门阀的代表和捍卫者，在士族中一直享有盛望。根据《晋书》中的另一条记载，群臣的失望很可能是怨他没能阻止苏峻之乱的爆发。

战乱平定后，王导试图劝说一个叫孔坦的能臣担任丹阳尹，但孔坦愤然拒绝了：

昔肃祖临崩，诸君亲据御床，共奉遗诏。孔坦疏贱，不在顾命之限。既有艰难，则以微臣为先。

当年先帝去世前任命的辅政大臣可是你们这些人，我才能有限，身份寒贱，不在顾命之列。现在有难了，却要把我摆在前面。

说完"拂衣而去"。

孔坦的话中有不在顾命之列的抱怨，更是明确指责了王导没有尽到辅政的责任，以致引发大乱。这件事虽然主要归咎于庾亮，但王导确实没有采取有力的措施阻止庾亮，也该承担相应的领导责任。这削减了他在士族中的声望。

另一个人的存在，很可能也不利于王导重掌中枢，那就是陶侃。在带领盟军取得战争的胜利后，陶侃获得了巨大的声名。他的大军眼下也还停留在城外江面上，黑压压的一条长龙，京都众人都要看他的脸色行事。而他并不喜欢王导。

《资治通鉴》记载说，王导从石头城逃出来的时候非常仓皇，以至于把之前皇帝赐给他的符节都落下了。战后王导派人去找，陶侃知道后嘲笑道：

苏武节似不如是。

苏武当年持节出使西域，遭匈奴扣押。但他宁死不屈，持节牧羊，以示不忘汉廷，坚持了十九年。

陶侃引用这个典故嘲讽王导不忠，非常机智，也极刻薄。

王导面有"惭色"，讪讪不能答。

当然，陶侃对王导的讥讽，倒不是真因为觉得王导不忠，毕竟他自己当初出兵时就反复无常，甚至在战局最关键的时候试图退兵。他对王导的恶意，更多出于私仇。他从来没有忘记当年王敦对自己的鄙夷、打压，甚至是恐吓。王敦死后，他就把这一切都算在了王导头上。

但根据后面的事实，我们知道王导还是成功回到了执政的位置。这其中必然有一番微妙的，甚至是惊心动魄的博弈过程，遗憾的是史书没有任何文字记载。不过如果细看战乱平定后的赏赐名单，或许能发现一些端倪。

根据《资治通鉴》记载，功臣赏赐如下：

陶侃作为平叛盟主，功高第一，封爵郡公，升三公之一的太尉，同时加交州、广州、宁州三州都督。此前陶侃已经都督荆、湘、雍、梁四州军事。有了这次加封，长江中游、汉江一线，以及岭南地区的军事大权都尽归陶侃所有。这让他成为东晋实力最强的藩镇。

接下去是郗鉴，封爵县公，升司空。

然后是温峤，封爵郡公，升骠骑将军，同时开府仪同三司，形同一品。他实际得到的权力，其实超过了郗鉴。

其他人也都得到了相应的赏赐，死于战乱的忠臣良将也都得到了追赠。

但唯独一人没有任何加官晋爵，这个人就是王导。

我们都知道王敦的两次叛乱平定后，王导得到的赏赐之厚，都远在其他功臣之上。但这次却没有任何表示。爵位没有升级，官位没有变动，好像所有人都忘记了在庾亮逃出京城后是他守在皇帝身边，主持大局。还有他的堂兄弟王舒曾在东部战场发挥了主力作用。

他确实在后来丢掉皇帝先逃了出来，但陶侃这些人拯救皇帝的时候也没有那么坚定。而且按照门阀时代的官场运作逻辑，王导这种身居高位的三朝元老，即使在平叛中什么都不做，事后也必然加官晋爵。

但这次没有，什么都没有。

王导作为司徒，手中本就有人事大权，也必然参与了论功定赏的讨论，但他自己却没有从中瓜分到任何的红利。这不能用高风亮节、功成身退来解释，而是很可能，他与陶侃、温峤等人进行了一次不能摆在台面上明说的利益交换。

他将地方藩镇的军事大权交予陶侃、温峤，而他们接受他在中央执政。这对王导来说是无可奈何的事情。因为陶侃、温峤等在起兵一开始就接管了话语权，而随着战争的胜利，他们的威望和影响也达到了顶点。王导必须做出妥协。如果考虑到就连引发了这场灾难的庾亮也重新获得了权力，王导的退让也就更加明显。

事情是这样发生的。

在战乱平定，皇帝被救出来的第一时间，庾亮就去向皇帝谢罪，"稽颡哽咽"。他以舅舅的身份向小皇帝下跪，额头贴在地上，陈述自己的罪责，说到激动处，数度哽咽。毕竟是舅舅，皇帝也不能为难他，赐座，以示原谅。

到了第二天，庾亮再次前去谢罪，"复泥首谢罪"。

"泥首"本指在脸上涂上泥巴，以彰显自己的罪人身份。但后来多指下跪，将脸贴在地上，以示卑微和悔过。当年王敦发动第一次叛乱时，王导也带着家族老小跪在宫门口泥首谢罪。

庾亮表示不能原谅自己，希望皇帝放逐自己一家老小。皇帝没有同意，安慰他说"此社稷之难，非舅之责也"。

但庾亮不能同意这个观点，于是又上书皇帝，表示必须惩罚自己，如此才能向天下宣示纲纪的严肃，以有利于外甥的权威和后续的统治。

他能如此为外甥考虑，外甥就更不能惩罚舅舅了，再次下诏劝慰。

到了这个时候，一般人本可以原谅自己了。但庾亮不能。他决定自己放逐自己，他从京城逃出，乘船泛江而下，一直跑到了暨阳，也就是今天的江苏无锡下辖的江阴市。然后扬言说还不够，他准备从暨阳东出，逃窜山海，在一个更加偏远的荒山野岭，甚至是漂泊海上，以为自己的过错忏悔。

亮又欲遁逃山海，自暨阳东出。

但还没等他的计划付诸实践，皇帝就发现了他的苦心，"诏有司录夺舟船"，让人赶快把舅舅准备的船只都没收了，不准他继续惩罚自己了。

直到这个时候，庾亮才稍稍原谅了自己一点点。

庾亮的这一番谢罪不可谓不虔诚和卑微。他的悔过之心也是真实的，他自己为这场灾难付出了巨大的代价。他的长子死在了苏峻的刀下，他父亲、母亲的尸骨被扒了出来，他的妹妹不明不白地死在深宫之中。他之前积累的名声和威望也丧失殆尽。他执政的权力也遭到剥夺。

但是，我们不能将这番竭尽全力的自我惩罚仅仅看作他悔过的表达，位于权力高层的人物，很少会有那么重的道德负担。他的这番表演，更多的是以退为进，在舆论不利的情况下求得一个重新崛起的机会。

如果他当真要逃窜山海，直接去做就行了，又何必搞得声势浩大，以致皇帝不得不将他提前拦下呢？

他不过是故作姿态，好为自己的下一步计划做铺垫。

《资治通鉴》载，就在皇帝"诏有司录夺舟船"的同时，庾亮就表示既然外甥你不让我走，那就让我为你效犬马之劳吧。

"亮乃求外镇自效。"

庾亮请求出镇边疆，守护外甥和王朝的安危。

这应该是庾亮早就谋划好了的事情。他知道以自己犯下的大错，继续留在京都执政是不可能的事情。那么不如外出地方，担任都督、刺史，这样做不仅能掌握一支军队，还有发展出自己根据地的可能。

他的请求得到了允许。

出为都督豫州、扬州之江西、宣城诸军事。

这个职位长且绕口，我们稍微展开一下。

"豫州"原在今河南一带。但自从永嘉之乱，东晋早就失去了对豫州的控制。于是就在今天的马鞍山市一带重新设了一个豫州。这也就是著名的侨州郡县制度：当北方的州郡沦陷后，就在江南找个地方，重新设一个相同的州郡。

这样做一是为了安抚和管理北方州郡的流民，看，你们还是豫州人、徐州人。这对稳定当时漂泊流离、缺少归属感的百姓是有效的。同时也是为了向天下人表示，我东晋王朝仍然拥有完整的版图，以示正统。虽然侨置的州郡面积更小，甚至有的只是一个虚号，都没有实土，但至少维持了名义上的大一统。

"扬州之江西"则指的是扬州位于长江北岸的四个郡。而宣城在江南，位于今安徽宣城，与侨置的豫州所在的马鞍山连成一片。

这样算下来，庾亮获得了豫州一带夹江两岸的军权。尤其值得注意的是，他的部队就驻扎在芜湖，从地理位置来看，比之前位于历阳的苏峻还更靠近都城。

但事情还没结束。除了获得军权，庾亮还被任命为豫州刺史、宣城内史。掌握了民政大权，就可以征收赋税，调动民力徭役，以及任命地方官员。这让他有了以豫州为根基，不断坐大的机会。

庾亮能够重返政坛，当是先得到了温峤的支持。他是庾亮的好友，从战乱以来就始终坚定地站在他的背后。在这种情况下，陶侃也乐于做个顺水人情，毕竟庾亮当时的谦卑和奉承抚平了他的不满。当然，两人能够接受庾亮回来，还是因为庾亮出身士族，又是帝舅，这个身份有助于帮他们抗衡王导。

这就是战后的新格局，王导守住了建康和执政的位置，但实权则落入陶侃、温峤、庾亮等地方藩镇手中。以门阀时代的惯例，这种格局是脆弱的，一不小心，王导所在的中央就会遭到地方的挑战，甚至是军事冲击。但他好歹重新回到了自己熟悉的位置，假以时日，以他之经验丰富，老谋深算，谁胜谁负，恐怕还殊难预料。

第十二章
"东床快婿"的真相

◎ 江州之争

咸和四年四月，战乱平定两个月后，权力结构的调整基本结束。陶侃、温峤、庾亮等带着胜利和新的爵位回到各自的方镇。王导则继续留在京都，以司徒的身份辅佐年仅九岁的皇帝。

虽然战后的京都尽是断壁残垣，人心依然纷乱，但只要给王导一定的时间，他还是有足够的把握能将局面重新整合起来，让这个不幸的王朝继续运作下去。要知道，当初南渡时的局面可比现在更加窘迫不堪。

但出乎所有人意料的是，四月底，变故突起：

江州刺史、都督、骠骑将军温峤去世。

史载：（温峤）至镇未旬而卒，时年四十二。

根据《晋书·温峤传》的记载，他死于中风。温峤原本有齿疾，在平叛的过程中心情焦躁，火气上涌，变得愈加严重。战后他终于抽出时间将坏掉的牙齿拔掉，却意想不到地引发了中风，并很快死去。

这是一个谁都不曾设想的变故，像是一个恶劣的玩笑。他才四十二岁，原本可以有更大的作为。

温峤是个很有意思的人物，据说他相貌丑陋，在王导、庾亮一群风流倜傥的名士面前，有些"鸡立鹤群"。温峤生性也有些滑稽，根据《晋书·庾亮传》记载，他还曾藏在门背后故意吓唬庾亮的长子，以致庾亮长子少年老成地问他："您何必这样做呢？"

细细推敲，温峤这样做可能是要试探庾亮长子的心性，看他如何应变，有点像和尚以当头棒喝点醒痴迷者。但以他的身份来说，采取这种方式还是有些让人哭笑不得。

抛开这些，温峤的军政能力其实相当突出。在平定王敦、苏峻之乱中都发挥了不可替代的作用。《东晋门阀政治》的作者田余庆先生曾充满遗憾地说道："温峤之死，对东晋王朝是一个巨大的，几乎难以弥补的损失。"

田余庆先生这样说，是因为温峤的身份特殊，远非一般地方藩镇可比。他是西晋大将军、名将刘琨的姨甥。当司马睿在江东准备建立新的政权，而缺少来自西晋权贵的支持时，是温峤以刘琨代表的身份南渡江东，竭诚劝进，帮助司马睿获得了足够的合法性。

这个强大的背景和历史渊源让他在东晋政权中拥有不同一般的话语权，能对朝政施加更大的影响。这一点在把他与郗鉴进行对比时尤其明显。郗鉴能力之强，尤有胜之，但因为流民帅的背景，他始终不能跻身掌权之列。

温峤拥有过硬的背景，以及出色的个人能力，朝野对他本有更大的期待。田余庆先生也说，如果给温峤足够的时间，他能在江州协调长江上下游的势力，维护东晋政局的稳定。

但现在这些期待都随着他的死亡而落空了。

他的死讯沿着长江传播开来，京都的王导、荆州的陶侃，还有豫州的庾亮都紧绷起来。因为这意味着江州刺史、都督的位置会被空出来，而江州这个地方在战略上又尤其关键。

顾祖禹在《读史方舆纪要》中曾反复强调，东晋一朝的争夺，多是在长江上游掌握强兵的荆州藩镇和下游建康执政者之间展开。王敦就曾以荆州强兵，两度挥师建康。

而江州管辖的今江西、福建一带，正好就位于荆州和下游的建康中间，为"要害之地"。掌握这个地方的强势人物，能够有力地平衡上下游势力，维持政局稳定。同理，若是上下游任何一方吞并了江州，就拥有了压倒另一方的巨大优势。

现在温峤走了，原本初步稳定的上下游格局突然出现裂缝，贪婪的目光都投向了江州。

这次王导少有地采取了率先出击的方式：

以平南军司刘胤为江州刺史。

执政者的身份让王导抢得先机，他光明正大地任命温峤掾属刘胤为江州刺史。

刘胤应该是在温峤刚出任江州刺史时，就进入了他的军府担任司马。当时温峤的军号为平南将军，故刘胤被叫作"平南军司"。

刘胤有出色的军事能力，对东晋朝廷也相对忠诚。当温峤在带兵东下，平定苏峻之乱时，刘胤则留下来镇守江州，并击退了祖约的进攻。

现在王导以他接管江州，既是看重他的能力，也是看在他熟悉江州政务，并与温峤留下的军政班底有密切配合的历史。

但这个任命却遭到了陶侃的抵制。他上表说刘胤非方伯之才，不宜担任江州刺史。当时刺史、都督掌握一州军政，权力极大，号为方伯。而根据《晋书》记载，刘胤虽有能力，但有贪财好货的缺点，生活奢侈，独立掌管一方，恐怕力有不逮。

由此来看，陶侃的反对不是无中生有，就连郗鉴也支持他的这个判断。不过也很难说陶侃没有私心。江州就在荆州下游，为陶侃前院。他不喜欢刘胤待在这里。因为刘胤与王敦曾有一层渊源。

《晋书·刘胤传》载：**王敦素与胤交，甚钦贵之，请为右司马。**

王敦与刘胤很早就认识，且欣赏他的能力。他掌握江州时，曾征辟刘胤为自己的右司马。魏晋时代，掾属、幕僚的仕途升迁，多靠府主推荐背书，所以两者关系紧密。很多掾属对府主之忠诚，甚至超过了对皇帝的效忠。

陶侃熟悉这段历史，他不得不怀疑王导是有意借用刘胤与王敦的这层渊源，扶植刘胤，插足江州。王导之前就做过这样的事，在王敦死后，将他的掾属调到自己麾下，比如之前提到的一个叫赵胤的将军。

当然，这个怀疑可能不一定成立，因为刘胤对王敦的效忠并没有那么扎实。当他看出王敦有不臣之心的时候，就消极怠工，以全身避祸。

不过权力场中，大家相互猜忌才是常态。只要有一丝可能，就不能轻易放过。

陶侃坚决不同意以刘胤为江州刺史。

没想到的是，王导也意外地坚持，不为所动：**司徒导不从。**

这就不得不让人怀疑王导对刘胤的任用确有不可告人的私人目的。

以刘胤与琅邪王氏之间的关系，王导可能难以借他之手插足江州。但却至少能阻止上游的陶侃，以及下游紧靠江州的新豫州刺史庾亮染指江州。

在战后的格局中，王导本就处于劣势。如果再让陶侃、庾亮中的任何一人获得江州，他在京都的位置就会更加危险，包括粮食供应都可能受制于人。

《资治通鉴》记载说：京都空竭，百官无禄，惟资江州运漕。苏峻之乱后，京都百官的俸禄，都靠江州支援。

根据田余庆先生的研究，江州的丰饶得益于大量流民的涌入，"流民万计，布在江州"。流民的到来，促进土地开垦，商贸交流，以至于能够供应上下游的粮食和军资。

从这个角度来看，江州对王导之必要，远超陶侃。或许这是他抢先任命刘胤的原因所在。

他这种少有的强硬，在京都也招来非议。有人不敢直接向王导表达反对，就私下找到了王导长子王悦，继续强调刘胤"怢侉之性"，无力独挑大梁。他们尤其强调的是，如果坚持以刘胤任职，那么"不有外变，必有内患"。

"内患"一词意味深长，似乎暗示如果王导坚持任用刘胤，很可能引发陶侃的激烈反应，不说出兵建康，至少有直接下手抢夺江州的可能。这透露出当时局势已经开始变得微妙甚至是紧张。

面对质疑，王悦给出的解释是：此乃温意，非家公也。

任用刘胤是温峤的意思，不是我父亲固执己见。

王悦的回答在《资治通鉴》《晋书》中都有记载，不过《晋书》的记载更加详细：

悦曰：闻温平南语家公云，连得恶梦，思见代者。寻云可用刘胤。此乃温意，非家公也。

王悦说：温峤曾给我父亲写信，说连日来一直做噩梦，或有不祥，开始考虑江州刺史的继任者。不久写信说，可以让刘胤继任。

这段话被完整地记录在《晋书·温峤传》中，若属实，就给王导的行动提供了坚实的基础。魏晋时代，地方刺史、都督对本州掌控极强，临死前，往往会向朝廷推荐接任者。名为推荐，实际就是指认。朝廷往往从之。

在王悦放出这个消息后，非议暂停。刘胤得到了江州。

其实即使有温峤的临终托付，王导以刘胤为江州刺史也有顺水推舟、以遂私愿的嫌疑。在陶侃、郗鉴等强有力人物都明确反对的情况下，还如此坚持，就有些露于痕迹，失去了他以往因势利导的冷静与从容。

这让他忽略了刘胤很可能是一颗不稳定的雷。而该爆的雷早晚会爆。

年底十二月，刘胤突然被杀。

凶手是一个叫郭默的流民帅。

《晋书》载，郭默出身"微贱"，但狡黠好战，是那种为了在乱世活下来而不惜牺牲任何人的人。《晋书》记载说，当他的流民部队遭到匈奴人围困而断粮的时候,他将自己的妻子送到匈奴人大营作为人质,许诺只要提供粮食,他就投降。

但当匈奴人把粮食送到后,他却违背了诺言,靠着匈奴人的粮食继续顽抗。

匈奴人大怒,将他的妻子沉江。

郭默后来南渡江东,受东晋任命,驻扎淮河一带。此人人品不佳,但能征善战,朝廷在乱世缺人,也就顾不得那么多了。后苏峻之乱爆发,他又受诏南下勤王。战争结束后,他的部队驻扎在寻阳,也就是今日九江一带。

他的命运本与刘胤、王导牵扯不大,但十二月的一纸诏书改变了这一切。

根据诏书的任命,他将入京担任右卫将军,成为重要的禁军将领。这很可能是王导的安排。将如此桀骜不驯的悍将放在边疆终究不放心,还是召到朝廷便于管控。如果驾驭有方,还能成为自己得力的援助。

但是郭默却不喜欢这个任命,"乐为边将,不愿宿卫"。他这种没有根基的流民帅,更愿意在边镇为将,有一块自己的地盘,并逐渐培养出一支效忠于自己的部曲,如此才是乱世的立足之法。虽然入京担任禁军将领也能掌握一支军队,但毕竟不是自己的家底,处处受朝廷管控。

他就给江州刺史刘胤写信,希望他帮助自己向朝廷求情。

但这个时候的刘胤也陷入困境,忙于自保,无暇他顾。

《资治通鉴》记载说,担任江州刺史后刘胤与其说是一个军政大员,不如说是江州最大的商业贩子,"专务商贩,殖财百万,纵酒耽乐,不恤政事",沉迷于挣钱和享乐无法自拔,而把政事都丢到一边。

朝廷有人看不下去了,上奏要求免官。

当郭默忧心忡忡地向他求助的时候,他正忙着申诉,于是敷衍道:你这件事,不是我能插手的。

无奈的郭默准备入京,但出发前又向刘胤提出一个要求,"求资于胤",就是说你给我点盘缠。郭默本也是贪财好货之辈,当年发家就是靠抢劫难民。眼前的刘胤如此巨富，早已惹得他心痒眼红。现在名曰求资，实则勒索。

刘胤拒绝了。即使来路不正，也不能白白送给你郭默。

这个时候的郭默就恨上了刘胤，见他此时正受朝廷责难，一个大胆的想法就在心中萌生。

月底，郭默突然带兵杀向了刘胤大营。

历史记载说，当他闯进去的时候，刘胤正在床上，郭默将刘胤拽了下来，手起刀落，"斩之"。刘胤就这样稀里糊涂地掉了脑袋。他的死，既是自造的孽果，也不能不归咎于王导对他的揠苗助长。乱世中的人物，即使是做到了刺史的刘胤，自以为把握住了自己的命运，其实还是更高层人物手中的棋子，生死存亡，也就不由自主了。

刘胤死后，他积攒的巨额财富，以及妓妾，也都被郭默掠走。做完这一切后，郭默拿出伪造的诏书，宣称刘胤意图谋反，自己是受诏诛贼。

为了让这一切看起来更名正言顺，他还派人把刘胤的脑袋送到京都。

如此明目张胆地杀死朝廷大员，甚至伪造诏书，几乎形同谋逆，本是必死之罪。但接下来发生的一幕让所有人都惊掉了下巴：

王导"以默为江州刺史"，以官方的形式认可了郭默对刘胤的诛杀，并任命他为江州刺史。

为了让郭默擅杀刘胤的行动具备合法性，王导甚至还下令将刘胤的脑袋高高地挂在秦淮河桥边的杆子上，将刘胤定性为意图谋反的逆贼。

朝野轰然。

即使刘胤有罪，也轮不到郭默诛杀，何况伪造诏书更是欺君大罪。

但王导却堂而皇之地认可了郭默的行动。

《资治通鉴》对此的解释则是，王导"以郭默骁勇难制"，姑且容忍，也就是和稀泥。但实际情况可能并非如此。郭默诚然骁勇，但还不到完全没法压制的程度。荆州陶侃就在江州身侧，只要下诏让陶侃出兵，很快就能将其平定。

但是平定之后呢？

陶侃不仅能建立更大功勋，还有可能顺手占据江州。

这才是王导担心的事情。

苏峻之乱后的陶侃几有如日中天之势，不仅掌握七州军政，还将大营从千里之外的江陵往东移到了岳阳。虽离建康还有一段距离，但已经越来越接近东晋的统治中心。如果最后让江州也落入陶侃手中，陶侃将尽据上游之势，一如当年王敦，随时可挥兵建康。但王导的问题是，罔顾朝廷纲纪，强用郭默，只会让他在舆论上陷入更加不利的境地，从而给他一直忌惮的陶侃以名正言顺的出兵机会。

《资治通鉴》载，当以郭默为江州刺史的消息传递到陶侃大营时，陶侃出离愤怒，投袂而起，曰：**此必诈也。**

意思是说这个任命不可信，不必当真。甚至进一步解释道：国家年幼，诏令不出胸怀。皇帝年幼，诏令不是他的意思。

话锋直指王导，摆明是不承认王导的安排。然后他就要发兵征讨郭默。

属下劝阻道：**若欲进军，宜待诏报。**

郭默已经得到朝廷正式认可，真要出兵进讨，也须得到官方诏书。悍然出兵，与之前郭默擅杀刘胤又有何区别呢？陶侃大权在握之后，对皇帝和王导的轻视，由此可见一斑。

后来在属下的劝说下，陶侃同意上表请求出兵，与此同时也派出一支偏师开向江州北部沿江的湓口，试图将郭默困在江州。

另一边，京都的王导也收到了陶侃的上表，随之而来的还有一封陶侃给他的私信。奏表中都是一些冠冕堂皇的言辞，陈述自己出兵的必要。而给王导的私信，却反映了他更加真实的想法。

王导打开书信，立马感到后背一阵发凉。

郭默杀方州即用为方州，害宰相便为宰相乎？

陶侃在信中这样写道。

郭默杀了江州刺史，就用他为江州刺史。那要是有人杀了宰相，难道也就任命他为宰相吗？

杀气蓬勃，咄咄逼人。

宰相自然是指王导，至于何人会杀宰相，那就需要王导自己揣摩了。

读罢信后，王导赶快将挂在秦淮河桥边的刘胤首级收了起来。这意味着刘胤之死又成了冤案，而郭默则成了逆贼。

王导还给陶侃写了一封回信，讪讪地为自己的行为做出辩解：

默据上流之势，加有船舰之资，故包含隐忍。

郭默水军强势，又近在建康上游，所以先姑且容忍。

俟足下军到，风发相赴，岂非遵养时晦以定大事者邪？

等到您大军赶到，定能平叛。难道这不是一种韬光养晦的有效策略吗？

陶侃收到回信，对属下嘲笑道：**是乃遵养时贼也！**

这哪里是养晦，分明是在养贼！

王导插手江州的两次努力都失败了，再难以阻止陶侃大军压境。陶侃"诸军大集，围之数重"。陶侃有荆州、湘州、梁州等七州兵马，随便调动一支，就足以将势单力孤的郭默困在长江边上。

没想到的是，豫州的庾亮"亦请讨默"。庾亮也上表朝廷，请求允许自己出兵讨伐郭默。好像一下子所有人都对郭默产生了兴趣。

郭默虽然悍勇，但本不值得如此小题大做，在陶侃已然将其围困的时候，又何须刚刚在豫州安定下来的庾亮出马呢？何况豫州之兵本有在芜湖防备羯族渡江的重任，这个时候实在没有必要让庾亮逆流而上，移兵江州。

然而朝廷同意了，还"诏加亮征讨都督，帅步骑二万往与侃会"，以诏书的形式封庾亮为征讨都督，负责对外征伐，同时领兵二万去跟陶侃会合。

名曰诏书，实则出自王导授意。

《晋书·庾亮传》中的一个细节暴露了这个事实：

亮表求亲征，于是以本官加征讨都督，**率将军路永、毛宝、赵胤、匡**

术、刘仕等步骑二万，会太尉陶侃俱讨破之。

庾亮带兵出征的队伍中有路永、赵胤、匡术等人。

路永、匡术在苏峻之乱时投靠了王导，而王导在战后还试图给他们加官晋爵，并努力让江东士族接受匡术。历史没有记载这二人何时进入庾亮的部队中，但应该不是庾亮出镇豫州之时。那时候的王导正努力扩充羽翼，不大可能将这两员悍将拱手让给庾亮。

更大的可能是为了加强庾亮此番出征之势，王导才将他们调到了庾亮军中。而赵胤早在王敦时代就跟琅邪王氏关系密切，后在应对司马宗等宗室的敌意时，赵胤也受王导之意协助庾亮。

由此我们可以大胆猜测，王导全力支持了庾亮的这次出征。而他的目的，自然不是为了确保对郭默的征讨万无一失。这一点本不用担心。他真正瞄准的，依然是咄咄逼人的陶侃。

如果庾亮能阻止陶侃在大胜之后自领江州，那就再好不过了。或者至少不让陶侃独得平定之功，以继续壮大他的声望与影响。

这是王导不便明言，但庾亮能够心领神会的真实想法。

庾亮浩浩荡荡地出征了，当他到的时候，陶侃已经将郭默围了起来。并筑起一座土山，居高临下地向城内的郭默发起攻击。

这是一场没有悬念的战争，陶侃、庾亮很快赢得了胜利。唯一值得一提的是，陶侃本不想杀掉郭默，"惜默骁勇，欲活之"，看他骁勇善战，想要收为己用。于是他派出使者入城谈判，郭默本已答应投降，但是他麾下的将军却不同意，"恐为侃所杀"。

郭默投降有活路，但他们这些人就很可能替他背上罪责而成为牺牲品。于是他们率先出击，以毁掉投降的希望。陶侃也就只好继续打。

这个时候，郭默手下的将军却突然将郭默绑了起来，送到陶侃大营请降。他们反客为主，选择以郭默为牺牲品。郭默被陶侃斩首于军门之前。

历史没有记载这几个投降的将军是否活了下来，但以陶侃的秉性，很可能将他们一块儿杀了。《资治通鉴》中也有"同党死者四十人"之句,其中可能就包含这几位"聪明"的将军。

郭默之死与当时的苏峻有几分相似,都是被麾下的将军阻住了投降的活路。但这也很难怪罪他们,兵争一旦发动,很难有人中途刹车,即使是战争的组织者也不能。挣扎其中的人不死不休,很难有人幸免。

难怪老子曾慨叹:**兵者不祥之器,不得已而用之,恬淡为上。**

战争结束后,王导最担心的事情还是发生了:陶侃占据了江州。他将大军驻扎在长江边上,没有回去的意思。

王导也只能吞下苦果,接受现实,"以侃都督江州,领刺史"。

至此,陶侃领有荆州、湘州、梁州、江州等八州军权,声势之壮,甚至超过了当年的王敦。

而被王导寄予希望的庾亮呢,带兵退回芜湖,并且拒绝一切封赏。王导有王导的计划,庾亮有庾亮自己的盘算。他之所以出兵江州,并不是为了与陶侃争抢,而是在引发苏峻之难后他急需建功以挽回声望,为后面的崛起蓄积势能。

他清楚地知道,自己出镇豫州的时日较短,根基不稳,本不足以支持他进一步抢夺江州。同时考虑到自己有历史污点在身,此时与实力正盛、声誉正隆的陶侃相争,无异于以卵击石,自陷大祸。

所以他真正需要的,既不是更大的权力,也不是更多的土地,而是洗刷罪名,获得朝野美誉。

为此,他摆出了一副功成身退的高姿态。虽有平叛之功,但也只是为朝廷效力,怎么能接受封赏呢?这本就是臣子的责任啊。

《晋书·庾亮传》说"亮还芜湖,不受爵赏"。

朝廷过意不去,又封他为镇西将军,他又坚决地拒绝了。

这个时候陶侃不开心了,他没想到庾亮会如此狡猾,将他架在火上烤。

你姿态如此之高,不恰恰显得我贪图封赏吗?

他写信给庾亮抱怨道：**夫赏罚黜陟，国之大信，窃怪矫然，独为君子。**

有功则赏，有罪责罚，这是维护朝廷纲纪的根本。我觉得你这样做不合适，独为君子，有些矫揉造作了。

庾亮没有生气，恭恭敬敬地给陶侃回信：

元帅指揔（zǒng），武臣效命，亮何功之有！

平叛之功，都靠元帅您指挥得力，我不过是效犬马之劳，何功之有呢？

在经历了曾经的巨大失败之后，庾亮逐渐成熟起来。

从温峤去年四月之死，到年初二月平定郭默之乱，短短不到一年时间内，变故频发，军争屡起。江州的这场激烈争夺，几乎将东晋初期的每个巨头都卷入其中，庾亮、陶侃、郗鉴，每个人都得到了自己想要的东西，除了最先下手的王导。

尤其引人注意的是，王导的这两次出手一改往日的从容，显得格外急迫与痕迹外露。他虽然抓住了温峤死去这个有利的时机，但对刘胤、郭默两人的提拔明显过于勉强。他们不是合适的藩镇人才，因此也招致了朝野的一致反对。

王导也心知肚明，那为何还要顶住压力勉强推进呢？

答案或许在这两人的出身上：武将。

他们确实品格低下，出身寒贱，同时也缺乏威望，但却是在战场上历练下来的悍将，还拥有一支不可小觑的私人部曲。而自从王敦死后，王导就始终缺少外部的军事支撑。就像我们曾反复强调的那样，王导和琅邪王氏的赫赫权势，建立在中枢王导与藩镇王敦之间的紧密配合，内外相助，文武互动上。所以王导试图拉拢刘胤、郭默这样的武人，以他们占据江州，作为羽翼。

这一点，其实早有预兆。

《资治通鉴》记载说，在平定苏峻之乱，奖赏功臣的时候，王导虽然没有为自己要一官半职，却建议朝廷褒奖中途投诚的路永、匡术、贾宁三人。

他们之前帮助王导父子离开石头城后，就跟着一道加入了义军。战后论功，群臣没有提及三人，王导则"欲赏以官爵"。

根据他的提议，不仅封官，还要赐爵。而一旦赐爵，路永等人就能跻身贵族之列，洗掉谋逆的黑暗历史。

但他刚提出来，温峤就严词拒绝了：

永等皆峻之腹心，首为乱阶，罪莫大焉。晚虽改悟，未足以赎前罪。

路永这些人都是苏峻的心腹，是最早谋逆的一群人，罪莫大焉。后来虽有悔悟，但也不足以赎罪。

得全首领，为幸多矣，岂可复褒宠之哉！

他们能保住脑袋，就该庆幸了，怎么可以再加赏赐呢？

《资治通鉴》载：**导乃止。**

王导的这个提议自然是为了拉拢人心。他知道自己眼下不能获得更多权力，于是转向了培植羽翼。路永、匡术、贾宁等人都是少有的悍将，正是他在王敦死后所需要的。

遗憾的是，温峤看出了他的心思。

但王导没有就此止步。虽然暂时不能给他们封官，但他试图让京都的士族接受这些武将。魏晋时代，武将身份卑贱，不为掌握话语权的士族所喜。如果不能打通这道关卡，王导想要在后面重用路永等人仍然困难重重。于是《世说新语》留下了这样一条记载：

苏峻时，孔群在横塘为匡术所逼。王丞相保存术，因众坐戏语，令术劝酒，以释横塘之憾。

苏峻占领京都后，孔群曾受到匡术侮辱。战后，王导为了弥合嫌隙，就趁着众人欢谈的机会，让匡术给孔群敬酒，以达成和解。

孔群出身江东大族——会稽孔氏。他好酒，放纵不羁，在名士群中享有盛名。如果不能得到他和他家族的原谅，匡术很难在朝中立足。这也就继而影响到王导对匡术的任用，影响到他在朝中培养自己的势力。

于是王导放下脸面，想在他们中间做一个和事佬。

但孔群没有给王导这个脸。

他说：**德非孔子，厄同匡人。虽阳和布气，鹰化为鸠，至于识者，犹憎其眼。**

当年孔子曾被匡人围困，他德行高没有计较。但我没有孔子那样的觉悟，受到的侮辱又犹有胜之。现在局势缓和了，匡术这样的凶悍之鹰改头换面成性格温和的鸟。但认识它的人，还是憎恨它的眼睛。

言语之间，全是蔑视。

导有愧色。

惭愧就惭愧，脸红就脸红吧。王导能吞得下这些狼狈和不堪。两次努力都失败后，他依然没有放弃，后来在支持庾亮出兵江州的时候，他终于找到机会将路永、匡术等人塞入庾亮军中，帮他们建立功勋，提升威望。

他对刘胤、郭默的任用也是出于同样的逻辑，都是在尽量挑选和培养可用之将。如果细看这一系列行动，我们会发现这背后是王导在战后处境的艰难。他虽然获得了执政的位置，但若没有外部军事力量的支撑，权力终究是脆弱的。这种不安让他失去了以往的镇之以静，行动趋于急躁，甚至是逆势而动。遗憾的是，这不仅会暴露出他的软弱，更会给政敌以机会。而刚刚拿下江州的陶侃，等待这个机会已经很久了。

◎ 剑指王导

回到岳阳的大本营后，陶侃将新受的江州都督、刺史印玺收好。与它们摆在一起的，还有梁州、荆州、湘州、雍州、宁州等其他七州的印玺，以及皇帝赐予的符节。如果陶侃打开地图，他将会发现自己领有的八州，其领土之广，已逾东晋国土面积的二分之一。

《资治通鉴》记载说,东晋初期,以扬州、荆州、江州为核心,"三州户口居江南之半"。扬州现在在王导手中,陶侃则独占荆、江。而这两州又正好是兵力最强的藩镇,所谓"甲兵所聚尽在焉"。

当年王敦敢于悍然发兵建康,也正是因为掌握了荆、江两州的强兵。而陶侃今日势力之盛,尤在王敦之上。

终于还是走到了这一步,回想这一路跋涉的艰险和屈辱,陶侃不得不感到五味杂陈。

他想起年轻时的第一份工作是"县吏",在寻阳县担任一个低阶的办事员,连官都不是。他这样的人,在当时的世家大族眼中,只是一个"小人"。这不是说陶侃道德低下,而是身份卑贱。当然了,在士族子弟眼中,出身卑贱和道德低下也没有太多区别。

有一天一个叫范逵的孝廉路过他家。陶侃和母亲竭尽全力地招待。为了买点酒,母亲连头发都剪掉卖了。

酒足饭饱之后,孝廉告辞,陶侃追了上去,相送百余里,态度极尽谦卑。

其实孝廉也算不上官,只是郡太守推荐给皇帝的预备人才,能否获得官职还是未知。但即使这样的人,对于出身寒微的陶侃来说已经是能接触到的顶级人脉了。

陶侃父亲曾在东吴出任军职,但死得早,留下的一点声望和资源只能让陶侃谋得县吏的位置,想要走得更远,只能靠陶侃自己了。而在门第等级森严的门阀时代,很少有人只靠能力就实现阶层跨越。

这个叫范逵的孝廉也明白陶侃的苦楚,他回头看了看风尘仆仆的陶侃,试探性地问道:**卿欲仕郡乎?**

你想调到郡里去工作吗?

陶侃没有遮掩,老老实实地回答:**欲之,困于无津耳。**

想,但是没有门路。

范逵说我知道了,挥手作别。

不久之后，陶侃得到了一个叫"督邮"的小官。

这不是陶侃唯一一次求官。

《晋书》记载说，在担任督邮的时候，有天太守的妻子病了，"将迎医于数百里"，要去百里之外找一个信得过的医生。当然不是太守自己去了，而是陶侃这些下属要主动请缨。当时天下大雪，酷寒，白茫茫的一片。其他人都畏难，不想动。

陶侃就站了出来，说：太守是君父，太守的妻子就相当于我们的母亲，哪有母亲生病，而不尽心尽力的呢？

陶侃说完就出门了，屋外大雪茫茫，北风凛冽。刚走出几步，整个人都被暴雪淹没了。他没有停，继续深一脚浅一脚地往前走，一如他当初跟在孝廉后面追送百余里。

陶侃这些谄媚言行，读来令人难堪。但他不是王导、王敦这些世家子弟。他们有人抢着要，刺史、大将军、三公都会争相延揽。像是陶侃竭力巴结的这个太守甚至都没资格邀请王导这样的人。但越是如此，他们越是不去，直到名声蓄积到一定程度，出仕就身居高位，比如刺史、太守。

但陶侃没有待价而沽的底气。他在社会的最底层，三公、大将军的目光永远不会投向他。他仕途的升迁，全靠太守一言而决。他没那么多选择，只能咬着牙，狼狈地往前爬。

历史记载说，在帮太守的妻子找到医生后，太守向朝廷推荐陶侃为孝廉。他终于从偏远的地方，进入了中央朝廷的视野。

后来天下大乱，陶侃靠着卓越的军事能力在荆州一带崛起，然后他就遇到了出身琅邪王氏的王敦。那是他第一次知道什么才是真正的豪门。

王敦说你帮我拿下荆州，我推荐你为荆州刺史。

陶侃虽然可以靠军事势力强占荆州，但如果没有世家大族的背书，权力就缺少根基，一不小心就沦为苏峻、刘胤那样的乱世悍将，葬身于此起彼伏的兵争之中。

陶侃想要在合法的体系里走得更远，于是他接受了王敦的条件，身先士卒，亲冒箭矢，帮王敦拿下了荆州。

然后他满怀希望地去找王敦要官。

王敦将他留了下来，设宴款待。吃完饭后，事情出现了令人意外的反转：王敦"披甲执矛，将杀侃"。王敦穿上甲胄，拿起长矛，准备将陶侃杀死。因为陶侃是个底层人，还是一个能力突出的底层人，既然利用完了，就该杀掉，不然留着对豪门来说终究是个祸患。

而陶侃心心念念的荆州，被王敦交给了王敦的堂兄弟，这个堂兄弟在战场上没有发挥任何作用。

后经人劝说，陶侃得到了宽恕，被发配到僻远的广州担任刺史。

每当想起这段历史，陶侃都五内俱焚。

现在，他得到了比王敦更大的权力，该是报仇的时候了。

虽然王敦死了，但琅邪王氏的王导还活着。门第之分虽自古有之，但到了东晋，陶侃所受到的豪门压制更胜以往。而这，不得不归咎于王导一手缔造的门阀体制。从这个角度上来说，王导才是陶侃一直以来最大的敌人。

于是，一个大胆的想法在心中萌生：他要出兵废黜王导。

这个想法足以把所有人都吓一大跳，也将改变王导以及更多人，甚至整个王朝的命运。但不是不可以尝试，毕竟他现在大权在握，而王导刚刚露出了他的软弱。理由也很好找，王导刚愎自用，对刘胤、郭默所用非人，引发江州动荡，实在不是合适的执政人选。

不过微妙的是，史书对如此重大的事件的记载竟模棱两可，含糊其词。《资治通鉴》完全没有提及此事，《晋书·陶侃传》只有暧昧不明的暗示。最明显的证据出现在《晋书·庾亮传》中：

陶侃尝欲起兵废导。

《庾亮传》没有提及这件事发生的具体时间，《东晋门阀政治》的作者田余庆先生考证后，认为应该就在陶侃拿下江州之后。他准备携大胜之势顺流而下，废黜王导。因为这么大的动作，必须有一个适合出兵的时机。而王导在连续任用刘胤、郭默失败后已经引发了朝野的不满。陶侃完全可以以此为契机，兵谏朝廷，勒令王导辞职。

这是一个非常精彩的分析，不过更具体地说，可能还在此稍后一点，即在他将大本营从巴陵，也就是今岳阳东移武昌以后。

《资治通鉴》载：**侃还巴陵，因移武昌。庾亮还芜湖，辞爵赏不受。**

这句话就紧跟在陶侃领江州的记载之后。

历来领有荆州、江州的都督都会将大营设在武昌，也就是今日的湖北鄂州市。这里位于湖北、湖南、江西交界地带，方便都督居中协调荆江两州军务。

这是陶侃移镇的常见理由。

但更重要的，恐怕还是为他出兵建康做准备。但凡大军出动，粮草运输、器械准备、军队集结等声势浩大，必然引起下游其他势力的警惕。但若以移镇为掩护，就可以麻痹远在建康的王导。同时，武昌更靠近下游，便于为东下的陶侃提供后援支持。

以上分析还有一个佐证。《晋书·庾亮传》中有这样一句引人注意的话：

昔于芜湖反覆。

就是说庾亮知道陶侃有废黜王导的意图后，曾跟郗鉴多次书信往来，商量此事。而他写信的时候在芜湖，也就是在他从江州战场退回来以后。

由此我们大体知道了整起事情的脉络：陶侃在领有江州之后，掌握八州大权，这让他有了复仇的冲动和底气。但为了麻痹下游的王导，他没有从江州马上出兵，而是故作平静地回到了岳阳，以移镇为掩护，开始动员兵力，输送粮草。

但为了让事情更安全，他写信给下游的庾亮协商此事，大概率是邀请他一同出兵。废黜王导虽言之有据，但他不是苏峻、郭默等没有根基的人，他是东晋王朝实际上的缔造者，他是三朝元老，他还家世显赫，威望素著，弄不好就会被他反将一军，背上谋逆的罪名。所以最好拉上庾亮一起，壮大声势。毕竟庾亮是帝舅，又是世家大族出身。

再说了，庾亮的豫州就在江州下游，如果他在没有得到庾亮支持的情况下轻率出兵，很可能会被庾亮抄了后路。那时候庾亮以擅自兴兵为由讨伐陶侃，渔翁得利，陶侃将陷入万劫不复之境。

他相信庾亮大概率会同意，因为他清楚地知道庾亮对王导没有好感，更知道他时刻都想重回京都执政。他甚至会告诉庾亮，废黜王导之后，老头子我支持您回京执政，我则在边疆继续为您效力。

当然，庾亮没有这么天真。他在收到陶侃的信后，又写信跟郗鉴协商，试图拉郗鉴一同入伙。

那么一个有意思的问题是，当陶侃、庾亮、郗鉴三巨头在围绕废黜王导而反复磋商时，处于风暴中心的王导在做些什么呢？

他知道一个针对自己的巨大阴谋正在酝酿吗？

他大概率是知道的。他独自一人执掌中枢，本就对地方强藩忌惮重重，应该会紧密关注他们的动向。

那么下一个问题就是，他将如何应对。

南渡江东二十多年来，还从未有一场完全而且直接针对他的大规模军事行动。因为大多数人都不会有这样的念头。南渡之初，江东豪强曾试图出兵，将司马睿、王导等北方集团驱除出去。但那不是针对王导个人的，而且也很快被王导通过拉一派打一派的手法轻松化解，举兵首倡者愤懑而死。

但现在情况不一样了，陶侃手控八州强兵，又有上游之势。而王导自从王敦两次叛乱以来就不断遭到朝廷压制，势力不断收缩，声望不断受损，直至最近因为郭默之乱而跌入谷底。

他面临个人以及整个家族的灭顶之灾。

该是在绝境中奋力一搏的时候了。

不过出人意料的是，史料中没有留下任何相关记载。《资治通鉴》没有，《晋书·王导传》中也没有关于他反击的只言片语。

这种情况有两种解释：

一、王导又做出了什么不太方便被历史记录下来的反应。就像《晋书》记载王敦两次谋逆之时，都对王导的言行遮遮掩掩，一笔带过。史家遇到王导的时候总是欲言又止。他对东晋建立，保存华夏文化有不可磨灭的功勋，但他的很多行动，又实在不能算入忠臣之列，以致牢记三纲五常的史官常常不知如何下笔。

二、王导确实什么都没做，至少没有太多引人注目的反应，以致史书没有什么可记的。

在这里，我们选择第二种可能。

因为《晋书》往往对王导多有回护，但《资治通鉴》的编者司马光很少放过能够批评王导，以彰显君臣之道的机会。

在陶侃磨刀霍霍，意图起兵的危险时刻，王导又回到了他一贯的镇之以静，以及暧昧不明的混沌状态。

因为他知道，这是最好的应对之策。

陶侃虽然意图兴兵，但还在酝酿之中。他写信给庾亮，也正表示他有所顾忌。这个时候的王导如果做出什么激烈反应，那就将局面彻底挑明了。在他处于舆论下风向的时候，挑破局面只会让事情变得不可收拾。正如俗语说的：很多事不上秤没有四两重，一旦上了秤，千斤也压不住。

他要做的就是装糊涂，不知道，不清楚，没有听说过，大家都相处得很好，然后静静地等着局势酝酿，逐渐转向。

这种静默和等待是煎熬的、痛苦的，需要巨大的底气和意志。

而王导的底气就是他对当下局面的判断，更准确地说，是对陶侃、庾亮、郗鉴等几人利益关系的把握。

陶侃起兵，自然是以王导执政昏聩为由，但终究掩盖不了公报私仇，甚至是觊觎大权的私心。皇帝如今才九岁，还不到亲政的年纪。那么在废黜王导后，陶侃自然会顺理成章地掌握朝政大权，挟天子以令诸侯。

《晋书·陶侃传》就明确记载说：

（陶侃）及都督八州，据上流，握强兵，潜有窥觎（yú）之志。

窥觎者，觊觎之谓也。

陶侃在都督八州，手握强兵之后，隐隐有了非分之想。当年嫉恨王敦的人，成长为了另一个王敦。

这一点，王导看得明白，料想庾亮也不会糊涂。实际上，如果王导被废，陶侃掌权，即将面临最大危险的就是庾亮。

他的命运大体有这样几种可能：

一、继续占据豫州，陶侃入京执政，然后将自己八州中的一些偏远地方分给庾亮，以示安抚。但荆州、江州这些核心地带还是会被陶侃捏在自己手中。这种情况下的庾亮实际上被陶侃前后包围，动弹不得。

二、陶侃将执政的位置让给庾亮，因为毕竟庾亮出身士族，而出身卑贱的陶侃在门阀时代很难得到其他世家大族的支持。但这种情况下的陶侃，很可能顺势就把庾亮的豫州划入自己的势力范围。庾亮孤身入朝，在没有兵力支持的情况下，将不得不唯陶侃马首是瞻。

当然，还有另外一种更糟糕的情况：陶侃入朝掌权，同时征庾亮一同回京辅政。若真如此，庾亮就完全陷入傀儡境地。除非他效仿苏峻，在豫州起兵。但结局也可想而知。

不管是哪种情况，庾亮的处境都堪忧。如果他仔细思量一番，将不得不承认一个尴尬的事实：王导的存在，对他很重要。

我们看下庾亮收到陶侃信后的应对：

昔于芜湖反覆。

他写信给郗鉴，反复商量此事。

"反覆"是指信件来来回回。这个细节揭示出一个有趣的真相：庾亮心动了。不然他完全可以直接回绝陶侃，而不至于要和郗鉴反复沟通此事。

陶侃的兴兵有觊觎的嫌疑，而作为一个忠诚的、需要守护王朝稳定的托孤大臣，也作为一个历来以方正严肃示人的名士，庾亮应该毫不动摇地阻止陶侃的非分之想。

但是他没有。

打开陶侃信的那一刻，他的心狂跳起来。

终于有人要对王导下手了。

太好了，他回京的机会来了。

郗鉴是流民帅，陶侃出身卑贱，他们都很难在京都得到士族的支持。而庾亮出身士族，又有帝舅身份。在碍眼的王导被废后，各大家族很可能会迎他回朝执政。

不过在短暂的心动之后，他就不得不考虑王导刚刚盘算的那些可能，不得不意识到自己很可能只是给陶侃做了嫁衣裳。

不甘心的庾亮想到了郗鉴，也许可以联手郗鉴，抗衡得势之后的陶侃。庾亮回到京都执政，陶侃、郗鉴分掌长江上下游兵权，相互制衡。这是庾亮能想到的最好的应对之策。

那么这个时候，整个局面的天平就倾向了郗鉴。王导和琅邪王氏的命运，也就决定于郗鉴之手。

对此，王导就不用担心了。

因为郗鉴早和他结成了联盟。

◎ 王导的局

我们前文提到，当庾亮成为首席执政，将精力都放在征召苏峻时，王导就已经开始和郗鉴接洽：

是时王导称疾不朝，而私送车骑将军郗鉴。

王导托疾不朝，私下却为出京赴任的郗鉴送行。这是"大不敬"之罪，按照当时卞壶的弹劾，已经达到了要免官的程度。

王导能冒这样的风险，说明他已然开始在郗鉴身上投注心力。郗鉴知道这样的风险，而依然愿意接受王导的好意，说明他也有与王导联合的需要。

因为流民帅的身份，即使功勋卓著的他也不断遭到猜忌和打压，以至于他帮助司马绍平定王敦之乱后，依然不能留在朝廷，而被外放为徐州刺史。

不过需要说明的是，那时候两人的关系尚在萌芽之中，他们走向实质性的联合则在苏峻之乱后，更准确地说，是在郗鉴出镇京口，也就是今日的镇江之后。

《晋书·郗鉴传》载：**时贼帅刘徵聚众数千，浮海抄东南诸县。鉴遂城京口。**

苏峻乱后，后赵将军刘徵趁机泛海南渡，侵略东晋的京口、晋陵一带，也就是今日的镇江，以及镇江往南的常州。郗鉴奉命在京口筑城，出兵讨贼。《晋书》没有记载郗鉴出镇的具体时间，但据《资治通鉴》的记载，在咸和五年（公元330年）五月。

我们之所以推论王导、郗鉴是在这个时间点结成明确的同盟，是因为郗鉴求婚琅邪王氏，正是在他出镇京口之后。

《世说新语·雅量》篇载：

郗太傅在京口，遣门生与王丞相书，求女婿。丞相语郗信：君往东厢，任意选之。

郗鉴在京口的时候，遣门生给王导送信，想在王家挑选一个女婿。王导对门生说，你自己去东厢房选吧，王家子侄辈都在那里。

门生进去后，果然看到一众王氏才俊，简直挑花了眼。他回去后对郗鉴说：**王家诸郎，亦皆可嘉，闻来觅婿，咸自矜持，唯有一郎在床上坦腹卧，如不闻。**

王家子弟都很不错，不过听说我们去选婿，都有些矜持。唯有一个年轻

第十二章　"东床快婿"的真相

人若无其事，自顾自地躺着，而且还袒胸露乳。

这个人就是后来名传千古的书圣王羲之。

他是王导的堂侄。

郗鉴听了门生的描述，说这个人不错，就他了，于是把女儿嫁给了他。这就是脍炙人口的东床快婿的故事。

后世人读到这个故事的时候，多对王羲之的洒脱不羁津津乐道。还有人分析说郗鉴之所以选择王羲之，不仅因为王羲之风度潇洒，还有王羲之书法造诣深厚的原因，而郗鉴，以及他嫁出去的这个叫郗璇（xuán）的女儿都长于书法。他们是同道中人，相互欣赏。他们顺着这个思路还找出了更多的证据，比如说郗鉴家族也像王羲之一样，崇信道教，是共同的信仰将他们结合起来。

但这些解释恐怕都有些想当然，因为只要细看上述《世说新语》的引文，就会发现，郗鉴选婿，是先挑家族。

也就是说，他首先是奔着琅邪王氏这个家族去的，而非风流倜傥的王羲之。对他来说，只要是这个家族的子弟就行。他真正在乎的，是与王导的政治联姻。这才是东床快婿的实际内核。

王导对这件事也很在乎，提前将家族的子弟召集到家中，以供郗鉴挑选。材料中"咸自矜持"一句颇值得注意，这些子弟之所以都摆出了一副正襟危坐的姿态，或许不是傲慢，而是紧张。因为王导事前很可能严肃地叮嘱他们，说与司空郗鉴的联姻对家族至关重要。

以婚姻缔结加强家族之间的合作在中国渊源已久，魏晋尤其如此。王导、郗鉴的联姻，是王导长期酝酿经营的一个自然结果。在王敦死后，他需要一个强大的军事支撑，而郗鉴能力出众，格局宽大，无疑是他最好的选择。

对郗鉴来说，王导自然也是理想的盟友，尤其是苏峻之乱后的微妙政局，让他越来越主动地向王导靠拢。

按照《资治通鉴》的记载，郗鉴在苏峻之乱后得到了丰厚的赏赐：赐爵南昌县公，升司空。司空为三公之一，貌似尊崇，实际上到了东晋一朝，除了王导的司徒还握有一定实权外，另外的司空、太尉已经只是一个徒有荣誉的尊号。

而他的县公爵位，相比陶侃的长沙郡公、温峤的始安郡公，也同样低人一等。即使这样的待遇，也是要付出相应代价的，即"解八郡都督"，解除了他在战争期间刚刚获得的统辖扬州八郡军事的权力。

在这之后，陶侃、温峤、庾亮各回藩镇，而郗鉴的行踪在史书中没有交代。他出镇京口是在次年的五月，在这长达一年的时间中，郗鉴应该是回到了徐州刺史的任上，也就是渡江北返，在广陵抵御胡人。

相比陶侃的荆州、温峤的江州，甚至是庾亮的豫州，徐州都处在边缘位置，因为远在江北，而不能对建康朝政施加太多影响。对朝廷来说，郗鉴仍然只是一个流民帅，唯一的作用就是在江北抵御胡人骑兵。如果朝廷有难了，就将他征召回来，用完后再撵回去。

郗鉴就像一只没有线的风筝，飘荡在王朝的天空之外。他想要在派系林立、门第等级森严的东晋王朝生存下去，就需要王导这样一个坚实的支撑。

没有人能只凭个人能力就出人头地，更不用说成就大事，基业长青。郗鉴越往上走，越能体会到这残酷的一点。

那么一个有意思的问题是，当温峤死后，王导是否曾考虑过将郗鉴调入江州呢？如此郗鉴有了一个稳定的根基，也更有助于帮王导协调上下游的陶侃、庾亮，维持势力的均衡。毕竟相比刘胤、郭默，郗鉴不论是在个人能力，还是威望功勋上，都远超其上。

答案是王导即使想过，也不能这么做。

因为郗鉴不像刘胤、郭默，他与江州没有历史渊源，贸然将其调入江州，很难说他能在短时间内得到江州文武的支持。魏晋时代，地方势力极强。名义上掌握最高权力的都督、刺史来自外地，但都督军府、刺史府内的幕僚、属官则多出自本地的望族。这些实际执行政务的人，对一州稳定至关重要。

还有另一个原因也会阻止王导的尝试。那就是郗鉴本就因为身份与能力饱受忌惮，将其引入江州，很容易招来陶侃、庾亮的警惕甚至是反击。

不过最重要的，恐怕是郗鉴本人也不会愿意去蹚这潭浑水。郗鉴不是刘胤、郭默，可以任凭王导调遣。他们两人的合作，建立在对彼此的信任和尊重之上。

不过到了出镇京口时，情况就不一样了。

后赵寇略东南给了郗鉴极好的机会，可以让他正大光明地带着原来的部曲渡江南下。实际上，在郗鉴出镇京口前，这个地方对朝廷来说并不重要，因此郗鉴南渡也不那么引人注意。这里丘陵起伏，田地开发困难，是一块还没有被各大势力占据的处女地。

但等郗鉴真正到了这里，他将发现这里会是他的"应许之地"，流着蜂蜜与牛奶。只要他知道如何开发。

《晋书·郗鉴传》记载说，郗鉴"遂城京口"。他在此筑城，做了长久屯驻之计。他不想再走了。他发现这里虽然多山地、沼泽，但流民极多。中原大乱以来，有幸南渡的人多占据建康、太湖一带，再不济，则越过钱塘江，进入绍兴。但这只是极少数幸运的贵族子弟，更多的难民则在京口这样还未开垦的荒芜之地滞留了下来。

当郗鉴来到这个地方，主持开发的时候，他们就成了极为宝贵的有生力量，可以开垦土地，参军入伍。郗鉴这样一个边缘之将与最弱势之难民的相遇，催生出一个能影响整个王朝格局的军事重镇。后来威名赫赫、拯救东晋于既倒的北府军，也奠基于此。

还需要提到的一点是，京口就在建康下游，相距只有八十公里，今日驾车只要一小时左右。即使在古代，按照骑兵的行军速度，也可以朝发而午至。郗鉴在此筑城屯兵，可以很好地支援近在咫尺的王导。

当陶侃、庾亮发现这样一个惊人的事实时，郗鉴已经在京口基本站稳了脚跟。东晋的军事布局也已经完全沿着长江一线布开，从上到下，从左到右依次是陶侃、庾亮、王导、郗鉴。四大巨头之间，互为牵制。

上游陶侃、庾亮的关系并没有那么稳固，甚至可以说是各怀鬼胎。所以陶侃不能直接越过庾亮去动王导，他必须征得庾亮的配合。

而庾亮想联手陶侃废黜身侧的王导，又不得不忌惮最下游的郗鉴会出兵协助王导。这就是庾亮与郗鉴信件往来的背景。

郗鉴收到了庾亮的来信，看出了他的怦然心动，然后明确地、直接地拒绝了。

王导是他的盟友。

这是私心，但同样有为王朝稳定而考虑的公心。没有人比王导更适合执政的位置了。至少东晋前期，没有人拥有王导那样的功勋、声望、手段，以及家族背景。庾亮也难以望其项背，更遑论其他士族。

若允许陶侃、庾亮开战，势必引发整个长江一线的战争爆发，到了那个时候，郗鉴可能也会被迫卷入。那将引发王朝全局性的动乱，破坏之大，灾难之深，当远超王敦、苏峻之乱。

这是郗鉴无论如何都不愿看到的事。

所以他的回绝是非常明确的。

《晋书·庾亮传》载：

陶侃尝欲起兵废导，而郗鉴不从，乃止。

一场危及王导和琅邪王氏，甚至将会引发全局性崩溃的灾难，因为郗鉴的坚持，而消弭于无形之中。

王夫之在《读通鉴论》中发自真心地赞扬道：

东晋之臣，可胜大臣之任者，其为郗公乎！

东晋一朝，能胜大臣之任的，恐怕也只有郗鉴了吧！

陶侃无可奈何地退兵了，庾亮在豫州原地不动，郗鉴又埋头继续经营京口。京都的王导则如释重负，又熬过了一关。

回头来看，王导之所以没那么着急，或许就是因为提前埋好了郗鉴这步棋。他早已经把该做的事情都做了，接下去就是等待事情发酵，开花结果了。

正像《孙子兵法》始终强调的那样，战争的胜负其实不在沙场争锋的那一刻，早在战争开始前的筹划阶段就已然决定。粮草、人力的准备，战略的筹划等，这些战前储备才是决胜关键，而非战场上的奇技淫巧或者临时的聪明才智。

第十三章
王导的无为而治

◎ 《老子》其实是帝王术

陶侃退兵后,王朝终于迎来了一段难得的喘息岁月。上自皇帝三公,下到百姓与流民,都长长地出了一口气。在不到三十年的时间内,他们接连经历了三次内乱,实在是再难承受更多的不幸,他们太需要一段休养生息的时间了。

而王导在躲过自身危机后,也终于有时间承担起一个执政者的责任,开始收拾苏峻之乱留下的凋敝局面。

根据《资治通鉴》的记载,这次动乱造成的破坏远超两次王敦之乱,官方仓库原本积攒的钱粮、布匹被苏峻叛军全部抢走,之前的一场大火又毁掉了宫城、官署,以及京都的民房。

时官有布二十万匹,金银五千斤,钱亿万,绢数万匹,他物称是,峻尽费之。

二十万匹布,五千斤金银,上亿的铜钱,数万匹绢,还有其他与这些价值等同的财物，全部被苏峻劫走并耗费殆尽。这应该是南渡二十多年来王朝几代臣民积攒下来的一点家底，至此悉数灰飞烟灭。

王导面临的，是一片废墟和面黄肌瘦、衣不蔽体的难民。

首先要做的是恢复经济，至少让大家有饭吃，有衣服穿，让官员有俸禄可拿。除了从江州、三吴等郡和地区调来粮食应急以外，王导在京都也想到了一些其他办法。他们从一座还没完全被大火烧毁的仓库中发现了"练数千端"，也就是还没有上色的几千端白布。

如果能将这些白布卖掉，就能一定程度上缓解危机。

但京都的大族子弟都不愿穿这种白布衣服。

王导想出一个主意："与朝贤俱制练布单衣，于是士人翕然竞服之，练遂踊贵"。他安排做了一批白布单衣，自己和朝中名士天天穿着在京都晃悠。他们这些人长相漂亮，气质出众，又身居高位，就是白布穿在身上，也是别有一番风味。

京都士族子弟看在眼里，忍不住惊呼：原来白布做出的衣服也可以这么优雅时尚啊，遂纷纷效仿。

这大概是最早的"明星代言"了。白练的价格疯涨起来，王导再安排人到外售卖，"端至一金"。一端一金，那么几千端卖完，朝廷就有几千金的收入，也足够支撑一段时间了。

《晋书·王导传》忍不住赞美道：**其为时所慕如此。**

王导在士族子弟中，就是这么有影响力。

接下去的一个任务就更艰难了：重建宫城。

这需要调动大量的物资、人力，需要与各个部门协调配合，是一项综合性工程。做得好功劳卓著，为王导再添一笔功勋；做不好，就是朝野失望埋怨，甚至留下把柄。因为当初是他拒绝了温峤和三吴地区豪强的迁都提议，坚持留在建康。

经过一番考虑后，王导将这个任务交给了自家人——堂弟王彬。

王彬在历史中出场较少，但每次出现都相当重要。他忠诚、正直，能力出众，是家族中最明确反对王敦作乱的一个人。后被王敦任命为江州刺史，王敦乱平后，司马绍为了削弱琅邪王氏的军权，将其调入京都，担任闲职光禄勋。

苏峻之乱时，他也遭到殴打、羞辱，但好歹活了下来。

现在王导将他任命为"将作大匠"，主持新宫营造，这既是看重他的能力，也是趁机布局，将其调入关键部门，为家族扩张权势。王彬虽然反对王敦作乱，但在维护家族权势上，是与王导站在一起的。

工程在这年秋天启动。天气凉下来后，劳作没有那么费力。工匠、苦力在京都聚集，他们在石头城一带挖土，开山炸石，作为地基和城墙的用料。又从会稽、江州等遥远山区砍伐树木、竹子，顺着长江及其支流源源不断地输向京都。

热火朝天的氛围感染了民众，看着新城一点点竖立起来，他们逐渐恢复了信心。王导的脸上也有了笑意。他逐渐找回了自己的节奏。镇之以静，在平稳中让局势随着人心一起转好，这是他擅长的执政风格。

他每天按部就班地上下朝，抓大放小，不过多干预政事；工地上也只是偶尔去走一走；闲暇时候就约朝中名士闲谈，也就是著名的魏晋清谈。

清谈是魏晋士人最钟爱的活动。三五个人围坐起来，针对《易经》《老子》《庄子》中的一个概念来回辩论。手持麈尾，侃侃而谈，围绕一个词，一个句子，来回往复，辩论达数百言。不仅要看谁言简意赅，还论发言时候的谈吐与风姿。

如此活动绵延百年，既是很好的社交，又是名士发挥才华风流的绝好机会。

后世有"清谈误国"一说，认为西晋的迅速灭亡，源于名士清谈，不务正业。此话不能说完全没有道理，但西晋亡国的主要责任可能不在士大夫，而在于晋武帝司马炎为了重振皇权，坚持以嫡子司马衷即位。这个过于勉强的任命削弱了皇权的神圣性，引来了宗室的争夺，也就是著名的八王之乱。

谢安就曾针对清谈误国提出反对意见：商鞅在秦朝施行苛政，秦朝两世而亡，这难道也是清谈的缘故吗？

关于清谈还有一个常见的误解，就是将其仅仅看作名士社交，或者至多是一种学术交谈。实际上，主持清谈，以及清谈中的佼佼者，往往还有另一个身份：执政高层。这意味着，很多时候的谈论不只是关乎学术研究，更是对治国理念的探讨。这一点魏晋史研究大家唐长孺先生早有辨析。

比如王导就是东晋清谈界的顶流，是一代宗师。《世说新语》中就多次记载了王导主持，甚至亲自下场辩论的清谈。其中这样一个记载，能让我们看到清谈的实质，进而窥探王导的执政理念和精神世界。

旧云，王丞相过江左，止道声无哀乐、养生、言尽意三理而已。

王导过江后，在清谈场中，主要谈论三个议题：声无哀乐、养生、言尽意。

这是魏晋以来经常谈论的话题，源自老庄哲学，嵇康、阮籍等都多有发挥。"声无哀乐"辨析的是音乐本身是否没有喜乐，只是唤醒了听众的情绪。这个看似简单的问题之所以引起讨论，是因为它涉及儒家政治哲学中一个很重要的概念：礼乐教化。即如何用庄严、正统的音乐教化百姓，以避免放荡轻浮的社会风气。

"言尽意"则涉及认识论，探讨我们能否充分认识这个世界的规律，并用语言表达出来，再进一步指导未来的行动。

更值得注意的是王导多次谈论的"养生"。这个概念来自老庄。一般有两种意思：滋补身体，以养护健康；炼丹吃药，或者是通过房中术，以求长生不老甚至是修成神仙。

若只是如此，也就没有谈论价值了。

王导他们谈论的，其实是更切身、更实际的问题：如何活下去，如何在乱世活下去；个人如何活下去，一个政权如何活下去。

"养生"之"生",不只是身体,还是生存。

这才是他们真正关心的问题。

一个经常被忽视的事实是,王导他们谈论的《老子》《庄子》,包括《论语》其实是乱世学问,是在春秋战国这个中国史上第一个大乱世中,老子、孔子这些人在探讨个人和政权如何能够保命的学问。

不要先想着发展,先考虑怎么样才能活下来,生存下去。这才是乱世的底色。到了魏晋南北朝这个更加混乱,也更加黑暗的时代,王导这些身居高位的人,这些处于风暴中心的人,能与老子、孔子这些先贤感同身受。隔着近千年的岁月,他们发现了彼此处境的相同。他们试图从前辈的学问中找到出路。

这才是魏晋玄学的背景。

关于王导经常谈论的"养生"话题,一个最经典,也一定经常被王导他们谈论的,是庄子在《庄子·秋水》篇中讲的一个寓言。

楚王派人去请庄子出山做官。

庄子正埋头钓鱼,不屑地问使者:"你说一只乌龟,是更愿意在泥浆中摇着尾巴活着呢,还是愿意被杀了摆在庙堂上供着?"

使者说:那可能还是愿意活着吧。

庄子说:那你们应该就明白我的意思了。

使者灰头土脸地回去了。

庄子用这个故事是想说,要在乱世活下去,就得弃绝权力和声名。用道家最经典的表述,就是"无为"。与活着相比,治理天下,身兼重任简直不值一提。

嵇康后来在这个基础上继续发挥,说想活下去,不仅要抛弃名利,还要拒绝七情六欲,例如情欲声色、口腹之欲等,就像大自然中的一棵树、一棵草一样顺应天时地活着。魏晋时很多隐士确实就采取了这种生活观,躲入深山,远离红尘欲望。

但王导不可能这样活着。

他是一个王朝的奠基者，也是实际掌权者。不管是从个人、家族，还是国家利益角度讲，他都不可能像庄子那样弃绝一切，行"无为"之道，隐居湖滨深山。

那他该如何"养生"呢？不能隐退，也就只能深陷权力旋涡，以致时刻面临身死族灭亡国的风险吗？自然也不是。他走的，是老子的"养生"之道。

《道德经》说：

故贵为身于为天下，若可以托天下矣。

其中"为身"就是养生。

老子说：只有那些把养护自身看得比养护天下更重要的人，才可以将天下托付给他。

这倒不是说把个人利益放在天下之前，虽然很多统治者确实就是这样做的，然后也很快国破家亡。老子所言，是要保持个人与天下的一个距离，更具体来说，就是不为外物所累，有一个明确的、笃定的自我，不轻易卷入名利的洪流之中。虽生于其中，但可出乎其外。就像黄色洪流中的巨大的黑色礁石，四面八方的激流从它身边穿过，它自岿然不动。

这就是王导的养生之道。

老子《道德经》中形容得道者时还有这样一个很有意思的表述：

俨兮其若客。

正襟危坐，就像参加宴席的客人。

"客人"的身份是相对主人来说的，就是你要把自己当作这个世界的过客，而不是一个主动的、强势的、驾驭一切的主人。

吾不敢为主而为客，无不敢进寸而退尺。

你要被动，要随和，要示弱，要客随主便；不要主动出击，要被动反应。因为"天下神器也，非可为者也。为者败之，执者失之"。天下之大，人心之复杂，不是可以主导、操弄的，不是可以主动追求的。

我们稍微梳理下王导历来应变的逻辑，就会发现他正是这样一个"被动者"，一个"弱者"，一个"局外人"，一个"过客"。外界熙熙攘攘，蠢蠢欲动，他就像一个客人那样隐身角落，沉静等待，看着局势演变，然后再随势布局，后来居上。

他遵循的正是老子所说的"无为"。

需要指出的是，庄子的无为之学虽然也脱胎于老子，但核心还是人生哲学，更强调个人的精神自由，所以无为，自绝于世。而老子的《道德经》本质上是帝王之学，是写给执政者看的管理学，是"君人南面之术"。老子的"无为"，最后还是要落在"无不为"上面。

具体怎么理解老子的，或者说王导的无为呢？

是不妄为。

不要"过度反应"。

世间事，真正发生的事实只占10%，剩下的90%，是我们对事实的反应。我们因为偏见、焦虑、贪欲、恐惧，往往会对事实做出过度的，甚至应激的反应。而反应会让事实裂变，继而变得更加复杂，我们再以更复杂更过度的反应来应对，以致恶性循环，终至于败亡。

真正要做的，是看清事物演变的路径与图景，只做必要的反应。

比如只为根本。

《晋书》对王导执政的评价就是：**务存大纲、不拘细目**。

王导的"大纲"就是维护门阀制度这个根本，让士族执政，以士族文化为意识形态，将各阶层凝聚起来。虽有冲突、内战，但不让事情越出这个范围。其他的就可以不管。

还有就是顺势而为。

所谓"势"其实是某个具体时间段中，大多数人的共同诉求与欲望。

《道德经》说：**圣人恒无心，以百姓之心为心**。

不能说统治者没有自己的欲望，而是要将自己的欲望与大多数人的欲望协调起来。这样也就没有人注意到你的"为"，也就是"无为"。

王导大多数时候的布局，都是顺应当时形势需要。而当他违背这个原则，比如勉强地以刘胤、郭默为江州刺史时，他自己也会遭到惩罚。

能做到以上两点，大概也就接近老子的无为之道了，大抵能在乱世存活下来。

◎ 知足不辱，知止不殆

王导无为而治的这几年，王朝迎来一段难得的休养时光。新宫有条不紊地建设，经济逐渐恢复。朝廷和地方藩镇之间相安无事，没有大的战事发生，老百姓能埋头过好自己的生活，不用担心被征兵，或者强行服役。

《资治通鉴》中关于东晋这几年的记载就大幅度减少，这是个非常好的信号，不管对王朝，还是个人来说，无事发生，无事可记，都是最好的时光。

王导重新赢得了皇帝和群臣的尊重。

咸和六年（公元331年）冬，皇帝在祭祀完太庙之后，下诏将祭祀用的肉赐给王导。这是一种经过简单蒸煮的熟肉，甚至没有添加调料，虽然味道不佳，但却意义非凡。因为根据《周礼》，天子一般只会将这种肉赐给同姓的诸侯，表示对他们血缘关系以及封土权力的认可。

王导以外姓之臣，得到这样的赏赐，意义自然非同一般。《资治通鉴》郑重其事地将其记录下来，为其作注的胡三省则解释说，这是"晋以周之齐桓公者礼王导"。东晋以周朝礼遇齐桓公的方式对待王导，传达的意思也就非常明白：希望您像当初齐桓公匡扶周室一样，继续辅佐我东晋王朝。

使者带着肉来到王导府上，并说皇帝特意交代了，王公您不用"下拜"。对于皇帝的好意，王导一概婉拒了："**导辞疾不敢当。**"

越是身居高位，越是要小心翼翼，如履薄冰，如临深渊。

皇帝对王导的敬重还表现在日常的礼仪上。《资治通鉴》记载说，皇帝刚即位时年幼，"每见导必拜"，每次见面都要主动站起来作揖行礼。有事给王导写信时，开头都要先写上"惶恐言"，我诚惶诚恐地跟您说……

日子就这样平稳地过了下去，坚持了三年之久。不过门阀体制下的东晋王朝，维持的始终是一种脆弱的动态平衡。这几年有赖于王导的苦心经营，建康与上下游的荆州陶侃、豫州庾亮、京口郗鉴保持了相互制衡，没有谁敢轻举妄动。大家都享受了难得的和平时光。

但是到了咸和九年（公元334年）六月，稳定的架构又突然出现了缝隙：

陶侃去世了。

陶侃当年在废黜王导的计划遇阻后，经过了一段痛苦的挣扎时光。他本以为自己已经拥有了冲破门阀藩篱的实力，但却遭到了庾亮、郗鉴的一致阻挠。他意识到这个世界远比他想象的还要复杂，森严的门第，比他想象的还要巍峨。而权力运作的幽微，更是玄奥深远。

他开始频繁地想起自己曾经做过的一个梦：

梦生八翼，飞而上天，见天门九重，已登其八，唯一门不得入。

梦中的自己长出了八只翅膀，飞上云霄，来到天宫。天宫有九重门，他不断深入，接连穿过八道门，但最后一道门却巍峨紧闭，不得进入。

他正犹豫时，"阍者以杖击之，因隧地，折其左翼"。

守卫突然冲了出来，以杖击之，陶侃就跌了下来，左边的翅膀也一并折断。

等到醒来，满头大汗，"左腋犹痛"，左边的胳肢窝还隐隐作痛，好像一切都真实发生过一般。

没人的时候，他就偷偷揣摩这个梦境。"八翼"当指他拥有的八州军政大权，而九重天就不敢明言了，因为"九""天"都往往与皇帝相连，比如九五之尊、飞龙在天。

陶侃做出这样的梦，进一步证实了他曾经确实有过"非分之想"。但这个梦又实在不吉利，似乎暗示他若真敢跨出那一步，会有坠入深渊的危险。在计划遇阻后，这个梦境的预兆也就显得更加真实可信。

于是根据《晋书·陶侃传》的记载，陶侃"每思折翼之祥，自抑而止"。

梦境当然是原因之一。走到陶侃这种高位的人，往往相信天命。因为他们已经再没有其他可以相信，或者能继续指引他们前进的东西了，只能抬头追问更加玄远的天命。但更深层的，恐怕还是他对当下现实的领悟。

东晋一朝，没有人能像他一样，以如此卑贱的出身，而攀爬至如此高位，但他也只能到此为止了。阶层的跃迁，需要时代的红利，更需要好几代人的不断努力，非一朝一夕可至。他即使拥有最为强悍的军事力量也无可奈何。因为很多时候权力讲究的是传统，是惯例，是合法性。他在这些方面都远不足以与王导抗衡。

老子说：知足不辱，知止不殆，可以长久。

像陶侃这样不断奋斗的人，需要知道什么可以改变以不断进取，更需要知道什么时候不得不妥协以知止不殆。

陶侃压抑住了自己的野心，将精力重新收回来放在经营自己已经拥有的领土上。他派兵沿着汉水逆流而上，与羯族人争夺重镇襄阳，并将其占领，如此他就有了一个安稳的北部边防。朝廷因为这个功劳要赐给他"大将军"的头衔，这是之前王敦曾经拥有的至高地位。

陶侃拒绝了。他继续留在荆州，经营民政，发展生产，让老百姓有饭吃。《晋书·陶侃传》留下这样一个有趣的记载：

尝出游，见人持一把未熟稻，侃问：用此何为？

陶侃有次出游，看见有人手中拿了一把还没有成熟的稻子，就问你拿这个做什么。

那个人说：行道所见，聊取之耳。

路上看见了，无聊就拽了一把在手里。

陶侃大怒：**汝既不田，而戏贼人稻！**

你自己不种田，还糟蹋别人的稻子，这怎么行！

然后"执而鞭之"，让随从把他抓起来打了一顿鞭子。

陶侃出身穷苦，终身保持了简朴、勤奋的习惯。他在管理上也严肃、好察，属下不敢放松。他曾将下属赌博喝酒的赌具、酒杯都扔到江里，又将他们鞭打一顿，然后告诫他们珍惜光阴，勤奋办事。

经过他的努力，荆州一带逐渐从战乱中恢复过来，"百姓勤于农作，家给人足"。

到了咸和九年，他已经七十六岁了，常年的战争和繁重的公务耗尽了他的精力，他年老体衰，疾病转笃。他在六月上表皇帝，请求逊位，然后将政事交代给属下，等着皇帝派人前来接管。

安排好一切后，在六月十二日这天，他乘车出城，然后在码头登舟，准备沿着长江逆流而上，回到自己的封地长沙。属下们不舍，追了上来，坚持请他回去。

陶侃病得已经不能坐起来，他靠在船头与属下告别，说：老子婆娑，正坐诸君。

婆娑，胡三省注解为"肢体缓纵不收之貌"，就是四肢松垮。陶侃病笃，已经无法端坐了。在此之前，他曾多次请求辞官，属下都不舍得他走。权力和操劳毁掉了陶侃的健康。所以他不无悲凉地对众人说道：我老头子现在这个样子，都要怪你们啊。

他又交代了一些事情，然后坚决地出发了。一天后，六月十三日，陶侃病逝于船上，终年七十六岁。在这个动辄身死族灭的乱世，陶侃靠着不断的努力，以及自我克制，安全平稳地走完了一生。

◎ 王羲之：做间谍的日子

陶侃的死讯传到京都时，王导平复多时的心弦又紧绷起来。因为一如过去，每个巨头的死亡都会引起新一轮的权力调整。

陶侃留下的八州刺史、都督大权又将引起新一轮的争夺，王朝的权力结构也将随之调整。而豫州的庾亮比他更接近陶侃驻地，这意味着他可能更早得到消息，并提前做好了准备。

如果庾亮再得到陶侃留下的领土，他将拥有建康上游的全部军政大权，从荆州到豫州，顺江一线，尽在一人之手。执政中枢的王导，也就不得不仰其鼻息。如果庾亮也学陶侃当年，意图举兵废黜他呢？

永远不会有绝对安全的时候。冲击总是一波接着一波。

棘手的是，局面确实对王导不利。因为他的阵营中，实在找不到能够接替陶侃的有力人选。想要吞下荆、江八州，当要出身豪门，有大功于朝廷，还要有出任地方刺史、都督的履历。他的堂弟王舒本是可能的人选，但他在去年已经谢世。

另一个堂弟王彬刚因为营造新宫的功劳而升为尚书仆射，他之前只短暂地出任过江州刺史，并无都督大权，现在接手陶侃留下的巨大权力，恐怕是力有未逮，也不能说服朝野。年轻一辈的子弟，如王允之、王羲之、儿子王悦等都还没有成熟到能独担大任的地步。

如此就只有一个思路可想，就是将陶侃的八州切割打碎，让家族子弟掌握其中几州的权力，剩下的分给庾亮以及其他家族，以此维持一个均衡。

不过根据史书的记载，局势并没有朝着这个方向发展，而是让庾亮独占陶侃领土。

《资治通鉴》载：

辛未，加平西将军庾亮征西将军、假节、都督江荆豫益梁雍六州军事，领江豫荆三州刺史，镇武昌。

六月二十九日，朝廷以庾亮为征西将军，都督江、荆、豫、益、梁、雍六州军事，并兼江、荆、豫三州刺史。

这相当于把陶侃原本八州中最重要的江、荆、益、梁、雍等五州军权都给了庾亮，剩下的宁州、广州、交州为南方偏远边疆，无关宏旨，给了其他势力。

尤其值得注意的是，陶侃六月十三日死，庾亮在十六日之后的二十九日就得偿所愿。在这么短的时间内就完成如此重要的，会引发各方势力博弈的权力交接，实在不可思议。但不管是《资治通鉴》还是《晋书》，都没有记载具体的过程。大胆揣测，或许有两种可能：

一、庾亮在陶侃死后迅速出兵，在事实上占据荆、江关键州，然后逼迫王导予以承认。

二、陶侃死前曾推荐庾亮自代，并得到各方认可。

庾亮近水楼台，在犯下大错后一直努力东山再起，第一种可能不是没有。不过考虑到他后来变得小心谨慎，竭力经营名声和威望的事实，这种贸然夺权的可能性较小。

而根据东晋惯例，地方刺史、都督在卸任之际会向朝廷推荐继任人选。这大大加强了第二种可能的概率。

现在能找到的直接支持第二种可能的证据，来自时人颜之推《还冤记》的一条记载：庾亮晚年，陶侃的鬼魂突然出现，来找庾亮索命，并有"老仆举君自代"一语。

颜之推也就是《颜氏家训》的作者，他的《还冤记》则多记载鬼神事迹，多荒诞之语。不过另一个当时的著名人物陶弘景在自己的宗教著作《真诰》中也记载了此事。

田余庆先生经过考证，认可了"老仆举君自代"一语，认为《真诰》与《还冤记》中神怪情节自不足信，但是其中反映庾、陶宿怨以及陶侃季年希图弥合并荐庾亮代镇荆、江之事，当是可信的，可以补充正史。

第十三章　王导的无为而治　253

也就是说，确实是陶侃临死之前对庾亮的举荐，让他得到了荆州、江州等要地。

还值得注意的是，两种资料都提到庾亮、陶侃的宿怨，《资治通鉴》《晋书》也有类似说法，但都没有指明两人究竟因何出现了矛盾。按理，陶侃有帮助庾亮平定苏峻之乱的恩情，两人又有携手抗衡王导的利益诉求，不知怨从何来。

或许是庾亮曾因为苏峻之乱而在陶侃面前伏低做小，但心中实际留下怨恨。这从人性方面来讲是经常出现的情况，尤其越是心胸狭隘的人，越是容易怨恨恩主。又或者是陶侃当初废黜王导的计划遭到庾亮劝阻，因此恨他不知恩图报，两人有了嫌隙。

不管如何，两人确实有了矛盾，陶侃死前念及此，试图弥补庾亮。

而他之所以摆出如此姿态，则是因为一个苦涩的事实：就像后人陶渊明一样，陶侃虽然儿子众多，但多不成器。他没法将权力安全地传递给几个儿子。

《晋书·陶侃传》记载说，他有十七个儿子，其中稍微知名、有历史记载的有七八个，但其中佼佼者又死在陶侃之前。比如他的世子，"少有才器"的陶瞻就死于苏峻之乱。

剩下的几个儿子虽然都进入官场，但都没有独当一面、守护家族的能力，以致不仅不能顺利接过父亲手中的权力，还让陶侃不得不把权力送给庾亮，以求得庾亮对他儿子们的手下留情。

这是陶侃推荐庾亮自代的核心背景。他因为试图废黜王导的行为，已经与琅邪王氏结上难以和解的死仇。如果再不能平息与庾亮的矛盾，自己死后，不仅权力尽为人夺，几个儿子还会成为被报复的对象。

这是一个父亲的苦心，更是一个寒门父亲的不得已。

他虽然通过自己这一代的努力获得了巨大的权力，但在门第等级森严的王朝中，面对王导、庾亮这些出身豪门、通过婚姻、仕宦等结下盘根错节权力网络的世家大族来说，终究是形单影只，岌岌可危。

他只能在死前，吐出苦心经营了一辈子的权力。

历史记载说，庾亮心安理得地接受了好意，至于是否对他的孩子们手下留情，那就看自己的需要了。

王导也接受了这个安排。陶侃劳苦功高，如今尸骨未寒，朝野都需要尊重他的遗愿。

不过王导也不是没有后手。

《晋书·王允之传》记载说：

咸和末，除（王允之）宣城内史、监扬州江西四郡事、建武将军，镇于湖。

咸和末，正是公元334年，陶侃死之年。

而王导之侄王允之新任的宣城内史，以及监扬州江北四郡军事的权力，之前正好都属于庾亮。而庾亮在获得荆州、江州大权，移镇上游武昌后，正好卸下了上述权力。

这自然不是一个巧合，也不会是庾亮心甘情愿的放弃。

而是他与王导的一个交换。

王导同意他接受荆州、江州，而庾亮吐出宣城、江北四郡，以让王导获得一定的军事权力，保护自己不直接面对庾亮的军事威胁。

打开地图就可知道，宣城、江北四郡对王导至关重要。它们就紧靠京都，为建康西边门户。原先庾亮领有此地时，王导就被压得喘不过气来。现在正好借此机会，稍微伸展拳脚，获得一个喘息空间。

历史记载说，王导为了实现这个计划，曾颇费心思。在王敦、王舒相继去世后，他从家族中得到的支持越来越有限。他这一辈人，凋零殆尽，只剩下他和王彬。年轻一辈子侄中，能力出色，能当大任的，主要是侄子王允之。他曾在苏峻之乱中立下大功，但对仕途一向谨慎，不想卷入伯父王导与其他巨头的权力交锋之中。

《晋书·王允之传》记载说，在他父亲王舒去世后，王导就赶快给王允之安排了新的职位——义兴太守。义兴是三吴地区中的重郡。先在地方锻炼，然后进入中央，或者升为刺史、都督，镇守一方，给中央的王导以军事支持。

但王允之拒绝了，理由是要给父亲守孝。

依周礼，父母死，要守孝三年，不得做官。

那时候局势还相对缓和，但王导需要提前布局，就写信给王允之，劝他接受任命。他说：**太保、安丰侯以孝闻天下，不得辞司隶。**

"太保"指的是王祥，卧冰求鲤的主角，以孝闻名。同时他还是琅邪王氏的奠基人，官至三公。"安丰侯"则是指琅邪王氏第二代的杰出者，王戎，竹林七贤之一，官至三公，封侯爵。

王导以家族先辈的事迹鼓励王允之，不要因为固守礼节而失去家族发展的良机。在写下这段文字的时候，王导当会想起他们这个家族发家以来的筚路蓝缕，步履艰辛。太保王祥在魏晋之际谨慎腾挪，奠定家族发展基础。第二代的王戎、王衍顺势而为，在西晋将家族推上一等豪门的位置。

到了八王之乱，天下分崩离析，则是王导、王敦兄弟当机立断，辅佐王室远支司马睿衣冠南渡。两兄弟胼手胝足，苦心经营，终于重起炉灶，再造辉煌：一人在外手控强兵，一人在内执掌中枢，翻手为云覆手为雨。

这是家族最艰辛，也最鼎盛的岁月。

然后局势急转直下，堂兄王敦两次叛乱，身死名灭。其他同族兄弟如王会、王异、王棱、王邃、王舒或受牵连而死，或暮年凋零。如今王导这一辈中，已只剩下他在苦苦支撑。

想到这里，他悲哀地写道：

吾群从死亡略尽，子弟零落，遇汝如亲，如其不尔，吾复何言！

我们这一家子死亡殆尽，子弟零落。你就是我最亲近的人了，如果不能出仕支持于我，我还能说什么呢？

岁月已晚，世殊时异，王导今年已经五十八岁了。

他还能坚持多久呢？

王允之收到了伯父的信，还是没有动摇，"固不肯就"。

然后就到了陶侃死去、庾亮尽占上游兵权的公元334年。在分外严峻的形势下，王导应该又苦劝了王允之，让他出任宣城内史，并兼江北四郡军事。

王允之虽然还在守丧期间，但这次做了配合。

王允之是个谨慎、聪明的人。他本不想过于深入地卷入伯父王导与庾亮这些巨头的巅峰对决中。作为一颗棋子，他很可能会成为斗争的牺牲品，当年伯父王敦叛乱，整个家族跪在宫门口请罪的场景还历历在目。

《晋书》记载说，王舒父子在仕途上持谦退姿态。他们累了，害怕了。这个时代太乱了，不是他们能够左右的，他们不想站在风口浪尖。

但王导不能允许这样的事情发生，他是大家族的族长。王允之等或许可以通过谦退以保全自身，或者大家族中的一支。但王导不行，他的命运、权势跟整个家族的兴衰紧紧地捆绑在一起，他没有后退的余地。他时刻都在浪头上，他需要来自家族的支持。他就是旋涡本身，既维护家族，也将家族中的所有人都卷入进去。

王允之躲无可躲。

根据历史记载，还有一个人也没躲过这场斗争——书圣王羲之，王导的堂侄，王允之的堂兄弟。

《晋书·王羲之传》载：**（王羲之）起家秘书郎，征西将军庾亮请为参军。**

庾亮军号升为征西将军，正是在他得到荆州、江州，移镇武昌之时。他在这个时候征辟出身琅邪王氏的王羲之为参军，实在是意味深长。

根据魏晋惯例，身居下位者想要得到上位者的信任，往往会将子侄送入对方幕府为参军。比如陶侃早年为太守时，就曾将儿子、侄子都送入刺史府做参军。名为幕僚，实为人质。

但王羲之这次的情况可能相对复杂，毕竟王导还不至于落到要将侄子送入庾亮幕府做人质的地步。这更像是为了营造一种你中有我、我中有你的氛围。当年庾亮执政时，他的弟弟庾冰也曾进入王导的司徒府中担任掾属。

这是高层斗争中的一种独特形式。进入对方阵营的人，既是人质，也可看作间谍，同样也可视为一种连接和缓冲，以保证双方斗而不破，不至于进入你死我活的零和模式。

像王导、庾亮这样位置的人，都承担不起彻底决裂的后果，他们的关系好坏，不仅关乎他们个人、家族的安危，更会波及整个朝野的稳定与安全。

庾亮以王羲之为参军的安排，让我们能大体看出在陶侃死后的争夺中，王导、庾亮尽量采取了一种和平、妥协的方式。王导认可庾亮对长江中上游的占领，庾亮则将紧靠建康的宣城、江北四郡让出来。同时，王羲之进入庾亮幕府，以保证双方有一个联络人。

这对双方都是有利的，但王羲之可能不会喜欢这样的安排。

他比王允之更厌倦被卷入权力斗争的旋涡。

多年之后，王羲之在给朋友的一封信中这样写道：**吾素自无廊庙志，直王丞相时果欲内吾，誓不许之，手迹犹存，由来尚矣。**

我一向都不喜欢在京都为官，当年王丞相想让我入朝，我坚决不同意。当初拒绝他的文字，现在还留着。

王羲之写这封信时，王导已经死去多年，琅邪王氏虽然还辉煌，但已经不是那个能左右整个王朝的第一豪门。王羲之依然认为自己当年的选择是对的，说明了他对家族斗争一向的抵触。

王羲之本被家族寄予厚望，《晋书·王羲之传》记载说他"深为从伯敦、导所器重"。王敦当年府中有名士阮裕（竹林七贤之一阮籍的族弟），在东晋有重名。王敦很欣赏他，就对侄子王羲之说：

汝是吾家佳子弟，当不减阮主簿。

你是我们家的佼佼者，不会比阮裕差。

言语之中，尽是欣赏和期许。

但王羲之没有回应这种期望。终其一生，他都与家族保持着一种若即若离的暧昧距离。王导死后，他彻底离开京都，到相对偏远的会稽终老。

庾亮征辟他为参军时，他已经三十二岁，以他的出身和名望，一直在秘书郎这样一个闲散的职位上原地踏步是不可想象的，唯一的解释就是他不想进步，拒绝进入权力中枢。

有人分析说，王羲之的这种疏离或许与父亲王旷之死有关。他的父亲王旷最早提出南渡计划，但后来死于跟匈奴的战争，甚至有传言说他投敌叛变。最终是王导、王敦得到了南渡的红利。这或许会让王羲之感到苦涩，以至于对政治失望。

但这种分析并无依据。

王羲之的排斥姿态，可能更多源于他的政治态度。他并不排斥做官、为国效力，甚至有极好的大局观，以及远见。但是现实政治中大族纷争、门户私计让他失望和厌倦。

他曾在给友人的信中这样写道：

自寇乱以来，处内外之任者，未有深谋远虑，括囊至计，而疲竭根本，各从所志，竟无一功可论，一事可记，忠言嘉谋弃而莫用，遂令天下将有土崩之势，何能不痛心悲慨也。

"寇乱以来"是从永嘉南渡算起。

他对这之后的政治是不满意的，认为不管是中央的官员，还是地方的都督、刺史，都缺少深谋远虑，只在乎一己私利，以致朝局瓦解，人心悲痛。

他最后得出的结论是：

任其事者，岂得辞四海之责。

身居高位的那些人，都是有责任的。

他写这封信时，王导已经死去多年，他的本意也是劝阻当时的执政者不要贸然北伐。但他既然说"自寇乱以来"，那么指责的对象恐怕也包括王导。毕竟东晋政局的模式，以及王导之后的执政者所走之路，都不可能摆脱王导的影响。

由此我们可以知道，他对伯父王导很可能也不是那么满意。另一个伯父王敦也给王羲之带来过巨大的痛苦。当年王敦在准备第二次叛乱时，杀死了王羲之哥哥的岳父，而王羲之跟哥哥感情深厚，他对王敦的凶暴作何感想呢？

他阻止不了王敦、王导，也改变不了他们。他能做的，就是尽量躲得远远的。

他应该也不曾跟伯父王导当面讨论过王导的执政是非，虽然王导看起来不是那么霸道的人，但这种事也无法讨论。很多事都没有讨论的必要，因为大家站在不同的位置，经历和欲求都不一样。王导南渡之初，面对那么复杂凶险的局面，他应该怎么办才最好呢？这是在相对稳定的环境中成长起来的王羲之不能想象的。

王导没法跟王羲之解释。大家都在各自的困局中挣扎，彼此看不见，理解不了，甚至帮不上忙。如果很多事情仅靠沟通就能解决，世间也就没有这么多悲剧了。

王导能做的，至少在生前能做的，就是不让年轻一辈过早过远地背离家族，将他们尽量卷入自己的计划之中。

王允之、王羲之都躲避不了。

根据历史记载，王羲之在这之后，就以人质、间谍、联络员的身份始终在庾亮幕府中任职，直到几年后王导、庾亮相继死去。

第十四章
反者道之动，弱者道之用

◎ 螳螂捕蝉，黄雀在后

在勉强说服两个侄子参与自己的计划，以跟庾亮重新分配权力后，王导回过头来，发现还有一个新的，更加棘手的问题冒了出来：皇帝成年了，该是还政于主的时候了。

《资治通鉴》载，公元335年，春，正月，帝加元服。这一年皇帝司马衍十五岁，加元服就意味着已经成年，可以亲自主持政务了。为了凸显这一年的重大意义，王朝改元咸康，是谓咸康元年。

虽然东晋皇权不振，实际主持政务的始终是门阀士族，但皇帝依然享有名义上的最高主权，也依然有忠心皇帝的儒家臣子努力为皇帝争取更多的空间。实际上，维护司马氏皇权的存在和尊严对王导来说也是必要的。

根据田余庆先生的说法，东晋政局是"皇帝垂拱，士族当政，流民出力"。司马家的皇帝虽然是拱手让权，但他的存在依然必要，既以血统给东晋政权提供了合法性，又让皇权有了一个明确的继承谱系，有助于朝局的稳定延续。

王导有个人和家族的权势诉求，但他清楚地知道，这都建立在上述权力模型之上。所以他与皇权之间就有一个既合作又相互争夺的紧张关系。

当皇帝没有成年时，他可以名正言顺地独掌大权，但在皇帝加元服后，事情就没有那么简单了，至少从舆论上来说，他应该还政于主。

这对王导来说实在是非常不利的局面。上游的庾亮刚刚得到了荆州、江州、豫州等六州大权，拥有王朝最强大的军事实力。如果他在京都的执政权也受到限制，那就陷入腹背受敌的困境。

经过一番考虑，王导大致有了一个思路。

二月，"司徒导以羸疾，不堪朝会"，回家休养。

"羸疾"就是身体虚弱，并不是什么致命的疾病，但妙在解释空间大，可严重可轻缓，可突发也可骤然好转，视局势需要而定。每当朝局微妙尴尬的时候，他就来这么一手。比如当年庾亮执政时，他大多时间都在家养疾。

如此以退为进，既避免了在朝堂中威凌主上，招致非议，又没有明确交出手中权力。

接下去就该皇帝出手了。

三月，皇帝带着群臣，亲自到府上问候王导。"帝幸其府，与群臣宴于内室"，在王导家里大摆宴席，以示君臣和睦，其乐融融。为了进一步表达对王导的尊重和敬意，已经成年的皇帝还"拜导并其妻曹氏"。

不仅对王导行礼，还拜其妻曹氏。这实在是古代臣子很少能享受到的尊荣。

皇帝此举，是在安抚王导，暗示他将一如既往地尊重和仰仗于他。因为实际上他和王朝都离不开王导。从个人感情上，他也不会忘记当年苏峻之乱时，舅舅出逃，是王导这个老人不离不弃地陪在身旁。

但事情也没有如此简单，皇帝安抚这个动作本身就意味着他理解了王导回家养疾的真意。他已经是一个能读懂权力逻辑并做出适当回应的人了。历史记载说，司马衍聪明、早熟。登基十年，虽然从来没有亲自操持过权柄，但他没有忘记在角落静静地观察、学习。苏峻之乱更是让他过早地体会到了人世的艰辛和权力的恐怖。

他不会是一个愿意一直当傀儡的人。

宴会结束，回到宫内后，意味深长的一幕出现了："**侍中孔坦密表切谏，以为帝初加元服，动宜顾礼。**"

侍中是皇帝身边的顾问，出入相随，孔坦应该也跟着皇帝一起去了王导府中，并见到皇帝拜导以及其妻曹氏，于是上了一个密奏，恳切地劝谏皇帝不要这么做了：您已经成年了，要顾及君臣尊卑。

皇帝"很顺从"地听取了孔坦的意见，"从之"。

实际上，关于皇帝对王导行礼这件事之前就曾引起争议。皇帝登基后，"每见导必拜"，给王导写信，要以"惶恐言"开头。群臣就讨论是否应该这样，尤其在新年皇帝大宴群臣的时候，是否也要这么做。讨论的结果是，虽然理论上没有君拜臣的道理，但除了特殊节日可以免礼外，其他时候该拜还是要拜。皇帝为此专门下诏，认可了这个结论。

由此可见王导在群臣心中的影响，因为这层影响，皇帝也不得不屈服。但现在情况不一样了，皇帝长大了，在名义上有了执政的可能。他开始试着伸展拳脚，逐步探索自己的空间。他从善如流地听从了孔坦的建议。

孔坦出自会稽孔氏，儒学世家。据说他还是孔子的25世孙，服膺儒教，把皇帝的权力看得很重。皇帝想要提振皇权，孔坦这样的人对他就很重要，就像当年他的祖父司马睿重用刁协、刘隗，他的父亲重用卞壶。很多他不方便做的事，不方便说的话，交给孔坦这样的人就很合适。

不久，孔坦继续进言：

陛下春秋已长，圣敬日跻，宜博纳群臣，咨取善道。

"圣敬日跻"出自儒家信徒非常熟悉的《诗经》，原是用来夸赞圣王商汤的，后来就成了儒家臣子夸赞皇帝的套话，意思是您天资聪颖，每天都在进步。既然如此，您就要博采群臣意见，以得善道。

这才是孔坦深藏的真意：不能再只听王导一人的了。

这或许也意味着，京都之内，以孔坦为首，已经有一定数量的大臣对王导独掌大权不满。他们名义上是为皇帝张权，其实也是借此机会，挤进权力中枢，为自己出头。

王导敏锐地察觉到了这一点，少有地选择了主动出击："出坦为廷尉"，免去孔坦侍中之职，将他从皇帝身边调开，出外廷任廷尉。

"廷尉"主管刑狱，为九卿之一，实权还在侍中之上，但再没了日常陪在皇帝身边，以施加影响的机会。

孔坦不乐意，心中苦闷，托疾辞职。这或许是故作姿态，以逼王导收回成命，或者是心中恐惧，真心想远离官场。

王导没有管这些，直接批准了他的辞职。这有些不留情面，但群臣和皇帝都需要一次必要的敲打，以及时扑灭刚刚燃起的夺权之火。不过细看《晋书》《资治通鉴》等史料，或许还有一个更加微妙的原因，让王导对孔坦采取了更直接果断的处理。

《晋书》记载说，庾亮的弟弟庾冰与孔坦关系密切。

孔坦被王导赶出宫廷后，心中郁闷，随即病倒。"庾冰往省，对之流泪。"庾冰前往探视，并在孔坦床前流泪。这泪就流得颇复杂，既有同情，恐怕也有对王导的怨愤。

《晋书·孔坦传》还记载说，孔坦病危时曾写信给远在武昌的庾亮，夸赞庾亮"以伯舅之尊，居方伯之重，抗威顾眄，名震天下"，遗憾自己中道早亡，没有机会再与庾亮一起匡扶政局了。而庾亮也立马给孔坦回信，对他病笃表达极大的哀痛与惋惜，"悲恨伤楚，不能自胜"。

这就不得不让人怀疑，孔坦与庾亮如此相互期许共辅大业，那么先前孔坦支持皇帝的举动背后，是否也有庾亮的参与呢？

这倒不是说孔坦一定加入了庾亮阵营，而是孔坦有削弱王导，振兴君权的诉求，庾亮正好可以利用这一点，以"匡扶时局"的理由要求孔坦与自己一致行动。

如果这个分析属实，那就意味着庾亮在掌握了荆州、江州等方镇大权后，开始试图插手建康政治，与王导争抢对皇帝的控制权。

有意思的是，史籍中关于王、庾两家直接冲突的记载并不多，这或许是因为高位者的斗争大多在暗处涌动，而且多以爪牙相争，他们自己隐身幕后。对于庾亮出镇六州后，对王导形成的威胁情势，《资治通鉴》有这样一条笼统的记载：

亮虽居外镇，而遥执朝廷之权，既据上流，拥强兵，趣势者多归之。

庾亮虽在外统兵，但手伸得很长，遥控京都朝政。手控强兵，以上制下，朝野中趋炎附势的人多投向于他。

这条记载对应的时间虽然在几年之后，但庾亮开始占据主动，对京都的王导形成压制，恐怕从他掌握六州强兵后就逐渐开始。因为对于庾亮这样的士族来说，外居方镇只是权宜之计，他早晚都要回到京都执政。

尤其是年初皇帝加元服，给了庾亮很好的机会。他可以以帝舅身份要求王导还政于主。事实上，他甚至都不用自己出面，他们家族在京都的亲近者都可以完成这个任务。

这才是王导真正担心的事情，内有皇帝的跃跃欲试，外有庾亮的咄咄逼人。皇帝年轻，王导还可自如应对，但庾亮手控强兵，不可小视，要是让他与皇帝合流，就不可想象了。

于是，一个计划被提上日程。

◎ 一场不存在的战争

《资治通鉴》载，皇帝加元服这年的四月初六，王导驱逐孔坦不久，一封情报突然以十万火急的姿态从历阳前线送来，王导、皇帝等打开奏表，都吓了一跳，继而"朝廷震惧"，京都衮衮诸公都陷入巨大的震惊与恐怖之中。

奏表上清清楚楚地写着：

赵王虎南游！

后赵天王石虎突然带着部队出现在长江边上。

大家的恐惧是可以理解的，因为这是目前历史记载中，北方铁骑最接近东晋领土的时刻。而石虎和他的后赵，是目前北境最强大的政权。

三十多年前，匈奴人的骑兵最早进入中原，揭开了乱世的序幕。当汉人大量逃亡南方后，他们在山西建立了政权，史称前赵。但很快，原本为匈奴出生入死的羯族人石勒在今河北一带发展出自己的势力，并在公元329年，也就是东晋忙着处理苏峻之乱时，彻底灭亡了前赵，建立了自己的王朝，史称后赵。

两年前，石勒死，他的侄子石虎接过了政权的最高权柄。在历史的记载中，石虎以残暴好杀出名，同时长于沙场征伐，赢了就习惯性地屠城、掳掠。他靠着近乎恐怖的杀戮，先后帮后赵拿下河北、山西、河南、山东等地，与东晋在淮河一线南北对峙。

几年前，陶侃还在荆州时，石虎的部队曾与其在襄阳一线争夺。现在，谁都没有想到的是，他竟带着部队以闪电袭击的方式，突然越过淮河防线，抵达历阳。

他若在历阳渡江，建康就彻底暴露在他的铁蹄之前。京都立即进入戒严状态。

无论如何，必须阻止他继续前进。

关键时刻，王导站了出来：

司徒导请出讨之。

虽有羸疾，也顾不得了，守卫京都是他义不容辞的责任。他开始紧急调动人马，征集粮草，他准备亲征。

皇帝也做了积极配合，加封他为大司马、都督征讨诸军事，还授予他黄钺，相当于出兵在外的时候代表着皇帝，可先斩后奏。为了表示重视，王导带兵出征这一天，皇帝还亲自送到了城门口。

这一天是四月十六日，筹备周期只有十天，可见军情之紧急。

大部队出发了，还在路上，王导就开始调兵遣将：

遣将军刘仕救历阳，平西将军赵胤屯慈湖，龙骧将军路永戍牛渚，建武将军王允之戍芜湖。

慈湖、牛渚、芜湖都在今日马鞍山一带，位于长江及其南岸，正对历阳渡江口。王导一面派刘仕去历阳迎战石虎，一面做好了在江对面堵截的准备。

不过出人意料的事情发生了，当几路朝廷军长途跋涉，气喘吁吁地出现在历阳前线的时候，石虎竟然带着部队逃走了。《资治通鉴》记载说"已去"，《晋书·成帝纪》记载说"贼退向襄阳"。不发一矢，不交一兵，仓皇逃遁，实在不应该是石虎的风格。

其实也没什么意外的，因为根本就没有石虎的大部队，来的只是石虎和他的十余骑卫兵。他们悠悠然地在江边逛了一趟，遥遥地看了一眼江南的王朝就走了。

《资治通鉴》载：

有游骑十余至历阳，历阳太守袁耽表上之，不言骑多少。

如此兴师动众，朝野震惧，竟然就因为十多个骑兵。而传递情报的太守袁耽竟然没有提及这个关键信息。这不是疏忽或者来不及查清敌情，十多个人的部队有什么调查不清的呢？完全是有意隐瞒。

袁耽因此受到惩罚，以"轻妄免官"。

整个事件的过程就是，四月六日军情出现，四月十六日出兵，然后四月二十一日休兵，解除戒严。八个字以概括：兴师动众，草草收场。

简直形同儿戏。

但问题是，袁耽区区一个太守，五品官，如何敢如此胆大包天夸大军情？这样做对他又有什么好处？答案很可能是，他的背后有王导。此番出兵，不过是王导自导自演的一出大戏。

如果有人记得的话，袁耽不是第一次出场。苏峻之乱时，陪在王导身边，帮他联络路永、匡术这些降将，以及协助他逃出石头城的，正是这个袁耽。他当时的身份是司徒王导的参军。

《晋书·袁耽传》记载说，苏峻之乱平定后，王导没有忘记他的功劳，"峻平，封秭归男，拜建威将军、历阳太守"。

不仅封男爵，还让他以建威将军的身份出镇历阳。以参军身份而骤然高升，并出镇如此关键的位置，说明了王导对他的着重培养。要知道，当时的袁耽只有十九岁。不过没有关系，王导看重的是他出色的个人能力。《晋书》《世说新语》都曾夸奖袁耽"俊迈多能""少有才气"。

顺嘴一提，袁耽这次夸大军情被免官没多久，王导就又准备重新起用他。《晋书·袁耽传》载：**寻复为导从事中郎，方加大任，会卒。**

"寻"就是不久、很快的意思。

王导不仅要起用，还准备重用，加大任。不过袁耽运气不好，暴卒，时年二十五岁。

还有一个不能忽视的旁证也能说明这次出征是王导的一出大戏：王导此番派出去的将军全是琅邪王氏的"私人"。

救援历阳的刘仕、驻扎慈湖的赵胤，是早已服务于王氏的将领。屯兵牛渚的路永则是在苏峻之乱中投靠王导的降将。当年郭默之乱，王导想通过庾亮分陶侃之功时，就曾调遣这三个人加入庾亮的部队，一同前往江州平定叛乱。事情结束后，他们又回到了王导麾下。

王允之就更不用说了，他是王导的侄子。

由此我们可以知道，王导的这番调兵遣将，根本不是为了应对十余人的石虎，而是更进一步地抢占建康上游的地盘，防备庾亮。庾亮移镇武昌后，王导曾通过王允之镇守于湖，掌握宣城、江北四郡。但现在看来，这还远远不够。庾亮插手京都，试图跟王导抢夺皇帝这件事说明，他们当初达成的平衡是多么脆弱。来而不往非礼也，庾亮的出手，诱发出王导的反击。

他需要王允之从于湖更进一步逆流而上，移兵芜湖，扩大他所能控制的领土。其他三人的驻守，能够更好地帮助王允之完成这个任务。

但事情还没有就此结束。

根据《资治通鉴》的说法，似乎在发现是虚惊一场后，王导就被解除了大司马的职务，失去了短暂得到的兵权。但《晋书·王导传》却清晰地记载道：**俄而贼退，解大司马，复转中外大都督。**

卸任大司马后，王导得到了中外大都督的权力。

中外大都督应该就是著名的都督中外诸军事，掌握京都内外的所有兵权，包括宫内的禁军系统，以及驻扎在京城周围的护卫军。这是一个如此敏感，以至于可以说掌握皇帝和公卿生死的职位。

当年东晋第一代皇帝司马睿登基，为感谢王导的辅佐之功，曾将这个职位赐予他，但王导小心谨慎地拒绝了。因为历来出任这个职位的都是宗室，或者皇帝的心腹之臣。

但现在，王导通过一场不存在、不必要的战争，就将京都的最高军权攫取到自己手中。需要补充的一点是，在这次行动中，京口的郗鉴也提供了重要的支持。

《资治通鉴》记载，当王导调兵出京时，"司空郗鉴使广陵相陈光将兵入卫京师"。郗鉴调派官居五品的广陵太守陈光带兵入京，填补王导出兵后留下的空白。根据田余庆先生的考证，王导回来后，这支部队也没有退回京口，而是留在京都听候王导调遣。

同时，根据整场战争的时间安排，我们甚至还可推测这是一次计划良久的行动。

袁耽的军报出现在四月六日，但王导与他的谋划必然是在此之前。因为石虎出兵这种事难以安排，那么很可能是早在这之前，袁耽就得到王导授意,以历阳太守的身份相机而动,但凡发现可利用的良机,就及时报给京都的王导。

郗鉴对王导的配合应该也是很早就安排好的。不然四月六日军情出现,郗鉴何以能在十多天的时间内就调动一支部队,支援京都?

这既可看出当时局面的微妙复杂,同样也暴露了王导的幽微莫测。

◎ 积财以遗子孙,其害无穷

按照《资治通鉴》的记载,王导的计划似乎大获成功。在扩张了京都上游地盘,并在内得到都督中外诸军事的权力后,王导重新巩固了权力。庾亮也似乎知难而退,与王导保持了几年时间的和平相处。

证据就是这几年的史书记载中,再没有出现王导和庾亮的直接冲突,甚至就连东晋相关的记载也大幅度下降。似乎大家都斗累了、倦了,想要稍微休息一下。毕竟在出征的公元335年,王导已经是花甲之龄了。

从公元307年南渡,至今近三十年,斗争片刻不息。他该是休息的时候了。这次的军事行动,应该是他的最后一搏,也足够为自己、家族以及王朝赢得一段和平岁月。

但事实或许没有这么乐观,王导虽然老了,但庾亮还年轻,才四十七岁,正是该大有作为的时候。

三年后,咸康四年(公元338年)夏,庾亮突然联络郗鉴,"欲共起兵废导"。

庾亮准备效仿陶侃,废黜王导。

这件事如此重大,但又相当蹊跷,因为事先几乎毫无预兆。按照《资治通鉴》的记载,似乎是在经历了三年和平时光后,庾亮突然起意,要与王导决一死战。

在写给郗鉴的信中，庾亮是这样解释自己的出兵原因的：

主上自八九岁以及成人，入则在宫人之手，出则唯武官、小人，读书无从受音句，顾问未尝遇君子。

年轻的皇帝身边，都是一些"他"培养的武将、小人，没有学识渊博、品行端正的君子。这分明是对皇帝的控制和蒙蔽。庾亮激愤地质问道：

秦政欲愚其黔首，天下犹知不可，况欲愚其主哉！

秦始皇当年焚烧诗书，试图愚民，天下都知不可，何况愚主呢？

然后他又指出一项更大的罪名：

人主春秋既盛，宜复子明辟。不稽首归政，多养无赖之士。

皇帝都已经长大了，"他"不还政于主，还豢养无赖作为羽翼。

如此罪不可恕，怎么能不起兵将"他"废黜呢？

这里的"他"，自然就是王导了。

按照庾亮的描述，王导在掌握都督中外诸军事的大权后，不仅没有收敛，反而继续作恶多端，提拔亲信武将，控制京都甚至是皇帝。《晋书·庾亮传》则记载说王导"委任赵胤、贾宁等诸将，并不奉法，大臣患之"。

王导纵容赵胤、贾宁等武将，其他大臣也觉得不安。

那么事实是否果真如此？根据《资治通鉴》的记录，这三年原本应该是相对和平无事的，为何变故突起？还有，这三年间，王导究竟做了什么？

遗憾的是，不管是《晋书·王导传》，还是《资治通鉴》，甚至是《世说新语》，我们能找到的，对王导这三年的记载都很少。只有寥寥几件事，或许能让我们稍微接近他。

第一件事，是他的堂弟王彬在咸康二年（公元336年）二月去世。

琅邪王氏家族中，王导这一辈，就只剩下他一人了。王彬正直，能力出众，他的存在给了王导很大的安慰和支持。现在他走了。

另一个人的去世给王导带来了更大的痛苦。他的长子王悦，他最喜欢的儿子先他而去。这个儿子体贴孝顺，稳重有礼。他在家会帮母亲做家务，整理衣服。王导每次休假结束,回宫办公的时候,王悦都会跟在牛车后面相送。在路上,父子两人有说有笑,直到宫门口。

王导非常喜欢这个孩子,亲昵地称呼他为"大郎"。大郎是王家的世子,本该是王导事业的继承人。没想到他因病早逝,成了白发人送黑发人的结局。

他去世的时候应该还非常年轻,因为他生前最后的官职是中书侍郎,这是给二十岁左右的豪门子弟镀金的清要职位。他还没来得及成长为父亲的接班人。

《晋书·王悦传》记载说,王悦还没生病的时候,王导就做了一个噩梦。梦中有人拿出百万钱要买这个孩子。醒后王导就觉得不吉,心中偷偷为孩子祈祷。不久装修房子,开挖地基,竟然从地下发现了百万钱。王导更加担心,连忙命人将钱又埋了起来。

但王悦还是很快就病了,而且病势猛烈。王导忧虑,几日不吃东西,以致精神恍惚,有日突然看见一个披甲持刀的人出现。王导问他是何人,对方回答说自己叫"蒋侯"。

蒋侯真名蒋歆,原是三国时期人,曾在建康(那时候还叫秣陵)为官,战死在钟山脚下。据说死后常常显灵。东吴时,孙权为他在钟山立庙,封为蒋侯。钟山也因此又叫"蒋山"。

这么说,出现在王导面前的这位是神仙了,至少有鬼神之力。他告诉王导不用担心:我听说您儿子生病,特来相助,"公勿复忧"。

说完就让王导安排饭菜,看来施法前要饱餐一顿才好发力。

王导连忙安排,蒋侯大吃大喝,"遂啖数升"。

仅从这个饭量来看,也非常人。不料蒋侯吃完后却变了脸,说"中书患,非可救者"。

你儿子的病,救无可救。

说完就消失不见了。

不久，王悦死。

上面这些神鬼之事固不可信，但却能反映出王导面对儿子生病的焦虑、痛苦。就像寻常的父母，面对子女生病，求医无效的时候，只能绝望地求助鬼神，下跪、磕头、祈祷。这个时候，再大的官，再大的权力，都抵抗不了生死。

《晋书》记载说，儿子死后，王导夫妻痛不欲生。妻子将儿子生前帮她收拾衣服的柜子关上，到死不忍复开。王导则是每次回宫时，都会想起儿子生前送他的场景，一边走一边哭一边想，到了宫门口，再抹掉眼泪，继续投入激烈而令人疲倦的权斗中。

至亲的相继离世给王导带来了巨大的痛苦，尤其是他年纪这么大了，还要忍受白发人送黑发人的结局。但他没法像一般老人一样沉浸在痛苦之中，退出事业，颐养天年。相反，他越来越感到势单力薄，甚至是恐惧。他已经老了，家族的事业还后继无人。

他要重新振作起来，做最后的挣扎。他开始环视周围，尽量笼络、培养可用之人。

根据《晋书》《资治通鉴》等史籍留下的碎片信息，我们大体可以看出他这几年的人事布局。

首先是次子王恬"加给事中，领兵镇石头"。王恬区别于一般豪门子弟，好武，不喜欢做文官。王导原本不喜，但这个时候也只能发挥儿子的特长，让他领兵镇守京都要地石头城。这既是重用，也是提前锻炼。

然后是用赵胤为护军。护军统领一支宫廷禁军，并掌禁军武官选举，有人事权，位置敏感而重要。当年司马家的司马师就是靠着中护军的身份，帮助父亲司马懿成功发动高平陵事变。

赵胤是琅邪王氏的老将了，之前王导曾用他屯兵慈湖，抢夺豫州之地，现在又将他调了回来，出任禁军将领。

跟赵胤一起得到重用的还有一个叫贾宁的武将。根据《晋阳秋》记载，贾宁曾投靠在王敦侄子王应麾下，王敦兵败身死后，贾宁又投靠了苏峻，并跟着一道进攻京都，并曾建议杀死王导。被苏峻拒绝后，他又投向了王导。这是一个没有太多原则，只求在乱世有立足之地的人。王导没有计较，还是重用了他。

还有一个更加关键的禁军位置，安插的也是王导的人：领军将军陶回。

陶回是江东人，曾在王敦军府中做参军，因能力出众而升为别驾。王敦兵败后，王导看中他的能力和忠诚，征辟为自己的从事中郎，很快升司马。庾亮引发苏峻之乱时，陶回曾多次出谋划策。事后，王导先是擢升他为北军中候，后为中护军，然后出地方历练几年后，回京任领军将军。

领军将军为禁军将领之首，位高权重，但凡要发动政变，或者控制皇帝，都离不开这个位置的协助。

以上只是有记载可寻的人事安排，很可能还有更多布局为历史忽略。即使只从这些材料，我们也大体可以看出王导对人事安排的两个突出特点：

第一，加强军事控制，以上重用的全部都是武将。

第二，加强对京都的控制，不管是镇守石头城的次子王恬，还是禁军系统，都有助于王导更有力地控制京都。这个分析还有一个旁证，那就是当时的丹阳尹，相当于首都市长，一个叫桓景的人，也是王导的亲信。《资治通鉴》载：丹阳尹桓景，为人谄巧，导亲爱之。

如果再仔细揣摩，王导控制京都的真正目的，其实是加强对皇帝的掌控。皇帝身边最重要的禁军将领，全都是王导的人。

庾亮在写给郗鉴的信中，有这样一段非常关键的话：

主上自八九岁以及成人，入则在宫人之手，出则唯武官、小人，读书无从受音句，顾问未尝遇君子。侍臣虽非俊士，皆时之良也，知今古顾问，岂与殿中将军、司马督同年而语哉！不云当高选侍臣，而云高选将军、司马督，岂合贾生愿人主之美，习以成德之意乎！

皇帝从小到大，入在宫人之手，出则为武官、小人掌控。

按照对皇帝的一般培养，应该挑选出身士族、品德高尚的君子陪着皇帝读书，时时教化。但王导却大大提高了殿中将军、司马督的身份，让他们可以与这些君子相提并论。

这里的殿中将军、司马督都是禁军将领，应该都是王导的人。上文提到王导重用贾宁，不过史料没有说他的具体职位，但既然将赵胤、贾宁同列，那么贾宁出任的也有可能是禁军系统的职位，比如殿中将军，或者司马督。

当年八王之乱时，这两个位置上的人是每次动乱中都会出现的重要角色。

还有另一个证据也能说明王导在有意控制皇帝。那就是次子王恬不仅领兵镇石头城，还"加给事中"。

"给事中"属于加官，原本没有具体的工作，但却相当重要，因为这个官衔的人有资格入宫面见皇帝。历史上但凡有重大事变，首先要做的就是封锁宫门，不让人出入宫廷。但给事中、黄门郎、散骑常侍、侍中这样的皇帝侍从之臣，却有权出入。

如此分析下来，我们就知道了王导这番安排的真正用意。

不过需要进一步辨明的是，他对皇帝的控制，应该不是出于对皇帝本人的忌惮。皇帝虽然加了元服，但毕竟还年轻，威胁不到王导。王导真正要做的，是将皇帝牢牢掌握在自己手中，以免他被其他人"挟天子以令诸侯"。

这个"其他人"，指的是庾亮。

庾亮是皇帝的舅舅，有执政的合法性。他又手握六州兵权，有与王导争权的实力。王导殚精竭虑地加强自己的军事力量，包括以儿子镇守石头城，主要防范的，就是庾亮。

而且我们还可以大胆猜测，王导很可能是在公元335年那次虚张声势的军事行动后就开始了这些布局，因为他当时获得了都督中外诸军事的权力，方便他重新部署石头城的防守，以及调整禁军系统的人事安排。

庾亮将这一切都看在眼里。

不过根据历史的记载，庾亮似乎没有马上做出反击。这次的他采取了王导惯用的策略，以静制动，后发制人。他静静地等着，反正他掌握着主动。经验逐渐老到的他意识到，大多数情况下，越是采取进攻姿态的，越是处于劣势，因为他心虚，他焦虑，才不得不率先出击。

庾亮不着急，因为有越来越多的人着急。

越来越多的人开始看不惯王导重用的那些武将。越来越多的人恐惧于王导不断扩张的权力。越来越多的人投向庾亮阵营。

然后三年过去了，咸康四年六月，时机终于成熟了。

《资治通鉴》载：

五月十六日，"以司徒导为太傅，都督中外诸军事"。太傅位在三公之上，为帝师。

半个月过去后，又"以导为丞相，罢司徒官以并丞相府"。后世以"王丞相"称之，即源于此。但丞相之位看似尊崇无极，其实异常敏感。

我们知道，丞相自古以来总领百官，辅佐皇帝，因此也有制衡皇帝，分君王之权的嫌疑。所以东汉后就不设丞相，将相权一分为三，付与三公，让他们相互制约，以保君权。汉末大乱后，天子微弱，曹操异军突起，又重新恢复了丞相职位，并自领之。后来又传给了自己儿子曹丕。从这个时候开始，丞相已经有了明显的权臣意味。谁任此职，就大概率意味着大权独握，威凌主上。

魏晋一百多年，在王导之前真正领有丞相之位的，就只有曹操父子，还有王导的堂兄王敦。当年王敦第一次兵变成功后，曾自封丞相，并试图传给自己的侄子。

如今王导也得到了这个职位。这说明在经过一系列武将部署后，他严密控制了京都，也成了皇帝和其他士族眼中的权臣。

当这个诏令颁布于朝野，而王导也接受丞相职位后，庾亮知道时机到了。

因为一个人在他最强的时候，往往也是变弱的开始。

这是老子的辩证法——**反者道之动，弱者道之用**。

一切事物都不可避免地走向自己的反面。越强则越弱。所以要尽量谨慎、低调、示弱，不要莽撞地、狂喜地奔向权力的巅峰。

在武昌一直注视着王导的庾亮，终于行动起来。他给京口的郗鉴写了一封长信，邀他一起废黜王导。他在信中详细罗列了王导的上述罪孽，并表示"是而可忍，孰不可忍"。

实际上，根据《晋书·庾亮传》的记载，在写这封信前，他已经向郗鉴发送过一次邀请："欲率众黜导，又以谘鉴，而鉴又不许。"

郗鉴明确拒绝了，但庾亮不甘心，才给郗鉴写了这么一封长信再次劝说。可见庾亮这次态度的坚决，以及对王导的怨恨与愤怒。这种情绪也在信中充分地流露了出来。

他说王导任用赵胤、贾宁等武将、小人控制皇帝，"挟震主之威以临制百官，百官莫之敢忤"。这样似乎还不够表达他对王导的不满，他又开始追忆当年陶侃废黜王导的旧事：

昔于芜湖反覆谓彼罪虽重，而时弊国危，且令方岳道胜，亦足有所镇压，故共隐忍，解释陶公。自兹迄今，曾无悛改。

当年陶公就想要废掉他，是我在芜湖跟您多次商讨，看在国家危难的分上原谅了他。当时想着有您、我几个人镇住他，他或许不至于做出太过分的事情。没想到这么多年过去了，他竟然一点都没有悔改。

由此可见，庾亮与王导之间，嫌隙已久。庾亮没有放过任何搜集、整理王导罪恶档案的机会，一桩桩、一件件，他都清清楚楚、明明白白地记着。

然后他开始对郗鉴进行道德绑架：

公与下官并蒙先朝厚顾，荷托付之重，大奸不扫，何以见先帝于地下！愿公深惟安国家、固社稷之远算，次计公之与下官负荷轻重，量其所宜。

您和我都是先帝的托孤重臣，身负天下重任。像王导这样的大奸大恶之辈不除，将来有何面目去见先帝呢？愿您好好考虑一下。

这几乎摆明，如果这样都还不同意，郗鉴不仅对不起先帝，也对不起天下人了，简直要跟王导一样罪孽深重了。

写完这封信，庾亮应该很有信心郗鉴会答应。因为他知道，郗鉴对王导也越来越愤怒。

《世说新语·规箴》篇载：

郗鉴以王丞相末年多可恨，每见必欲苦相规诫。王公知其意，每引作它言。临当还镇，故命驾诣丞相，翘鬏厉色，上坐便言："方当永别，必欲言其所见。"意满口重，辞殊不溜。

郗鉴对王导晚年的很多举措也很不满，每次回京述职的时候，都会苦苦相劝。王导是个糊弄大师，知道他想说什么，每次都顾左右而言他。

有一次郗鉴又要回京口了，临行前命人驾车，又去见王导。刚坐下，他脸色就沉了下来，直冲冲地说道：这次一别，可能就再没机会相见了，有些事情不得不跟您直说。

这个时候的王导、郗鉴年纪都大了，见一面少一面，不知哪一次就是永别了。郗鉴忧心时局，不得不竭力规劝王导。

但他可能是太激动了，或者要说的话太多，以致"意满口重，辞殊不溜"，说得很不利索，磕磕巴巴，不知从何处开始。这下就被王导逮到了机会。

王公摄其次曰："后面未期，亦欲尽所怀，愿公勿复谈。"

"摄其次"就是抓住对方停歇的当口。

郗鉴磕磕巴巴，王导就赶快截住他，说：哎呀，咱们后面还有很多见面的机会。那个时候我会把一切都告诉您。这次就什么都别说了。

王导是清谈名家，头脑灵活，口齿利索，郗鉴哪里是他的对手。

郗遂大瞋，冰衿而出，不得一言。

郗鉴无奈，气得干瞪眼，心中郁闷，直接走了，一句话都没说出来。

"冰衿"就是心情冰凉的意思。

郗鉴说不出话，不只是因为嘴巴笨拙，还是因为知道王导执迷不悟，劝他不醒。在这样一种失望的心情下，他还能说什么呢？

郗鉴、王导之间的龃龉能够都被记录下来，说明在当时已经传开。一直盯着王导的庾亮很可能也得到了相关情报。

所以他在写给郗鉴的信中，语气饱满，措辞强硬。

但出乎意料的是，郗鉴还是不为所动，"又不许"。

那么，郗鉴为何拒绝庾亮的提议呢？

原因或许有二：

其一，他与王导是利益同盟，废黜王导，可能导致他失去政治上的支持。郗鉴作为流民帅，需要朝中有人，如此才有根基。

其二，废黜王导可能引发王导、庾亮、郗鉴的三巨头之战，祸乱朝野。这不是郗鉴希望看到的。

但仔细分析，这两点好像又没有那么扎实。

如果郗鉴同意废黜王导，那么庾亮必然进入中枢执政，为了回报和稳住郗鉴，庾亮也会与他分享权力。郗鉴所得，可能比跟王导结盟还多。毕竟庾亮和他的几个弟弟的军事能力都有限，郗鉴有机会像陶侃一样，掌握王朝的主要军事力量。

同时，王导不是王敦那样会鱼死网破的强人，如果庾亮、郗鉴一致发出警告、威胁，王导有可能自动退去，不至引发战争。

那么郗鉴还是不同意废黜王导，可能还有其他理由。综合各方面材料，这个理由可能是王导之罪，并不像庾亮说的那么严重，还不至于发展到不得不废黜的地步。

庾亮在信中说王导"挟震主之威以临制百官，百官莫之敢忤"，将其描述为形同曹操、王敦那样的权臣。他甚至可能暗示郗鉴，王导会有非分之想。

《资治通鉴》也记载说，当庾亮试图废黜王导时，他麾下参军曾这样劝道：

王公常有世外之怀，岂肯为凡人事邪！

王公恬淡处事，经常有退出朝政，悠游林间的志向，哪里会做凡人事呢？

"凡人事"指的是以下篡上，改朝换代。

这个参军这样规劝庾亮，反过来就说明庾亮曾怀疑王导有王敦那样的谋逆之心，甚至曾向大家渲染此事，作为废黜王导的借口。

而对于这项指控，郗鉴是不会认可的。

他诚然不满王导在京都加强军事布局的行为，但不会认为是出于谋逆之心。他与王导相处多年，在大是大非上，对王导还是有足够的信任的。他信任的甚至不是王导的道德感，而是王导的理性和智慧。

当年王敦的两次谋逆，王导都有暧昧不明的举动，但那不过是为了扩张家族权势。在维护司马家为皇帝这件事上，王导从来没有犹豫过。

因为正是王导一手打造了"皇帝垂拱，士族当政"的权力模型。他也是这个模式的始终如一的守护者。

他不会废掉司马衍以取而代之，他要做的，只是更有力地将皇帝掌握在自己手中，以与庾亮抗衡。这在郗鉴看来，虽然不忠，但却是能够接受的，也有助于维护朝局的稳定。

然后就是王导重用的赵胤、贾宁等武将不守法，引起非议。

《晋书·庾亮传》载：

时王导辅政，主幼时艰，务存大纲，不拘细目，委任赵胤、贾宁等诸将，并不奉法，大臣患之。

根据这条记载，似乎是赵胤、贾宁等已经为非作歹到王导都看不下去，但是因为时局艰难，王导不得不姑息养奸。

这个说法很巧妙，看似是在为王导开脱，实际上还是将责任都推到了王导头上。因为大家都心知肚明，赵胤、贾宁是王导重用之人，也始终在他的掌控之中，不存在王导都驾驭不了以至于不得不姑息的情况。

对于这条材料，真正值得关注的，是对"不奉法"的理解。不管是《晋书》还是《资治通鉴》，都没有记载赵胤、贾宁犯法的具体细节。

实际上，这也不重要，因为大臣们对二人的抵触，并非出于对朝廷律法的守护，而是对他们出身的质疑。

《晋书·孔愉传》载，**王导将以赵胤为护军，愉谓导曰："中兴以来，处此官者周伯仁、应思远耳。今诚乏才，岂宜以赵胤居之邪？"**

王导准备用赵胤为护军时，出身士族的孔愉很不满，对王导愤然说道：东晋立朝以来，担任这个重要职务的都是周伯仁、应思远这样的人物。赵胤能跟他们相提并论吗？

周伯仁是谁呢？

王导对他可太熟悉了，他俩本是好友。

周伯仁出身北方大族汝南周氏。作为东晋初期的大族名士，周伯仁在《世说新语》中留下很多记载，不过大多不敢恭维：

过江积年，恒大饮酒，尝经三日不醒。时人谓之三日仆射。

周伯仁过江后没啥作为，天天就是喝大酒。即使升为尚书仆射也是如此，每喝必醉，一醉三天。当时人称他为"三日仆射"。

还有一条更荒唐的记载：

王导与周顗及朝士诣尚书纪瞻观伎。瞻有爱妾，能为新声。顗于众中欲通其妾。

这里的周顗就是周伯仁。

有一天，他与王导等人去尚书纪瞻家赴宴。纪瞻有个爱妾长于音乐，给大家表演了一曲。

周伯仁看得开心，喝得大醉，见纪瞻的爱妾风姿迷人，竟然上前将其搂住，欲行不轨。虽是大庭广众，他仍"颜无怍色"，也就是面无愧色。

这个行为是如此不堪，以致《晋书》在给周顗作传的时候都不得不省去细节，只写"顗荒醉失仪，复为有司所奏"。

这就是孔愉欣赏的周伯仁。因为他出身大族，是名士，所以就可担任护军,而赵胤出身世代武将的武夫之家,在士族眼中就只配在战场上效鹰犬之劳。掌值宿卫,陪在皇帝身边,哪是这种人能做的呢?

什么位置用什么背景的人,什么出身的人最高能走到什么地步,古代的官僚系统自有一套默认的规则。它不会写在法律,或者来往的公文上,而是深嵌在每个系统中人的心中。魏晋时代尤其如此,比如就连县令这个位置也有区别,富足的、靠近京都的县,只属于到地方镀金锻炼的贵族子弟,偏僻的、穷困的小县,就用来打发那些想要有所作为的寒门子弟。

当然,需要补充一句的是,周伯仁虽然荒唐滑稽,但在忠于皇帝这个大节上是没有任何瑕疵的。当年王敦第一次作乱成功后,将其逮捕杀害,周伯仁面无惧色,慷慨赴死。

孔愉推许周伯仁,也有"忠"的因素在里面。

王导在任用另一个武将,也就是跟贾宁一起从苏峻阵营投诚过来的匡孝时,也遇到了同样的阻力。

名士王濛给王导写信说,"开国承家,小人勿用",不可"令泾渭混流,亏清穆之风"。

这里的小人主要指身份卑贱之人,陶侃当年就曾被叫作小人。王濛出身赫赫有名的太原王氏,这个家族到东晋初期时虽然已经走向没落,但他仍骄傲于士族出身,看不起武将,以及普通百姓,动辄以小人呼之。据记载,他有次在旅途中拒绝了一个农民给他提供的饭食,理由是怎么能吃小人的东西?虽然他当时肚子非常饿。

在给王导的信中,他将重用武将这件事提升到经邦建国的高度。他说尤其不能让匡孝这样有污点的武将和世家大族子弟同列朝堂,否则就是黑白混杂,污染了清流。

实际上,在这里提出反对意见的孔愉、王濛都不是坏人,孔愉向来正直骨鲠,王濛则是王导幕府中的掾属,在名士中享有盛誉。但他们对出身都看得很紧。这不只是出于士族的傲慢,还有对现行体制的维护。

门阀体制下，唯有士族才能执掌权柄，位列公卿。在他们眼中，赵胤、贾宁这样的武将是出身卑贱的，是缺乏道德感的，是残暴好杀的。若让他们冒出头来，就是王濛所说的"泾渭混流"，是对风气和制度的严重破坏。

这才是他们对王导提拔赵胤等的不安所在。

有意思的是，这套制度本就是创于王导之手。但很多时候，一套制度被创造出来以后，就像野兽一般也拥有了自己的生命，日渐壮大，即使创造者本人，也难以驾驭，甚至会遭其反噬。

王导出于控制京都的目的，强行重用武将，触动了士族的敏感心弦，动摇了他自己在士族心中的威望和地位。他的盟友郗鉴出身流民帅，对弥漫于王朝中的门第之见体会得尤其深刻，他能清楚地看穿大臣们厌恶赵胤等的实质所在。他也曾多次试图劝说王导谨慎。

但这不意味着他同意庾亮的提议，认为到了要废黜王导的地步。

《资治通鉴》记载说，被郗鉴拒绝后，庾亮还是没有放下执念，仍有跃跃欲试之感。这个姿态被庾亮下辖的南蛮校尉，一个叫陶称的人看在眼里，他意识到报仇的机会到了。

他偷偷给王导写了一封信，"以亮谋语导"，把庾亮的计划都告诉了王导。《晋书·王导传》记载得更加详细：**南蛮校尉陶称间说亮当举兵内向。**

他告诉王导，庾亮马上就要挥兵京都了。

当王导把这封信给掾属们看了之后，大家的恐惧又升了起来，纷纷"劝导密为之备"。掾属们认为应该早做准备，甚至是先下手为强。如果任凭事态如此发展下去，或许真的就不可收拾了。

但王导沉默了，经过一番衡量，他意识到陶称此举，是别有所图。

因为陶称不是别人，正是陶侃之子。

当年陶侃死后，庾亮获得了他父亲的领土，而只给了他一个南蛮校尉的头衔。南蛮校尉受庾亮节制，驻守江陵，负责管理、震慑洞庭湖一带的蛮夷各族。当年陶侃也曾担任类似职务，并逐渐发家。但陶称接受不了。

《晋书》说陶称"性虓勇不伦",为人勇猛暴烈,跟家中几个弟弟的关系也都不好,是个在乱世中会给自己招来祸患的人。

在他看来,父亲所有的领土,如今庾亮所拥有的一切,本该都是他的。

现在庾亮、王导冲突在即,他终于找到了夺回领土的机会。他的计划很简单,挑拨庾亮、王导两人兵争,他好渔翁得利。

《晋书》记载说:**时丞相王导执政,亮以元舅居外,南蛮校尉陶称谗构其间,导、亮颇怀疑贰。**

如此来看,他的挑拨确实产生了一定的效果,让王导、庾亮之间的嫌隙加深,相互疑惧。

但王导毕竟久经风波,不会轻易落入他人的圈套。他放下陶称的信,提笔写了一封回信,说:**庾公帝之元舅,宜善事之!**

庾亮是皇帝的舅舅,你应该好好跟着他。

言下之意,就是不要再上蹿下跳了。

然后王导又告诉身边众人:

吾与元规休戚是同,悠悠之谈,宜绝智者之口。则如君言,元规若来,吾便角巾还第,复何惧哉!

我跟庾亮休戚与共,那些不真不实的闲话也不要提了。即使真的像你们说的那样,庾亮会来京都,那么我归家让贤就是,又有何可惧的呢?

王导此言,当是为了安抚身边众人,不让流言继续发酵以激化他和庾亮的矛盾。更深层的,恐怕是他有意把这话传出去,让庾亮听到。

这是他与庾亮的隔空交谈:

他们都说你要挥兵进京,我是不信的,你应该也不会这样做吧?那咱们就当什么都没发生好了。如果你真的有这个打算也没事,欢迎回京,我自还家。

这是以退为进,也是与庾亮讲和。

对于王导的这个处理,为《资治通鉴》作注的胡三省盛赞道:

此导之识量所以为弘远也!

当这个意思传递到庾亮幕府时,庾亮麾下众人也劝庾亮息兵作罢。一个叫孙盛的参军(后来的著名史家,有《晋阳秋》《魏氏春秋》等作)私下劝说道:

王公神情朗达,常有世外之怀,岂肯为凡人事邪! 此必佞邪之徒欲间内外耳。

王公是个清心寡欲的人,应该不会去做谋逆之事。这一定是有人在离间您和王公。

孙盛的这句话很聪明,相当于承认庾亮之前的计划是顾虑王导有谋逆之举,而非出自个人争权的私利,这是给了庾亮台阶。然后他再将责任推给陶称:你们关系不和,都是他在内外挑拨,不是你们的问题。如此庾亮也没了擅启兵端的责任。

当然,这句话似乎也说明陶称不仅向王导告发了庾亮挥师进京的计划,可能也还在庾亮面前说王导坏话,以刺激他出兵讨伐。

外有王导释放的和谈氛围,内有聪明之臣的劝说,庾亮知此事终不可行,遂"纳之"。一场可能引发全局动乱的兵争,终于平息下去。

这里需要补充一句的是,此事过去不久,庾亮就找了一个借口将陶称逮捕,"收而斩之"。

可怜的陶称,当年他的父亲之所以拱手让权,就是为了护他一命,但他没能领会到这份苦心,白白丢了性命。其实没有领会到陶侃谦退苦心的,还有陶称的其他几个兄弟。《晋书·陶侃传》记载说,陶侃死后不久,年长的两个儿子就开始争夺陶侃留下的巨额财产,最后发展到带兵厮杀的地步,以至于同归于尽。

看来陶侃应该把权力和财富都让出去。

古人说,积财以遗子孙,其害无穷也,大概就是这个意思。

◎ 王导之死

王导又躲过一次直接针对他的军事行动。但这并不意味着他与庾亮之间嫌隙的消弭，更不用说和解。巨头间的权力争夺是一场无止境的、让人精疲力尽的竞赛。《资治通鉴》记载说，庾亮虽然暂时放弃了出兵的计划，但并没有减少对京都朝政的干预：

是时亮虽居外镇，而遥执朝廷之权。

朝野中的人看出风向，纷纷投向庾亮阵营。王导看在眼里，心中不是滋味。"常遇西风尘起，举扇自蔽，徐曰：'元规尘污人！'"

每当西风吹来长江上游的灰尘，王导都举起手中扇子遮住嘴鼻，慢悠悠地说道：庾元规那边的灰尘真大啊！

庾亮坐镇武昌，位于京都王导的西侧。

这个故事后来还被记载在《世说新语》中，细节更加生动：

庾公权重，足倾王公。庾在石头，王在冶城坐，大风扬尘。王以扇拂尘，曰："元规尘污人。"

这都说明王导虽然躲过了一场巨大的灾难，但在与庾亮的争斗中，已然处于劣势。他心中苦涩，不免阴阳怪气，含沙射影，发发牢骚。《世说新语》专门将这个故事放在"轻诋"篇中。"轻诋"者，轻蔑、诋毁之意。

看来对庾亮，王导是相当看不上的。不过他也只能眼睁睁地看着庾亮在上游武昌呼风唤雨，朝野影从，甚嚣尘上。后世甚至以"庾公尘"代指权贵气焰。

王导不得不接受这些，他已经接近人生的终点。他依然保住了自己和家族的位置，依然享有皇帝和权臣的尊重。虽然庾亮还在跃跃欲试，但一代人有一代人的任务，王导能做的也都做了。

是时候放手了。

但或许是历史的邪恶趣味，不愿意看到冲突的消歇。就在王导准备放手远走的时候，一个顺手的时机却送了上来，让他看到了在临走前杀一个回马枪的可能。

史载，庾亮在短暂占据上风之后，似乎忘记了当年苏峻之乱的教训，又按捺不住蓬勃的野心，开始筹备更大的军事行动——北伐。他准备从武昌往北移动到襄阳，与羯族人争夺中原。在他之前，陶侃也有过类似的计划，但因为年老病笃而中途作罢。

但庾亮还年轻，刚刚五十岁，正是大展宏图的时候。

不过也不应该对庾亮的北伐抱有过于热血沸腾的期待，因为他之所以如此，倒不全是为了恢复中原，而是借北伐之名以扩张权势。当郗鉴拒绝他的出兵计划，而王导依然能稳居丞相之位时，他就知道自己的威望依然有限，远不像他想象的那么一呼百应。

他虽然掌握了王朝的大部分军事力量，但政治声望和影响，恐怕还是不能与王导相抗衡。权力需要暴力的支撑，但又远高于暴力。他需要更多、更大的功勋，让朝野意识到，他才是这个王朝的柱石，而不是王导。

他是如此急迫，如此兴奋，以致甚至没有征求朝廷的同意，就开始调兵遣将，运输粮草。当然，他主要重用的都是他的几个亲弟弟：

其弟临川太守怿为监梁、雍二州诸军事、梁州刺史，镇魏兴；西阳太守翼为南蛮校尉，领南郡太守，镇江陵。

一个弟弟庾怿进驻汉水上游，作为襄阳前线的侧翼；另一个弟弟庾翼镇守江陵，为前线提供粮草、兵源。两人都"假节"，有便宜行事的大权。

在做完基本的筹备工作后，他才上书朝廷，请求允许自己从武昌移镇襄阳，以就近指挥。这个时候，王导看到了最后的机会。他站了出来，表达了对庾亮的支持：

丞相导请许之。

这是有些出人意料的。

他为何会支持政敌的扩张计划？

史书没有记载，但也没有那么难猜。

如果庾亮将大本营从武昌移到北边的襄阳，那么京都中王导的压力就会小很多。

有一个细节能作为旁证。那就是庾亮上书前，突然又将弟弟庾怿从汉水撤了回来，"命庾怿徙屯半洲"。半洲在江州，今江西九江附近。庾亮之所以如此大费周章，就是突然意识到自己远去襄阳后，后背空虚，会给王导可乘之机。

而在王导看来，只要庾亮离开武昌，即使以庾怿护住后背，他在京都的压力也会小很多，甚至可以找机会蚕食江州一带。毕竟庾怿年轻，经验有限，能力也不是那么出众。

这或许是王导同意庾亮计划的原因之一。

再说了，他也不用太担心庾亮会北伐成功，收获压过他的威望和功绩。因为除了庾亮自己，几乎所有人都看不到庾亮成功的希望。

《资治通鉴》记载说，年轻的皇帝和大多臣子，包括郗鉴等都提出了明确反对庾亮的计划。因为这时候的王朝需要的是休养生息，而非大动干戈。甚至有耿直敏锐的大臣直接指出，羯族兵强马壮，远非庾亮所能敌：

欲阻沔水，何如大江？欲拒石虎，何如苏峻？

与其在汉水与羯族相抗，不如稳守长江一线。当年庾亮连苏峻都控制不了，又如何能赢得石虎？

王导自然也能看出这点。但他等的就是这一刻，在庾亮走到悬崖边上时，轻轻地推他一把。正所谓将欲弱之，必固强之；将欲废之，必固兴之。

这个时候的王导是阴沉的、可怕的，像极了当年托病归家、放任曹爽胡作非为的司马懿。他对个人权力的考虑压倒了对王朝的责任。他在放任庾亮犯错，而不考虑由此给王朝带来的巨大风险。

最后多亏郗鉴等人的强力阻止，庾亮才没有动身，北伐被暂时按了下来。王导也没有再坚持自己的意见，他稍微试探了一下，又退了回来，像露头的鳄鱼又重回水面之下。他也不用太担心，因为庾亮虽然没有往北移动到襄阳，但他并没有放弃北伐的部署，在不久之后，这给庾亮带来了全盘性的崩溃。

在这之后，根据历史的记载，王导再没有什么引人注意的动作。他回到了退居幕后的状态，就像他不曾出现在舞台中央。《世说新语·政事》篇载：**丞相末年，略不复省事，正封箓诺之。**

王导晚年，几乎再不处理政事。下面有什么文件送上来，他最多签字画诺，以示认可：什么都行，后面该怎么办，就看你们下一代人了。他已经很老了，身体也有病。南渡三十年来，斗争片刻不息，该做的，能做的，不该做的，不得不做的，他都做了。他该休息了。

他平静地度过了自己最后一年的时光，依然享有上自皇帝、下到群臣的尊重和敬仰。当时京都的官员见到王导，依然要行拜礼，这是因为"王导帝之师傅，名位隆重，百僚宜为降礼"。当然，这也引来非议和一些臣子的不满。

九卿之一的光禄勋颜含就曾说：**降礼之言，或是诸君事宜；鄙人老矣，不识时务。**

你们年轻，或许拉得下脸面。我年纪已经很大了，不识时务，就不参与其中了。

颜含是个相当正直，且有智慧的人。对王导权力之盛、手段之高深暧昧，常有不以为然处。曾有人问他江左名士优劣，颜含答曰：**周伯仁之正，邓伯道之清，卞望之之节，余则吾不知也。**

他欣赏的是周伯仁、邓伯道、卞壸这样的道德淳朴、忠心王业的人。王导虽是江左名士之首，但恐怕不能算是清清白白的纯臣。

他说"余则吾不知"，哪里是不知，只是虽然知道，但不能说罢了。

这意味着王导个性之幽暗复杂，在当时已为人所知，甚至在朝野悄然流传。当然了，王导没必要顾虑这些了。每个人都是时代的种子，被时代的风

第十四章　反者道之动，弱者道之用

雨浇灌、催生，然后成长。或许会长成自己都不喜欢的样子（大多时候都不可避免地成为这样），但也只能尽力周旋、挣扎了。

田余庆先生在论述东晋政治时有一段非常中肯的话，足见王导这一辈人所处时代之艰难：

东晋初年政局，三五年一大变，变则干戈扰攘，台城丘墟。社会的重心在门阀士族，一族强则思压倒他族，遂成乱阶。本非门阀士族的流民帅，亦思凭借际遇，起兵谋利。螳螂在前，黄雀随后，胜利者要想稳操政柄，是十分困难的。

每个人，都在巨大的时代中飘荡。

王导如此，王敦如此，元帝司马睿、明帝司马绍，还有陶侃、苏峻、庾亮等都躲不过这样的宿命。没什么好说的，也没什么可遗憾的，王导能接受这样的命运。

故人早已逝去，长埋地下，肉身或已腐烂。

王导，也是时候离开了。

咸康五年（公元339年）七月十八日，始兴文献公王导薨，年六十四。

第十五章
治大国若烹小鲜

◎ **王导的功业**

王导的死，是咸康年间的大事，朝野都跟着活动起来。首先要做的是确定葬礼的标准，因为规格之高低将反映官方对一个大臣功业、是非的盖棺定论。

最后经过朝臣公议，皇帝批准，官方最终按照汉朝博陆侯霍光以及晋朝安平献王司马孚的葬礼规格来安葬王导，"一依汉博陆侯及安平献王故事"。

霍光曾受汉武帝委托，辅佐新帝，前后执政二十多年，创造了史家所说的"昭宣中兴"。他既是权臣，也是三朝柱石。

司马孚较少为后世关注，被人提起的时候也多说是司马懿的弟弟，但实际上若论造晋之功，他功勋之高，只在司马懿、司马师、司马昭三父子之下。晋武帝司马炎登基后分封诸王，就以司马孚位置最高，封邑最大。

朝廷将王导与这两人并列，相当于认可了他是东晋中兴功臣之首。《晋书》评论说，王导葬礼规格之高，"中兴名臣莫与为比"。《资治通鉴》则记载说，葬礼甚至还"参用天子之礼"。不知道这个结论出来的时候，庾亮有没有感到愤愤不平。

皇帝也参与进来，停朝，举哀三日。随即下册书，赐谥"文献"，这是东晋文臣能够得到的最高谥号。册书随即对王导的一生进行了评价：

昔我中宗、肃祖之基中兴也，下帷委诚而策定江左，拱己宅心而庶绩咸熙。

辅佐司马睿南渡江东，收揽江东本土士族之心，让晋王朝的国祚能够在南方延续。这是王导一生最重要的功业。

这不是一件容易的事情，江东本土多豪强大族，对北来贵族集团多有抵触甚至仇视，曾前后两次发动叛乱，试图将司马睿、王导等赶出江东，甚至杀害。两次危机，都靠王导居中协调，纵横捭阖，既平息了叛乱，又没有影响到南方豪门对他们的继续支持。

《晋书》的编纂者对这段历史的评价更高：

"九土未宅其心，四夷已承其弊""时无思晋之士""辅佐中宗，艰哉甚矣！"

当时天下大乱，九州崩溃，晋朝已经失去了人心，王导在这种情况下辅佐司马睿中兴，实在是"艰哉甚矣"。王导的功劳之高，可与管仲、诸葛亮相提并论：

至若夷吾体仁，能相小国；孔明践义，善翊新邦，抚事论情，抑斯之类也。

当然，这些都是官方的场面话，很多还是套话。如果仔细揣摩当时人的言行，已经能看出一些意味深长之处。

比如年轻的皇帝虽然给了王导很高的评价，但他并没有出席王导的葬礼，只是派了使者作为代表。要知道，几年前王导只是生病，皇帝都亲自带着群臣去家中看望，并行拜礼。他给王导的册书中，也看不到什么私人情感，都是官方的场面话。

这当然是可以理解的，随着他不断长大，他也就不断体味到权力的排他性和残酷性，王导晚年所为，以及他在两次王敦之乱中的暧昧不明，可能都不招皇帝喜欢。

庾家人就更不喜欢王导了。王导死后，庾亮之弟庾冰进京执政，他不仅撤销丞相府的设置，还抛弃了王导宽宏执政的思路，"颇任威刑"。有士族劝谏他不该这么做，庾冰则阴阳怪气地说道：

前相之贤，犹不堪其弘，况吾者哉！

王丞相那么贤能，宽宏执政，犹不能抚平朝野，何况是我这样的人呢！

综合各方面史料，当时有关王导的非议，不仅涉及他为个人及家族权势，有威凌皇权的不臣之举，还有更重要的，是对他清静无为、宽纵大族这一执政风格的争论。

时人称其为"愦愦"之政。"愦愦"者，昏乱也。

其本质是宽纵世家大族，以及地方豪强。寒门不得升迁，人才不得流通，朝政为豪门把持，日渐荒怠。强大的中央集权难以建立起来，地方藩镇不时挑衅，兵争屡起，百姓动荡。当年西晋之亡，这是很重要的原因。

南渡之初，就有有识之士建议王导痛改西晋之非，裁抑大族，提拔寒门。但王导不仅没有接纳，还在优容南北大族方面走得更远。

庾冰上台就调整王导的政策，除了有权力争夺之意，更多的还是确实不认可王导的执政思路。根据历史记载，庾冰是一个严肃、务实的人。但公平一点地说，王导没有太多选择。他的宽纵之政，除了源于他的个性，以及他本身的大族出身，更多还是出于对现实的考量。

《世说新语》曾记载了这么一件事。

公元317年，王导出任扬州刺史，派僚属视察扬州各郡的治理情况，包括太守是否称职，地方大族是否守法。众人回来后一一汇报，唯有一个叫顾和的人沉默不言。

顾和是顾荣的侄子。而顾荣是江东名士之首，出身著名的吴郡顾氏。当年王导携司马睿南渡，如果没有顾荣支持，他们很难立足。

王导见顾和沉默，主动追问道：**卿何所闻？**

你去下面都看到什么，听到什么了？

顾和这才回答说：**明公作辅，宁使网漏吞舟，何缘采听风闻，以为察察之政？**

"网漏吞舟"是说渔网的网眼足够大，以至于能够吞舟的大鱼都能逃脱。引申的意思就是法网不宜太严。该典出自《史记·酷吏列传序》：

网漏于吞舟之鱼，而吏治，不至于奸，黎民艾安。

司马迁说汉朝建立之初，废黜秦朝严刑峻法，宽容治国，法网大得能漏掉吞舟大鱼，官吏依然政绩斐然，百姓安居乐业。

顾和是借这个故事告诉王导：您现在辅佐天下，宁可清静无为，何必捕风捉影，行刻薄之政呢？

历史记载说，王导听到这句话后"咨嗟称佳"，感叹良久。

顾和的话说得冠冕堂皇，但王导知道他想传达的意思：想在江东得到支持，就得宽容本地大族。

他同时还得宽容南来的北方大族，他们本就是西晋的统治基础。王导想要以司马睿为号召，继续赢得北方大族的支持，就不得不延续西晋宽容大族的国策。

老子说：**治大国若烹小鲜。**

和平时期的理政，尚要小心谨慎，不瞎折腾。大乱时代，更是要战战兢兢，如履薄冰，不轻易触动核心统治阶层的神经。

王导三十年所作所为，主要就是合辑南北士族，以其为执政主体，开创出门阀模式：皇帝垂拱，士族当政，流民出力。

大臣之任者，不在操持庶政，而是执道经邦。

王导的"道"，就是门阀这套权力模型。

不论好坏，至少保障了东晋一百多年的国祚。这在魏晋南北朝这个中国历史上最混乱黑暗的时代，是极其不易的。

三百多年的乱世，从曹魏到北周，从汉族到匈奴鲜卑羯氐羌等族，前后几十个王朝，绝大多数只有短短几十年的统治时间，十几年，二十几年，长的也只有五十年左右。真正能维持百年统治的，只有北魏，然后就是东晋。

百年的大体稳定，核心得益的当然是上层的门阀贵族，但百姓也稍得喘息，华夏文化也得延续，江东经济也得到长远开发。这一点历史功绩，是不能磨灭的。

陈寅恪先生对此看得尤其清楚，他在《述东晋王导之功业》一文中说道：

王导之笼络江东士族，统一内部，结合南人、北人两种实力，以抵抗外侮，民族因得以独立，文化因得以续延，不谓之民族之功臣，似非平情之论也。

其实就在当时，当庾冰试图调整王导的政策时，就有个叫殷羡的官员慨叹道：

卿辈自是网目不失，皆是小道小善耳，至如王公，故能行无理事。

严刑峻法，不过是小善小道。王公所为，看似不合情理，但从长远来看，却是顾全大局。

那么众说纷纭之际，王导本人对此又有何评价呢？他如何看待自己的一生功绩，又如何看待对他的非议？

历史记载说，在他生前，"愦愦之政"的评价已经传到他的耳朵中了。他没有做太多争辩，也没有解释什么，只在死前，风轻云淡地留下一言：

人言我愦愦，后人当思此愦愦！

大家都说我老糊涂了，将来或许会有人思念这种糊涂。

多年之后，乱世中的另一个风云人物登上了政坛，重新延续了王导的"愦愦之政"。

这个人叫谢安！

◎ 桓温、谢安，以及刘裕

王导的死去，必然带来权力结构的重新调整。新一轮的动荡在所难免。正在大家都惶惑不安时，另一个巨头也走了。

八月，郗鉴薨，时年七十一岁。

只比王导晚了一个月。

临死前，郗鉴给朝廷上表，推荐时任太常的蔡谟接班，镇守京口。蔡谟出自北方大族，南渡之初就效力于司马睿集团，并先后在王敦、王导幕府中任职，算是东晋初期的政坛老人，也有出色的军事能力。

郗鉴以其自代，考虑的是京口一带情势复杂，位置又敏感，唯能臣方可镇守，这是郗鉴的一片公心。当然，他也没有忘记推荐自己的侄子郗迈辅助蔡谟。自此之后，郗鉴的子侄后代，在京口北府都扮演着至关重要的角色。

这个安排也充分体现了郗鉴的个性，谨慎而笃定，既有自己的权力诉求，又不忘维护大局稳定。田余庆先生评价他为"处乱世而有其方"，甚为公允。

纵观东晋初期，郗鉴的存在至为重要。他先后平定王敦二乱、苏峻之乱，建立了远超其他流民帅的威望与功勋。在这之后，他在内与王导结盟，以获得政治背景，在外则营京口、晋陵一带，创建北府，有了自己的根基。

他和自己的家族正是凭此才能在乱世立足，又能与上游的陶侃、庾亮，京都的王导等形成制衡，有力地维护了东晋政局的稳定。

郗鉴死后，京口北府继续发挥作用，谢安执政时，正是在此基础上组建了赫赫有名的北府军。还有一件事也值得一提，当初郗鉴开发京口、晋陵时，曾将滞留在淮河一带的北方难民迁徙于此。其中有一户姓刘的人家也跟着搬了过来。

那个时候的他们并不引人注目，衣衫褴褛，食不果腹，只求在京口一带安下家来，勉强繁衍生息。很多很多年以后，他们有了一个后代，这个人叫刘裕，他是晋王朝的终结者，南朝的启幕人。

历史就是这样生生不息，这一页还没有读完，下一页的故事就已经开始酝酿。

郗鉴死后不久，来年春正月，庾亮也死了，时年五十二岁。

前文提到，庾亮曾雄心勃勃地部署北伐，虽被朝廷暂时遏制，但前期的排兵布阵并没有废弃。王导死后一两个月，庾亮还没有出手，北方羯族石虎就派人攻击庾亮的前锋。不出意外的是，庾亮部署的几路军队都全面溃败，不仅没有建功，还造成大量伤亡，徒耗粮草。

遭此大辱的庾亮上表谢罪，自贬三等。也是因为这个原因，即使王导死后留下了权力真空，他也没有脸面回京执政，只好推弟弟庾冰走到前台。他自己还是守在武昌，心情苦涩，"忧慨发疾"，转年就去世了。

三巨头前后脚落幕，让朝野一时晕头转向。不过也因为王导、庾亮这对死敌都走了，紧张的局势稍有缓解，不至于动辄因为一个人的是非而动荡全局。

但琅邪王氏与颍川庾氏的权力斗争并没有结束。

庾亮走后，代表他走上前台的是他的三个弟弟，庾冰在京都执政，另外两个弟弟庾翼、庾怿在外掌兵。

王导的接班人则有两个：在外带兵的是他的侄子王允之，后从庾氏手中夺得江州；在内执政的，则是一个叫何充的人。

后人读史，很少注意到何充，但王导其实很早就开始培养他。

《晋书·何充传》载：**充即王导妻之姊子。**

他是王导妻子姐姐的孩子，换言之，王导是他的姨夫。

何充有才干，又稳重，很小的时候就得王导喜欢。据说王导出任扬州刺史时，修建官舍，回头对众人以及抬头看热闹的何充说道：**正为次道耳。**

这都是为次道准备的。次道，是何充的字。

后来随着王导的位置越来越高，何充也跟着被提拔。他在朝廷待了一段时间后，就下放到地方锻炼，先后任职东阳太守、会稽内史。苏峻之乱时，何充在东部战场效力，贼平，因功封侯。

当王导意识到自己要走的时候，将何充调回京都，任丹阳尹，相当于是首都市长。临死前，又在丹阳尹的基础上给他"加吏部尚书"。王导死后，何充出任护军将军，掌握了一支宫廷禁军，跟庾冰共任录尚书事，一起掌握朝政。

王导在晚年时着力培养何充，大概是因为他长子早亡，其他几个儿子年幼，即使年纪大的，在王导死时也才二十出头。他们经验和资望都有限，不足以与诸庾抗衡。历史记载说，王导的后代依旧人才辈出，世世代代，平流进取，位至三公，直到南朝，依然冠冕不绝。但其中能以一人而撼天下者，却是一个也没有了。

王允之、何充、庾冰等各自到位，又开始了新一轮的斗争，其势态之激烈，几有你死我活之势，比如庾怿就曾给王允之寄去毒酒，试图将其毒死。王允之发觉后上报朝廷，庾怿自杀。京都内，何充与庾冰也针锋相对，势同水火。

但不管是王导还是庾亮，恐怕都没有想到，在他们的接班人激斗正酣的时候，一个始终被忽视的人物却渔翁得利，趁势崛起。

这个人叫桓温！

后　记
聪明人，往低处走

明正德十五年（公元1520年）的一个早上，王阳明起床后，突然大发脾气，写了一首三百多字的长诗，痛骂一个一千多年前的人是奸臣：**切齿尤深怨王导，深奸老猾长欺人。**

王导这个人真是老奸巨猾，令人切齿痛恨。

王导是两晋时期人，"中古第一家族"琅邪王氏的族长。这个鼎盛几百年的家族培养了50多位宰相、35个皇后，还有100多个文化名人，比如书圣王羲之，他是王导的堂侄。后世有"旧时王谢堂前燕，飞入寻常百姓家"一语，其中的"王"指的就是王导他们家。

这个家族如此辉煌，是因为王导还有另外一个身份：门阀制度的确立者。他开创了两千年帝制史上一种全新的权力模型。以往高居九五之尊的皇帝成为名义上的共主，实际在幕后掌权的，是琅邪王氏这样的豪门，"皇帝垂拱，士族当政"。

王导生活在八王之乱、北方各族内迁这个最混乱黑暗的时代，因为他的门阀模式，汉人得以衣冠南渡，建立东晋，"民族因得以独立，文化因得以续延"。陈寅恪先生评价说"不谓之民族之功臣，似非平情之论也"。《世说新语》对他就更加偏爱，将其描述为风流宰相，说他风度悠然从容，闲庭信步之际，翻手为云覆手为雨。

那王阳明为何如此痛恨王导呢？据说他自己还是琅邪王氏后人。

根据王阳明自己的说法是，他前天晚上做了一个梦。在梦中，风水大师郭璞告诉他王导其实是隐藏极深的大奸大恶之辈：

正德庚辰八月廿八夕，卧小阁，忽梦晋忠臣郭景纯氏以诗示予，且极言王导之奸，谓世之人徒知王敦之逆，而不知王导实阴主之。

郭景纯就是郭璞，王导同时代人，曾在王导的堂兄王敦幕府中担任幕僚。王导、王敦兄弟协助司马睿建立东晋后，王导在京都执政中枢，王敦在外掌兵。被架空的司马睿为了夺回皇权，开始打压王导兄弟。于是王敦决定发兵建康。

起事前，王敦让郭璞占卜吉凶，郭璞不愿看生灵涂炭，就说"不吉"。王敦很恼火，就说那你占卜下自己能活到什么时候。郭璞惨淡地笑了一下，说：就在今日正中。王敦就将他拉出去砍了头。后来王敦兵败身死，但王导依然稳居高位，直到死前，依然没有人能揭穿他的真面目。郭璞耿耿于怀，以至于千年之后，还要托梦王阳明，愤愤不平地告诉他说当年王敦之乱，王导才是幕后真凶。不过他在梦中并没有提供太多实在的证据，虽然他是风水大家，托梦也不可全信。

王阳明醒来后就连忙找来《晋书》阅读，这一看不得了，王导真有可能骗了大家一千多年。于是愤愤然写了长诗，咒骂王导欺世盗名。说他不仅策划了堂兄王敦的叛乱，还准备让王敦与皇室鹬蚌相争，他好渔翁得利。"事成同享帝王贵，事败仍为顾命臣。"事情要是成了，就跟堂兄一起成为皇室；要是败了，死的是王敦，他还可以继续辅佐东晋皇帝。

王阳明之所以对王导如此愤怒，是因为他自己当时正受奸臣排挤。他刚刚平定了著名的宁王之乱，但正德皇帝身边的奸臣不仅指责他跟叛贼串通，甚至还提出一个非常离谱的要求：把已经被抓的宁王放了，好让正德皇帝再去抓一遍，如此，皇帝自封的"威武大将军"才能名副其实。

那么王导也是这样的奸臣吗？王阳明在《晋书》中翻查一遍后，主要找到了两条证据。

第一条，王敦发动第一次叛乱前曾写了一封奏表，详细罗列了皇帝司马睿的罪过，比如过河拆桥，打压王导。

在正式提交奏表前，王敦先把内容给王导看了，目的是试探他对讨伐皇帝的态度。但有意思的是，王导收到信后，什么也没说，既没有坚决阻止堂兄的大逆不道之举，也没有说同意，只是把信封好，退回给王敦。王敦将其理解为默许，随后起兵，攻入建康。在随后的整个过程中，王导仍是态度暧昧，虽然带着家族老小跑到宫门口跪着，但也没有用力帮助皇帝平叛。

第二条，王敦第一次叛乱成功后，琅邪王氏掌握了绝对权力，但并没有取皇帝而代之。王敦不甘心，转年又开始筹备第二次兵变。整个过程长达一年多，但王导还是什么都没做，既没有阻止堂兄，也不表态支持皇帝，只是在京都踏踏实实上朝，好像一切都没有发生。直到王敦重病将死，王导才突然在京都给王敦发丧，说他死了，开始旗帜鲜明地支持皇帝。

根据以上两条证据，我们可以清楚的一点是，王导的确不是传统意义上的忠臣、纯臣，他对堂兄的叛乱有明显的纵容。但是否像郭璞、王阳明所说，他直接策划甚至主导了王敦的两次叛乱呢？细翻《晋书》《资治通鉴》等史料，恐怕不能得出这个结论。因为王导从始至终，并不希望废黜皇帝。他要做的，只是借助王敦之手，敲打皇帝，将政局控制在"皇帝垂拱，士族当政"的轨道上。

实际上细看当时情势，不仅王导纵容了王敦的第一次叛乱，当时很多的豪门都默许了王敦的大不敬之举，他们不希望看到皇帝振兴皇权。但到了王敦第二次叛乱时，情况就不一样了，他这一次是想要取代皇帝，而这是王导不希望看到的。门阀模式需要一个名义上的皇帝的存在，以协调当时几大家族的利益均势。琅邪王氏如果自己成为皇室，反而会遭到其他家族的抵制、讨伐。王敦追逐的是权力表面上的光晕，而王导看重的，是权力背后的游戏规则。

那他为什么没有在一开始就阻止堂兄的二次叛乱呢？因为他不能跟王敦内战，好让皇帝和其他家族渔翁得利。他只在时机到了，皇帝极度需要他，以至于开出最好的条件时，才给了王敦致命一击。

王导就是如此复杂的一个人物，其地位是如此独特，手段是如此幽微难测，以至于连《晋书》《资治通鉴》这些官方史料在书写他的时候，也是欲言又止，顾左右而言他。这是我写作本书很大的一个动机，想要搞清楚他到底是一个什么样的人。

他如何获得自己的权力，又如何看待权力？他如何在魏晋南北朝这个最混乱黑暗的时代为自己、家族，以及整个王朝找到出路？正像我在写《门阀》第一部时强调的那样，我对历史的兴趣主要在人：一个人如何与自己所处的时代互动，如何影响时代，又被时代塑造和改变，在这个过程中，复杂迷人的人性将展露无疑。

根据王导在两次叛乱中的所作所为，他有两个突出的特点。

一是长于以静制动。无论外界怎么变化，他都很少采取咄咄逼人、先下手为强的姿态。他不轻易卷入权力的洪流之中，虽生于其中，但可出乎其外。他就像黄色洪流中的黑色礁石，四面八方的激流从它身边穿过，它自岿然不动。

老子《道德经》中形容得道者时曾有一个很有意思的表述：

俨兮其若客。

正襟危坐，就像参加宴席的客人。"客人"的身份是相对主人来说的，就是你要把自己当作这个世界的过客，而不是一个主动的、强势的、驾驭一切的主人。

吾不敢为主而为客，无不敢进寸而退尺。

你要被动，要慢半拍，要随和，要示弱，要客随主便；不要主动出击，要被动反应。因为"天下神器也，非可为者也。为者败之，执者失之"。天下之大，人心之复杂，不是可以主导、操弄的，也不是可以主动追求的。

我们稍微梳理一下王导历来应变的逻辑，就会发现他正是这样一个"被动者"，一个"弱者"，一个"局外人"，一个"过客"。外界熙熙攘攘，蠢蠢欲动，他就像一个客人那样隐身角落，沉静等待，看着局势演变，然后再随势布局，后来居上。

二是执本以御末。王导执政三十年屹立不倒，最核心的一点是他始终看清了权力的游戏规则，也就是他确立的门阀模式。不论是遇到来自皇帝，还是其他家族，以及寒门武将、流民帅等各方势力的挑战和冲击，他都能守住这个根本，执一以御万，不妄为、乱为、胡作非为。

王导所处时代风云激荡，挑战和危机如滚滚洪流，接连不断，三五年一小变，十年一大变，身边的权臣、悍将接连倒下。而王导呢，则是每遇危机，就往深处、暗处潜去，往低处走，像大树一般扎根深处，固守权力本原，只做必要的反应。既避开了风头，又减少了内耗。

当然，需要说明的一点是，读懂历史以及其中人物是非常困难的，因为材料实在是太少，尤其是唐宋以前的历史。有关魏晋这段最黑暗混乱的历史，可供参考的只有《晋书》《资治通鉴》《三国志》《后汉书》《世说新语》等少数史料。即使是这些材料也相当简略，比如《晋书·王导传》一篇有关王导部分的内容只有5000字不到，包括标点符号。王阳明在指控王导的诗中，也说"几微隐约亦可见，世史掩覆多失真"。时间的磋磨，掩盖了真相。

所以在写作的过程中，为了理解一个人，我只能在有限的史料中尽量去做辨析、推理，甚至是推测、揣摩，有点像警察破案一般。

这个过程建立在两个基础之上。一是尽力去消化当时的社会背景。因为人都是生活在具体的背景中，他的言行不仅受限于个人性格，也受困于当时的时代资源，以及整体的社会氛围。想要理解这个人，就得尽力理解他那个时代。虽说史料较少，但得益于今人陈寅恪、唐长孺、田余庆、周一良等先生的研究，我们还是能走近那个时代。

二是历史的底层逻辑：人性。人性较少发生变化。读历史的这些年，我越来越有一个感受：我们不是因为历史而理解了今天，而是因为读懂了今天，更理解了历史。我们越了解当下，越了解身边的人，越能揣摩在千年前那些也曾活生生努力过、失败过、奋斗过的人。

现在，让我们跟着王导一起走进魏晋南北朝那个时代。这个三百多年的乱世，从曹魏到北周，从汉族到匈奴鲜卑羯氐羌等族，前后几十个王朝，绝大多数只有短短十几年的统治时间，长的也只有五十年左右。在此期间，无数人粉墨登场，展现才华，探索出路，但转眼又消失无踪。他们都在这样一个巨大的混乱黑暗的时代中飘荡，人性也就呈现得更加复杂迷人。

参考书目

1. 《读史方舆纪要》（清·顾祖禹，中华书局，2005）
2. 《中国古代战争的地理枢纽》（宋杰，中国社会科学出版社，2009）
3. 《三国兵争要地与攻守战略研究》（宋杰，中华书局，2020）
4. 《中国历史地图集》（谭其骧，中国地图出版社，1996）
5. 《中国的河山》（史念海，陕西师范大学出版总社，2022）
6. 《中国历代官制大辞典》（吕宗力 主编，商务印书馆，2015）
7. 《东晋门阀政治》（田余庆，北京大学出版社，2012）
8. 《东晋士族的双重政治性格》（王心扬，中华书局，2021）
9. 《三至六世纪江南大土地所有制的发展》（唐长孺，上海人民出版社，1957）
10. 《魏晋南北朝史论拾遗》（唐长孺，中华书局，1983）
11. 《九品官人法研究》（日本·宫崎市定，大象出版社，2020）
12. 《九品中正与六朝门阀》（杨筠如，上海人民出版社，2020）
13. 《波峰与波谷》（阎步克，北京大学出版社，2017）
14. 《察举制度变迁史稿》（阎步克，北京师范大学出版社，2021）
15. 《隋唐制度渊源略论稿》（陈寅恪，商务印书馆，2011）
16. 《陈寅恪魏晋南北朝史讲演录》（陈寅恪，天津人民出版社，2017）
17. 《资治通鉴》（宋·司马光，中华书局，2011）
18. 《晋书》（唐·房玄龄，中华书局，1996）
19. 《晋书地理志校注》（孔祥军，新世界出版社，2012）
20. 《全晋文》（清·严可均，商务印书馆，1999）

21.《宋书》（南朝梁·沈约，中华书局，1974）
22.《隋书·经籍志》（唐·魏徵，中华书局，1997）
23.《世说新语》（南朝宋·刘义庆 著　南朝梁·刘孝标 注　徐传武 校点，上海古籍出版社，2013）
24.《汉晋春秋通释》（晋·习凿齿 著　清·汤球，黄奭 辑佚）
25.《麓山精舍丛书》（陈运溶，岳麓书社，2008）
26.《士与中国文化》（余英时，上海人民出版社，2013）
27.《六朝的城市与社会》（刘淑芬，南京大学出版社，2021）
28.《两晋南北朝史》（吕思勉，上海古籍出版社，2005）
29.《魏晋南北朝史》（王仲荦，上海人民出版社，2020）
30.《魏晋南北朝》（日本·川胜义雄，九州出版社，2022）
31.《六朝贵族制社会研究》（日本·川胜义雄，上海古籍出版社，2008）
32.《中华的另一种可能：魏晋风流》（唐翼明，民主与建设出版社，2014）
33.《魏晋清谈》（唐翼明，天地出版社，2018）
34.《玄学与魏晋士人心态》（罗宗强，中华书局，2019）
35.《叶嘉莹说汉魏六朝诗》（加拿大·叶嘉莹，中华书局，2018）
36.《读史集》（何兹全，上海人民出版社，1982）
37.《嵇康传》（王晓毅，上海古籍出版社，2022）
38.《襄阳府志》（乾隆《襄阳府志》点校整理工作委员会，湖北人民出版社，2009）
39.《东晋南朝侨州郡县与侨流人口研究》（胡阿祥，江苏教育出版社，2008）
40.《布局天下：中国古代军事地理大势》（饶胜文，解放军出版社，2002）
41.《将无同：中古史研究论文集》（胡宝国，中华书局，2020）
42.《王羲之：六朝贵族的世界》（日本·吉川忠夫，江苏人民出版社，2024）
43.《王融与永明时代：一个南朝贵族的贵族文学》（林晓光，上海古籍出版社，2023）
44.《汉末晋初之际政治研究》（柳春新，山西人民出版社，2024）
45.《魏晋南北朝社会经济史》（蒋福亚，天津古籍出版社，2005）
46.《魏晋南北朝隋唐时期的知识阶层》（楼劲，兰州大学出版社，2017）
47.《魏晋南北朝文学思想史》（罗宗强，中华书局，2019）
48.《魏晋南北朝社会生活史》（朱大渭，中国社会科学出版社，2005）
49.《秦汉魏晋史探微》（田余庆，中华书局，2023）
50.《从未央宫到洛阳宫：两汉魏晋宫禁制度考论》（陈苏镇，生活·读书·新知三联书店，2022）
51.《汉魏两晋南北朝佛教史》（汤用彤，北京大学出版社，1997）
52.《魏晋南北朝考古》（韦正，北京大学出版社，2013）
53.《世说新语笺疏》（余嘉锡，中华书局，2011）